RAT U BOSNI
I HERCEGOVINI

RAT U BOSNI
I HERCEGOVINI

Kako je genocid nagrađen i osnovana Republika Srpska

DR. MUHAMED BOROGOVAC

To order additional copies of this book, contact:
Xlibris
1-888-795-4274
www.Xlibris.com
802101

SADRŽAJ

PRVI DIO: RAT U BiH 1992-1995

Ova knjiga je posvećena herojskoj Armiji Republike Bosne i Hercegovine

https://www.youtube.com/watch?v=fbw95a21KmI

Posveta

Idemo do Drine.

Kapetan Hajro Mešić,
komandant Teočaka i Zvornika

Rat će se završiti kada se "Ljiljani" zavihore u Banja Luci i Grudama.

Sefer Halilović,
vrhovni komandant Armije BiH

Bosni ne treba mir, Bosni treba sloboda.

Zaim Imamović,
komandant Goražda

Sigurnosne zone su tamo gdje je Armija Republike BiH.

Atif Dudaković,
komandant Petog korpusa

Izvršićemo smotru Armije BiH u Banja Luci.

Mehmed Alagić,
komandant Sedmog korpusa

Skraćenice

AVNOJ. Anti-fašističko Vijeće Narodnog Oslobođenja Jugoslavije – Najznačajnije su odluke istorijskog Drugog zasjedanja od 29. Novembra 1943. antifašista iz svih naroda (etničkih grupa) na teritoriji Jugoslavije, kada je jugoslovenska federacija bila uspostavljena i istorijske granice republika koje su se udružile u federaciju bile potvrđene.

BiH. Bosna i Hercegovina, Bosna-Hercegovina.

EU. Europska unija.

EZ (ili **EC**). Europska zajednica. (ili European Community)

HDZ. Hrvatska demokratska zajednica – Hrvatska partija pod kontrolom Franje Tuđmana.

HVO. Hrvatsko vijeće odbrane – Vojne jedinice Hrvata u BiH pod kontrolom HDZ-a.

JNA. Jugoslovenska Narodna Armija – Zvanično ime jugoslovenske armije, a koja je praktično bila srpska armija još od 1945., budući da su pred kraj Drugog svjetskog rata srpski četnici masovno prešli u partizane.

KOS. Kontra obavještajna služba – Služba čiji je zadatak bio da se bori protiv spijunaže u JNA, ali se praktično svela na špijuniranje i eliminaciju oficira i funkcionera nesrba koji su na bilo koji način pružali otpor srpskoj hegemoniji.

PL. Patriotska liga – Bošnjačka naoružana formacija sastavljena od dobrovoljaca koji su željeli da brane domovinu, Republiku BiH.

RS. Republika Srpska - Republika na 49% Bosne i Hercegovine konstituirana dogovorom Izetbegovića, Miloševića i Tuđmana 21. novembra 1995. u Dayton-u, Ohio, USA, koji je formalno potpisan 14. decembra 1995. u Parizu, (bez ispravne ratifikacije Skupštine Republike BiH).

R BiH. Republika Bosna i Hercegovina, konstituisana 25.novembra 1943. na Drugom zasjedanju ZAVNOBIH-a u Mrkonjić Gradu (Varcar Vakufu). Udružila se u jugoslovensku federaciju 29. Novembra 1943. sa još pet republika, uključujući Srbiju i Hrvatsku. Održala prve demokratske izbore 18. novembra 1990. Priznata kao suverena država od strane USA 7. aprila 1992. Postala punopravna članica Ujedinjenih nacija 22. maja 1992. Nelegalno suspendirana potpisima njenog prvog demokratski izabranog predsjednika Alije Izetbegovića Daytonskog sporazuma. Nastavila da postoji kao Bosna i Hercegovina, unija dva etnička entiteta.

SDA. Stranka demokrateske akcije – "Muslimanska" partija osnovana od strane Alije Izetbegovića.

SDS. Srpska Demokratska Stranka - Srpska partija osnovana od strane Radovana Karadžića uz podršku Republike Srbije.

SFRJ. Socijalistička federativna Republika Jugoslavija

SKJ. Savez komunista jugoslavije – Posljednje zvanično ime Komunističke partije Jugoslavije.

TO. Teritorijalna odbrana – Jedinice "naoružanog naroda" koje nisu bile pod komandom JNA, nego pod komandom republičkih i opštinskih vlasti.

UDBA. Unutrašnja državna bezbjednost – Jugoslovenska tajna policija po uzoru na sovjetsku tajnu policiju KGB. Obje su špijunirale narod i progonile "domaće neprijatelje", tj. ljude koji su imali drukčije mišljenje od komunista. UDBA je također bila pod kontrolom Srba, kao i JNA i KOS.

UN. Ujedinjene nacije

UNPROFOR. Skraćenica od "United Nations Protection Force" – ad hok formirane jedinice UN-a u BiH sa ciljem da nadgledaju razne sporazume "zaraćenih strana" tj. Izetbegovića i Karadžića.

USA , SAD– Sjedinjene američke države

ZAVNOBIH. Zasjedanje antifašističkog vijeća narodnog oslobođenja BiH – Skupština bosanskih antifašista uspostavljena tokom Drugog svjetskog rata. Oni su 25. novembra 1943. godine u Mrkonjić Gradu donijeli odluku da obnove Republiku Bosnu i Hercegovinu kao državu u njenim historijskim granicama, kako su te granice bile priznate od strane Evropskih država 1912. na Berlinskom kongresu. Kasnije, na Drugom zasjedanju AVNOJ-a, 29. novembra 1943, oni su donijeli odluku da se Republika Bosna i Hercegovina pridruži jugoslovenskoj federaciji kao jedna od ravnopravnih republika.

Važna imena i koncepti

Abdić, Fikret. Član bosanskog predsjedništva koji se pobunio protiv Republike BiH kako bi zadržao vlast u svojoj opštini Velika Kladuša i regiji Krajini. To se dogodilo kada je shvatio da Alija Izetbegović djeli državu, i da će na teritoriji BiH biti osnovano nekoliko državica. Polakomio se, poželio da i on bude predsjednik jedne od državica, te je zahtijevao autonomni status Bosanske krajine, gdje bi on bio lider. Nažalost, mada je Armija RBiH pobijedila i njegove "autonomaše", kao i HVO i Srbe, ipak su svi oni postigli svoje ciljeve, podjelu Republike BiH. Krajina je postala poseban Kanton. Kantoni u BiH imaju veoma široka autonomna ovlaštenja, praktično su države unutar BiH.

Akashi, Yasushi. Viši izaslanik UN-a u bosanskim mirovnim pregovorima. Otpustio ga je Izetbegović nakon pada Srebrenice. Akashi je otpušten zato da bi krivica za pad Srebrenice pala samo na jednu osobu, umjesto na UNPROFOR, i na samog Izetbegovića. Naime, Izetbegović je uoči napada na Srebrenicu izvukao komandni kadar iz Srebrenice i tako obezglavio odbranu.

Osim toga, zadržavanjem UNPROFOR u BiH, iako UN više nisu donosile hranu u Srebrenicu, Izetbegović je sabotirao naoružavanje Armije RBiH od strane USA. Naime, još 9. Juna 1994. izglasan je zakon u američkom kongresu da se naoruža Armija BiH čim ode UNPROFOR, ako Bosanska Vlada zatraži to američko naoružavanje. Zadržavanjem UNPROFOR-a Izetbegović je zadržavao naoružavanje Armije RBiH. Američki kongres je pokušavao naoružati Armiju RBiH kada god bi četnici počinili neki veći zločin, i svaki put je zakon o naoružavanju Armije RBiH bivao izglasan u američkom kongresu sa sve više glasova, ali nikada nije proveden u djelo, jer Izetbegović nikada nije zatražio niti naoružavanje Armije RBiH niti odlazak UNPROFOR-a. O tome detaljno pišemo u Glavi 12.

Andrić, Ivo. Veoma važan čovjek za razumijevanje srpskog naroda i položaja Bošnjaka tokom 75 godina postojanja Jugoslavije. Ivo Andrić je bio poznat u Bosni i Hercegovini kao srpski pisac čiji su historijski romani širili mržnju prema bosanskim muslimanima. Bosanske srednjovjekovne junake opisao je kao glupe, ili kao homoseksualce, ili kao manijake koji su maltretirali Srbe. Bošnjake je opisao kao zao narod. Njegovi „historijski" romani iskorišteni su u jugoslovenskom školskom sistemu kako bi uništili svako dostojanstvo bošnjačkih učenika. Niko nikada nije objašnjavao učenicima istinu o događajima opisanim u **Andrićevim** romanima, nego je njegova nastrana verzija historije bivala prihvatana kao historijska istina. Ivo Andrić je dobitnik Nobelove nagrade za književnost 1961. Njegovi romani su više politika i propaganda nego književnost , ali za razliku od npr. Solženjicina, on nije ciljao na režim, već na cijeli narod, Bošnjake. On je čovjek koji je potpisao savezništvo između Srba i nacističke Njemačke 1941. Čini se da je dodjela Nobelove nagrade **Andriću** bila više politički čin tadašnjih islamofoba, nego nagrada za književnost.

Antibirokratska revolucija. Pokret srpskih masa iz 1988-1989 koji su ilegalno, pod pritiskom demonstracija udaljili sa vlasti nekooperativne političare nesrpskih etničkih grupa, tj. naroda.

Badinter, Robert. Francuski ustavni sudac, predsjedavajući Arbitražnog odbora Europske zajednice za Jugoslaviju (1991). Taj odbor je zaključio da, prema jugoslovenskom Ustavu, Bosna i Hercegovina ima zakonsko pravo proglasiti neovisnost ako 50 posto plus jedan građanin glasa za nezavisnost na referendumu svih građana Republike Bosne i Hercegovine. Referendum je održan 1. marta 1992. godine, a preko 64 posto svih građana glasalo je za neovisnost. Potom su Evropska unija, SAD priznali Republiku BiH 7. aprila 1992, a UN su primili RBiH kao suverenu naciju u svoje članstvo 22. maja 1992. na osnovu rezolucije 755, od 20. maja 1992.

Bajramović, Sejdo. Nelegalno postavljeni kosovski predstavnik umjesto Rize Sapunxhiu u Predsjedništvo Jugoslavije 1991. godine - lojalan Miloševiću umjesto kosovskim Albancima. To je bilo moguće učiniti i za vrijeme srpske diktature tokom postojanja Jugoslavije. Međutim, takvo Miloševićevo ponašanje pokrenulo je zahtjeve za nezavisnošću u Sloveniji, Hrvatskoj, Bosni, Makedoniji, a kasnije i na Kosovu - i konačno u Crnoj Gori.

Bijedić Džemal. Bosanski patriota, pobornik Ustava Jugoslavije iz 1974. kojim je decentralizirana Jugoslavija. Sumnja se da su Bijedića ubili generali JNA. Poginuo je u avionskoj "nesreći" 1977, kada je bio predsjednik jugoslovenske vlade (tj. Saveznog izvršnog vijeća).

Boban, Mate. Vođa pobunjenih bosanskih Hrvata. On je proglasio zasebnu hrvatsku državu u Bosni i Hercegovini, takozvanu Herceg-Bosnu. Kasnije je dokazano da je bio agent tajne jugoslovenske policije UDBA-e, za vreme Jugoslavije.

Boutros Ghali. Generalni sekretar UN-a, egipatski pravoslavac, čovjek čija je dužnost bila provođenje Povelje UN-a. Amerikanci su stavili veto na njegov ponovni izbor za generalnog sekretara UN 1996. zbog mnogih kršenja Povelje UN-a. Mnoga od njegovih kršenja Povelje UN-a bili su protiv Bosne i Hercegovine. Bio je snažno pristrasan za Srbe.

Bošnjaci. Službeno ime najbrojnije etničke grupe u Republici Bosni i Hercegovini od 28. septembra 1993. godine, kada je jedan sabor iz svih kategorija bošnjačkog naroda vratio historijsko ime naroda - Bošnjak. Prije septembra 1993., ime je bilo „Bosanski Muslimani". Čak i komunisti, suočeni sa težnjama naroda, su bili prinuđeni još 1970. godine priznati ih kao poseban narod, ali su to priznanje okrnjili, priznajući ih pod vjerskim imenom "Bosanski Muslimani". Dakle, "Bosanski Muslimani" je ime etničke, a ne vjerske grupe. Za vrijeme sedamdeset pet godina jugoslovenske (srpske) vladavine nad Bosnom, Bošnjaci nisu bili priznati kao poseban narod i njihovo historijsko ime "Bošnjak" je bilo zabranjeno, sa ciljem asimilacije Bošnjaka u Srbe. Mnogi Bošnjaci su se asimilirali u Srbe, uključujući Aliju Izetbegovića, koji se sve do uoči popisa stanovništva 1971. godine, dakle i kao zreo čovjek, izjašnjavao kao Srbin. Njegova asimilacija u Srbina objašnjava i mnoge čudne kasnije odluke koje su Srbima pomagale tokom rata.

Francis A. Boyle. Američki profesor internacionalnog prava, agent Republike BiH na Internacionalnom sudu Pravde u Hagu (International Court of Justice - ICJ). Francis A. Boyle, je tužio Srbiju (Krnju Jugoslaviju) za genocid u Bosni i Hercegovini, i već početkom 1993. dobio dva prva ročišta na tom sudu. Prof. Boyle je tada naglo smijenjen od strane Izetbegovića, a Tužba za genocid je od tada stalno sabotirana od strane BiH vlasti, ali nije ukinuta zato što bi njeno ukidanje bilo suviše prozirna izdaja države i naroda.

bratstvo i jedinstvo. Način života kojeg je promovirao Tito, zasnovan na toleranciji između različitih etničkih grupa u raznolikom jugoslovenskom društvu. Nažalost, srpski komunisti, koji su u praksi imali vlast na terenu, su tu ideju pretvorili u svoju suprotnost, u sredstvo nametanja velikosrpske kulturne i političke hegemonije. Na primjer, u tom "bratstvu i jedinstvu" Bošnjacima nije bilo priznato da su poseban narod, i samo ime Bošnjak je bilo zabranjeno, te su Bošnjačka djeca kroz školski sistem bila izložena brzoj asimilaciji u Srbe. A ako bi koji Bošnjak pokušao da govori o toj tabu temi bivao bi optužen za fašizam, da "razbija bratstvo i jedinstvo" te je bivao politički likvidiran i uklonjen iz "javnog života". Za neke, kao npr. za književnika **Aliju Nametka**, to je značilo čak i slanje na dugogodišnju robiju, za neke kao npr. za književnika **Mehmeda Maka Dizdara**, to je značilo gubitak egzistencije, čak i istjerivanje njegove porodice iz stana.

četnici. Ime koje su koristili srpski nacionalisti za svoje vojne formacije. Oni su počinili genocid nad Bošnjacima u Drugom svjetskom ratu 1941 - 1945, kao i u ratu u Bosni 1992-1995.

Christopher, Warren. Američki državni sekretar od 1993. do 1997. Među Bošnjacima je bila primijećena njegova izjava: "Ne možemo vršiti pritisak na Bosance, a možemo vršti pritisak na Srbe, kao agresore."

Delimustafić, Alija. Bosanski ministar unutrašnjih poslova (1991–92) i dokazani srpski agent.

Dizdarević, Raif. Bosanski predstavnik u jugoslovenskom predsjedništvu. Iako je bio bošnjačkog porijekla, bio je poznat kao pro-srpski političar i čovjek koji je uveo srpsku diktaturu u pokrajini Kosovo 28. februara 1989. u vrijeme dok je bio predsjednik Predsjedništva Jugoslavije.

Doko, Jerko. Hrvat, bosanski ministar odbrane (1991). Pristalica jedinstvene Bosne i Hercegovine. Uklonio ga sa funkcije Izetbegović na zahtjev pobunjenih Hrvata.

Drnovšek, Janez. Predstavnik Slovenije u jugoslovenskom predsjedništvu pred raspad Jugoslavije1991..

Dudaković, Atif. General Armije Republike BiH, komandant Petog Korpusa, branitelja Bosanske krajine. Proslavio se odbranom Bihaća tokom 1994. i 1995. koji je bio opkoljen sa svih strana od mnogo bolje naoružanog neprijatelja. Odbio je Izetbegovićev plan "Sigurnosne zone" za Bihać po modelu Srebrenice riječima: "Sigurnosne zone su samo tamo gdje je Armija Republike BiH." Neuspjela ofanziva na Bihać iz 1994., zvana "Operacija Štit", je bila srpski Staljingrad. Demoralisani Srbi iz Hrvatske su poslije toga poraza doživjeli nove poraze od Hrvatske vojske u operacijama Maestral i Oluja. Srpski porazi su se nastavili i u Septembru u BiH tokom Dudakovićeve ofanzive, koju su zaustavili tek Izetbegović-Šaćirbegovićevi potpisi 8. i 26. septembra 1995 u Ženevi (Geneva) na "mirovni plan" kojim su već poraženim Srbima dali 49 procenata BiH za Republiku Srpsku.

Duraković, Nijaz. Osnivač Socijaldemokratske partije Bosne i Hercegovine, i ratni član predsjedništva Republike Bosne i Hercegovine. Bio je zagovornik Ustava Republike Bosne i Hercegovine iz 1974. godine, koji je sa manjim legalnim izmjenama bio na snazi sve do Daytona 1995. Tokom rata se borio za očuvanje Republike BiH.

Eagleburger, Lawrence. Vršilac dužnosti američkog državnog sekretara tokom 1992.

Festić, Ibrahim. Profesor ustavnog prava i bosanski patriota. Bio je u Ustavnoj komisiji koja je stvorila Ustav Republike Bosne i Hercegovine iz 1974. godine. Bio je jedan od patriota koji su zaustavili podjelu Republike Bosne i Hercegovine zvanu "Unija tri bosanske republike". Taj plan "Unije tri Bosne" kojeg su usvojili Izetbegović, Milošević i Tuđman odbio je tzv. Bošnjački sabor 28. septembra 1993., ad hok skupština koju je Izetbegović osnovao da podrije legitimitet Skupštine Republike Bosne i Hercegovine, da svijetu poruči da ni Bošnjaci ne žele Republiku BiH i da dobije saglasnost za plan "unije tri Bosne". Patrioti predvođeni ljudima kao Festić su to okupljanje iskoristili da obnove historijsko ime svoga naroda, Bošnjaci, koji su od 1970. bili priznati pod vjerskim imenom "Bosanski Muslimani".

Filipović, Muhamed. Predstavnik u nekoliko bosanskohercegovačkih pregovaračkih timova.

Ganić, Ejub. Predstavnik Jugoslovena u bosanskom predsjedništvu. Bio je državljanin Srbije i školovao se u Srbiji. Prije rata, u Bosnu je došao kako bi zamijenio penzionisanog zapovjednika Tehnološkog instituta JNA u Vogošći, pukovnika Obradovića. Poznato je da su na toj vrsti položaja mogli raditi samo ljudi s najvišim sigurnosnim preporukama među Srbima. Ganić je prije rata bio osnivač prosrpske „Stranke Jugoslovena" među Bošnjacima. Kad je ta stranka propala, doktor Ganić je prebačen na jednu od vodećih poziciju u SDA, da bi bio pri ruci Izetbegoviću. Veoma je interesantno zašto je navodni nacionalista i "islamista" Izetbegović uzeo za najbližeg saradnika čovjeka koji je dokazano bio sa potpuno suprotne strane političkog spektra i čovjek od najvišeg povjerenja u srpskim tajnim službama?!

Gligorov, Kiro. Komunistički veteran koji je vodio Makedoniju do neovisnosti kao njezin predsjednik od 1991.

Halilović Sefer. Prvi zapovjednik Armije Republike Bosne i Hercegovine, pristaša bosanskog ustava 1974, koji je sa manjim legalnim izmjenama bio na snazi sve do Daytona 1995. Izetbegović ga je smijenio nakon što mu se

Halilović suprotstavio zbog Izetbegovićevog prihvatanja podjele Bosne i Hercegovine tokom "mirovnog procesa". Bio je komandant akcije Armije Republike BiH koja je porazila HVO u dolini Neretve, u južnoj Bosni i Hercegovini.

Holbrooke, Richard. Pomoćnik američkog državnog sekretara, posrednik u Daytonu.

Izetbegović, Alija. Bosanski predsjednik Predsjedništva tokom rata u Bosni. Kao takav, on igra centralnu ulogu u ovoj knjizi.

Internacionalni sud pravde (International Court of Justice - **ICJ**) Zasjeda u Hagu. To je stalni sud konstituisan od strane Ujedinjenih nacija. Na njemu se sudi državama, jer su jedino države tj. nacije, subjekti Internacionalnog prava, a ne narodi, niti pojedinci. Stoga taj sud komunicira isključivo sa ovlaštenim agentima pojedinih država. Ovaj Sud je nadležan za Tužbu Republike BiH protiv Srbije za genocid u BiH.

Internacionalni tribunal za kriminalce sa područja Jugoslavije (a.k.a Tribunal, ICTY). To je ad hok sud, tj. privremeni sud na kojem se sudi pojedincima, a ne državama za zločine počinjene na području Jugoslavije za vrijeme ratova u devedesetim godinama dvadesetog stoljeća. Presudama za zločine pojedincima, tj. običnim smrtnicima, se samo stvara privid pravde, dok u stvari pravda nije postignuta, budući da životno djelo tih zločinaca, Republika srpska kojom se nagrađuju njihovi zločini, nastavlja da postoji.

Karadžić, Radovan. Lider pobunjenih Srba, pregovarač sa Izetbegovićem. Već u decembru 1992 administracija Georgea H. Busha optužila je Karadžića za ratne zločine. Kasnije, 1995 Karadžić je formalno optužen za genocid u Bosni na Internacionalnom krivičnom tribunalu (International Criminal Tribunal for the former Yugoslavia - ICTY). Kao ratni zločinac, Karadžić je bio glavni problem za priznanje, tj. legalizaciju njegovog djela, Republike Srpske, države na 49 posto Bosne i Hercegovine priznate od Izetbegović-a 1995. u Daytonu. Bošnjaci njegovu optužnicu nazivaju "pranjem njegovog remek-djela, države masovnih grobnica, Republike Srpske", jer se na taj način kažnjava individua, **Karadžić,** dok ono što je važno, njegova tvorevina RS nastala genocidom ostaje netaknuta.

Kljuić, Stjepan. Hrvatski član Predsjedništva Republike BiH. Zalagao se za jedinstvenu Bosnu i Hercegovinu. Izetbegović ga je ilegalno smijenio 1992. godine na zahtjev Mate Bobana, vođe Hrvata u BiH, nelegalno postavljenog lidera HDZ-a pod uticajem hrvatskog predsjednika Franje Tuđmana. Kljuić je vraćen u Predsjedništvo R BiH 1994. na zahtjev Skupštine Republike BiH.

Koljević, Nikola. Srpski član Predsjedništva Republike BiH prije rata. Poznat po izjavi iz Septembra 1993, u jeku ofanzive Petog Korpusa: "Ukoliko se ofanziva ne zaustavi za 36 sati možete očekivati potpuni slom Republike srpske."

U pomoć mu je pritekao Izetbegović koji je poslao Šaćirbegovića da u Ženevi (Geneva), 26. septembra 1995. potpiše da "Srbima pripada 49 posto BiH." Time je dat papir Republici Srpskoj na osnovu kojeg su Amerikanci stekli pravo da zaustave trijumfalnu Dudakovićevu ofanzivu prije konačne pobjede.

Komšić, Ivo. Hrvatski član Predsjedništva Republike BiH, zagovornik jedinstvene Bosne i Hercegovine.

Krajišnik Momčilo. Najbliži Karadžićev saradnik. Bio je član prvog post-dejtonskog trilateralnog predsjedništva BiH. Kasnije je bio osuđen kao ratni zločinac na 20 godina zatvora od strane Internacionalnog krivičnog suda u Hagu (Tribunala).

Krunić, Boško. Vojvođanski predstavnik u jugoslovenskom Predsjedništvu, svrgnut u Antibirokratskoj revoluciji 1988 od strane srpskih unitarista jer se zalagao za očuvanje autonomije Vojvodine.

Kučan, Milan. Lider Slovenske komunističke partije koji je postao prvi predsjednik samostalne Republike Slovenije 1991.

Kukanjac, Milutin. General JNA; komandant Sarajeva. Njegova kasarna na Bistriku u Sarajevu je bila opkoljena od strane Armije RBiH, ali ga je spasio Izetbegović kada je sletio na Sarajevski aerodrom u ruke Srbima. Time je Izetbegović omogućio da lično on i njegova kćerka Sabina posluže Srbima za razmjenu 3. maja 1992. za opkoljenu kasarnu i Kukanjca.

Kusturica, Emir (a.k.a. Nemanja). Režiser, jedan od mnogih Bošnjaka koji su se posrbili u jugoslovenskom školskom sistemu.

Lagumdžija, Zlatko. Komunistički funkcioner prije rata u BiH. Zajedno s Izetbegovićem sletio Srbima u ruke na Sarajevski aerodrom 2. maja 1992., Srbi su i njega pustili u razmjeni za bistričku kasarnu i Kukanjca 3. maja 1992. Jedan od mnogobrojnih dječaka bošnjačkog porijekla koji je za vrijeme školovanja asimiliran u "Jugoslovena" u etničkom smislu, što je praktično značilo u Srbina. I Kraljevina Jugoslavija i socijalistička Jugoslavija su podredile svoje školstvo asimiliranju malih Bošnjaka u srpstvo. Na ljudima kao što su Emir Kusturica, Meša Selimović, Alija Izetbegović, Ejub Ganić, Haris Silajdžić, Zlatko Lagumdžija i mnogi drugi vidimo da im se ta politika višestruko isplatila.

McKenzie, Lewis. Kanadski general, komandant UN-a u BiH 1992. Neosuđeni ratni zločinac kojemu su Srbi dovodili bosanske djevojčice na seksualno iživljavanje. Od suđenja ga spasio Alija Izetbegović svojim uticajem na pravosuđe u BiH, opravdavajući taj svoj čin riječima: "Nama trebaju UN." kao da bi UN imale išta protiv kažnjavanja dokazanog silovatelja iz svojih redova.

Mahmutčehajić, Rusmir. Jedan od prvih lidera SDA i član bosanske vlade 1993. On je na iznenađenje svih uspio organizirati proizvodnju municije u potpuno opkoljenoj Bosni i Hercegovini tokom rata. Sa vlasti ga je Izetbegović smijenio bez ikakvog objašnjenja.

Manolić, Josip. Hrvatski domoljub koji je insistirao na tome da Hrvatska treba podržati Bosnu i Hercegovinu umjesto što je napada. Tuđman ga je smijenio sa svih funkcija zbog njegovog insistiranja da Hrvatska treba da se bori protiv Srba, umjesto što se bori sa Srbima protiv Bosne i Hercegovine.

Mesić, Stipe. Predstavnik Hrvatske u posljednjem jugoslavenskom Predsjedništvu prije rata. Sa svih funkcija u Hrvatskoj ga je Tuđman odstranio iz istog razloga kao i Manolić-a.

Mikulić, Branko. Visoko pozicionirani hrvatski političar u predratnoj Republici BiH. Pristalica Ustava Republike Bosne i Hercegovine donesenog 1974. Taj ustav garantovao je nezavisnost R BiH u slučaju raspada Jugoslavije.

Milošević, Slobodan. Predsjednik Srbije, odgovoran za agresije Srbije na Sloveniju, Hrvatsku, Bosnu i Hercegovinu, i na kraju za agresiju na Kosovo. Suđen na Tribunalu u Hagu za te zločine, uključujući i zločin genocida u Bosni i Hercegovini, ali je umro prije presude.

Mladić, Ratko. General JNA. Bio je komandant vojske bosanskih Srba od 1992, mada je bio aktivni oficir Vojske Republike Srbije. Jedan od najodgovornijih za genocid u Srebrenici.

Muhić, Fuad. Bosanski patriota, pobornik Ustava R BiH iz 1974. Dr. Muhić je najbolje predvidio šta će se desiti sa Jugoslavijom i Bosnom i Hercegovinom zbog srpskog šovinizma. On je bio najistaknutiji predratni intelektualac koji se hrabro suprotstavljao tadašnjem srpskom šovinizmu u beogradskim akademskim krugovima. Umro je pod misterioznim okolnostima na početku agresije na BiH. Za detalje o njegovom životu i djelu pogledajte u veoma informativnom članku https://hr.wikipedia.org/wiki/Fuad_Muhić

Orić, Naser. Vođa branitelja Srebrenice sa početka rata. Uoči pada Srebrenice, 1995, Naser Orić uklonjen je iz Srebrenice po Izetbegovićevoj naredbi, da bi "pohađao vojnu školu u Tuzli". Taj Izetbegovićev potez je ostavio Srebrenicu bez vođstva, i u rasulu. To je bila tragična Izetbegovićeva "greška" koja nas je koštala osam hiljada ljudskih života u Srebrenici. https://www.facebook.com/watch/?v=1346763362090560

Owen, David. Posrednik iz Evropske Unije koji je u jesen 1993. uklonio (?!) Dr. Nijaza Durakovića i dr. Muhameda Filipovića iz bosanskohercegovačkog pregovaračkog tima u Ženevi (Geneva), predstavnike Bošnjaka koji nisu prihvatali podjelu zemlje. Oni su imali mandat Skupštine Republike BiH i bosanskog naroda, pa on to kao neutralni posrednik nije smio uraditi ako nije imao saglasnost šefa BiH delegacije Izetbegovića. Saglasnost od Izetbegovića je u stvari prešutno imao jer je Izetbegović samo nastavio pregovore, kao da ništa nije bilo, umjesto da je izašao zajedno sa njima sa pregovora kako bi dolikovalo predsjedniku suverene države.

Paraga, Dobroslav. Osnivač Hrvatske stranke Prava. Glavna karakteristika te stranke je doktrina da se Hrvati trebaju zajedno s "Bosanskim Muslimanima" boriti protiv zajedničkog neprijatelja, Srba, i protiv Tuđmanove zavjere iz Karađorđeva da sa Srbima podjeli Bosnu i Hercegovinu https://ba.boell.org/de/2019/03/25/karadordevo-und-die-territorial-ethnische-teilung-bosnien-und-herzegowinas.

Plavšić, Biljana. "Potpredsjednik" Republike Srpske za vrijeme rata, kada su počinjeni svi zločini. Bila je profesorica biologije na Univerzitetu u Sarajevu. Uoči rata je u političkim intervjuima iznijela svoju tvrdnju o bošnjačkoj genetskoj inferiornosti u odnosu na Srbe. Nakon što je Karadžić optužen za ratne zločine, ona je postala predsjednik Republike Srpske dok je Karadžić ostao predsjednik SDS-a.

Pohara, Armin. Bošnjak-Hrvat, koji je radio za Izetbegovića, Tuđmana i Abdića kao agent koji se zalagao među Bošnjacima za podjelu Bosne i Hercegovine po etničkoj osnovi.

Pozderac, Hamdija. Bosanski lider do 1987, kada je bio od strane velikosrpskog projekta smijenjen sa svih funkcija zato što je bio borac za ravnopravnost BiH u jugoslovenskoj federaciji i protivnik centralizma u Jugoslaviji. Kategorički je odbijao svaku mogućnost uvođenja centralizma u Jugoslaviji, kao i mijenjanja Ustava Republike Bosne i Hercegovine. Zbog toga je srpski lobi pokrenuo Aferu Agrokomerc i uklonio Pozderčevu garnituru vlasti u BiH.

Račan, Ivica. Hrvatski komunistički vođa. Vodio je hrvatske komuniste kad su izašli sa zadnjeg Kongresa SKJ-a odmah poslije Slovenaca.

Ražnjatović, Željko (Arkan). Komandant specijalnih jedinica JNA iz Niša, optužen za ratne zločine u Hrvatskoj i Bosni. Biljana Plavšić ga je javno poljubila kada je u Bijeljini počinio prve zločine protiv čovječnosti početkom aprila 1992.

Rugova, Ibrahim. Vođa kosovskih etničkih Albanaca od 1989, t.j. lider Demokratske Lige Kosova. Uspio je da održi mir na Kosovu dok Srbi nisu završili rat u Bosni. Albanci su imali bolje šanse da se bore za svoju slobodu kada su Srbi bili u ratovima u Hrvatskoj i Bosni. Igrao je sličnu ulogu među Albancima na Kosovu kao Izetbegović među Bošnjacima u Bosni. Varao je Albance i već u predratnim pregovorima sa Miloševićem je trampio Autonomiju pokrajine Kosovo, za autonomiju Univerziteta u Prishtini, koja se u stvari podrazumijeva za svaki univerzitet?!

Šaćirbegović, Muhamed. Bosanski ministar vanjskih poslova. Njegov otac Nedžib Šaćirbegović bio je Izetbegovićev najbolji prijatelj još od studentskih dana. Prezime su promijenili u tursku verziju *Šaćirbey*, što ukazuje da su se izjašnjavali radije kao Turci, nego kao Bosanci. Podsjetimo, Turci su 4,5 stoljeća okupirali Bosnu, a mnogi Bošnjaci, su se bježeći od srpskih genocida tokom dvadesetog stoljeća u Turskoj asimilirali s Turcima. Muhamed Šaćirbegović ostat će upamćen među Bosancima kao čovjek koji je na Izetbegovićev zahtjev parafirao tzv. Dogovor o osnovnim principima, 8. Septembra, 1995. u Genevi (Ženevi), vidi, Glavu 13, zatim je 26. Septembra 1995. bez legitimnog odobrenja bosanskohercegovačkog Predsjedništva, ponovo samo po Izetbegovićevom nalogu, i potpisao taj dogovor uime RBiH. Njegov protuustavni potpis na "Dogovor o osnovnim principima" kojim je priznato da 49 posto Bosne i Hercegovine pripada isključivo Srbima dao je papir Republici Srpskoj na osnovu kojeg su Amerikanci zaustavili Armiju Republike BiH kada je oslobodila 51 posto teritorije BiH, u trenutcima kad su Srbi bili u potpunom rasulu, gubeći po jedan grad dnevno.

Sapunxhiju, Rizza. Predstavnik Kosova u Predsjedništvu Jugoslavije kojega su Srbi ilegalno smijenili 1991.

Selimović, Mehmed (Meša). Pisac Bošnjačkog porijekla koji se smatrao srpskim autorom i aktivno borio protiv patriotskog predratnog BiH rukovodstva i protiv afirmacije državnosti Republike BiH i protiv etničke afirmacije "BiH Muslimana", tj. Bošnjaka. Jedinica "Vojske bosanskih Srba" koja se sastojala od posrbljenih Bošnjaka se nazvala "Meša Selimović" u njegovu čast.

Šešelj, Vojislav. Srpski radikal koji je postao poznat po borbi protiv Vlade Republike BiH i koji se borio za Izetbegovićevu slobodu u osamdesetim. U ratu su njegove jedinice počinile mnoge zločine u Hrvatskoj i BiH.

Silajdžić, Haris. Jedan od Izetbegovićevih najbližih prijatelja i saveznika. Bio je nepoznata osoba u BiH prije rata, kada ga je Izetbegović uveo u svoj krug da mu pomogne u vođenju stranke SDA. Silajdžić se školovao u muslimanskim vjerskim školama i odlično je govorio Arapski i Engleski jezik. To su bile njegove reference zbog kojih su mu (vjernici) muslimani vjerovali. Ali moramo se sjetiti da je unatoč svom obrazovanju Silajdžićeva predratna karijera bila u jugoslovenskom diplomatskom koru, da je bio komunistički obavještajac u arapskim zemljama. Njegove brojne kasnije akcije podrivanja i sabotiranja bosanskih interesa pokazuju da je ostao i dalje odan jugoslavenskom režimu, tj. projektu Velike Srbije.

Stonltenberg, Thorvald. Izaslanik UN-a, posrednik na raznim pregovorima o BiH 1993-1995. Zamijenio Cyrus Vance-a.

Tito, Josip Broz. Lider Jugoslavije od 1941. do 1980.

Tuđman, Franjo. Osnivač Hrvatske demokratske zajednice (HDZ) i prvi predsjednik neovisne Republike Hrvatske. Bio je jugoslovenski partizan i general Jugoslovenske narodne armije poslije Drugog svjetskog rata. Sedamdesetih godina ga je progonila Titova vlast zbog protivljenja promjeni Ustava Jugoslavije od 1972. godine, što je paradoksalno za jednoga Hrvata, jer ta promjena Ustava SFRJ je jugoslovenskim republikama dala više autonomije za sta su se Hrvati uvijek žestoko borili?! Uoči rata mu je srpska tajna policija pomogla da stane na čelo HDZ-a ispred Marka Veselice. Te dvije paradoksalne činjenice su potpuno u skladu sa kasnijom Tuđmanovom saradnjom sa Srbima tokom rata, kao npr. a) sa dogovorom iz Karađorđeva, b) sa puštanjem opkoljenih kasarni JNA iz Hrvatske 1991. i potpisivanjem Sarajevskog primirja 2. Januara 1992., d) sa predajom Posavine Srbima početkom 1993, itd. sve do potpisivanja plana Z4 1995. kojim je pristao da ustupi oko 30% Hrvatske za "Republiku srpsku Krajinu". Taj plan, srećom po Hrvatsku, krajinski Srbi nisu potpisali, te Tuđman nije više mogao zaustavljati hrvatske generale da krenu u oslobađanje države. Tek tako je došlo do Oluje.

Ima se utisak da je Tuđmanova saradnja sa Srbima veoma otežala i usporila oslobađanje Hrvatske.

ustaše. Hrvatski nacionalisti koji su Srbe smatrali neprijateljima, a Muslimane saveznicima protiv Srba. Srbi smatraju da su ustaše počinili genocid nad Srbima u Drugom svjetskom ratu, a nakon Drugog svjetskog rata „ustaša" je bilo pejorativno ime koje su Srbi koristili za Hrvate..

Zulfikarpašić, Adil. Bosanski imigrant i biznismen u Švicarskoj koji je kao Izetbegovićev izaslanik sa Miloševićem 1991. godine potpisao Beogradsku inicijativu, poznatu kao "sporazum između Muslimana i Srba". Zbog žestoke osude toga "sporazuma" od strane naroda u BiH, Izetbegović je negirao svoj udio u sporazumu i tako politički žrtvovao Zulfikarpašića.

Uvodne napomene

Prvi dio: Prvi dio ove knjige je napisan do početka novembra 1995. zaključno sa Predgovorom od 5. novembra 1995 prvom izdanju knjige koju smo naslovili „Rat u Bosni i Hercegovini 1992-1995". Te knjiga je izdata krajem novembra 1995., dakle poslije pregovora u američkoj vojnoj bazi u Daytonu, Ohio, USA, a prije finalnih potpisa 14. decembra 1995. u Parizu, Francuska, dakle, dok je još postojala neka mala nada bi se svi dogovori mogli otkazati.

Kada smo tokom rata pisali o tadašnjim događanjima, sve je to bilo svježe u glavama ljudi, tj. dobro poznato građanima BiH i svakodnevnih vijesti na radijima, TV i internetu, pa nije postojala potreba za dodatnom dokumentacijom. Međutim, kako je vrijeme odmicalo, stvari su se počele zaboravljati, pa se pojavila potreba da se čitaoci podsjete na najvažnije događaje. Uzimajući u obzir činjenicu da se preko 90% kopija Engleskog izdanja ove knjige, koje je izašlo iz štampe 5. decembra 2016., prodaje u elektronskom formatu, za elektroničke čitače knjiga kao sto je Kindle, odlučili smo da na ključnim mjestima u ovo izdanje knjige ubacimo linkove koji će služiti kao dokumentacija pomenutih događaja iz rata. Ukoliko bilo koji link ne radi, kopirajte i zalijepite ga u vaš web browser da bi došli do dotičnog dokumenta, tj. url adrese.

Ti linkovi su jedna bitna promjena u odnosu na knjigu izdatu u novembru 1995. godine "Rat u BiH 1992. – 1995, od koje se ovdje sastoji Prvi dio.

Druga značajna promjena se sastoji u tome sto smo dodali Glavu 12. "Zašto Amerika nikada nije naoružala Armiju Republike BiH". Naime, svi podaci iz

Glave 12. se nalaze i u prvom izdanju knjige, ali su ovdje dodatno skupljeni u jedan članak, koji služi kao sažetak knjige, da bi se pohvatali svi konci te značajne teme iz rata u BiH, da bi se vidjela kompletna slika sta se događalo u vezi američkog naoružavanja Armije Republike BiH. Bez toga članka koji povezuje činjenice na jednom mjestu se taško vidi ponekad zamršena istina kako je precizno Izetbegović poduzimao korake kojima je sabotirao akcije američkog kongresa usmjerene ka naoružavanju Armije Republike BiH američkim oružjem.

Drugi dio: To je aneks koji se sastoji od relativno nepoznatih dokumenata iz perioda poslije Daytona, koje su režimski mediji sistematski skrivali od javnosti, skrivajući tako i izdaju Republike BiH u cilju držanja u mraku i onemogućavanja naroda BiH da poduzme ispravne korake za zaštitu domovine.

Recenzija Sefera Halilovića, prvog komandanta Armije Republike BiH

Ovo je djelo o **Aliji Izetbegoviću** i njegovoj upornosti u uništavanju Božjeg dara Bošnjacima, međunarodno priznate Republike Bosne i Hercegovine, i stvaranju Republike Srpske.

Kombinacijom metoda čiste logike, svjedočenja i činjenica, **Muhamed Borogovac,** kao doktor matematike, ali i kao svjedok i patriota, jednostavnim pisanjem razobličava osnovne obmane na kojima je **Izetbegović** zasnovao svoj pohod protiv Republike BiH.

Ovo djelo je veliko NE **Izetbegovićevim** obmanama da je navodno "svijet" dijelio Bosnu, da je **Izetbegović** veliki musliman, da je Republika BiH gubila rat, da je on, **Izetbegović** naivan, dobar i bespomoćan.

Ovu knjigu preporučujem prije svega onima koji i nakon Dejtonske izdaje još uvijek vjeruju u sve ove obmane.

Sefer Halilović
General Armije Republike BiH, u penziji

Predgovor ovom, dopunjenom izdanju

Prvo izdanje ove knjige je pisano u septembru 1995, dakle u vrijeme velikih pobjeda Armije Republike BiH, koja je tada zaustavljena hitnom intervencijom **Izetbegovića i Šaćirbegovića**. Naime, 8. septembra 1995. u Genevi su oni dogovorili "Sporazum o osnovnim principima" u kojem Republika BiH pristaje, suprotno Ustavu Republike BiH, da se osnuje Republika Srpska na 49% teritorije Republike BiH. **Dr. Nijaz Duraković**, koji je tada bio član Predsjedništva Republike BiH, u više navrata je svjedočio da **Izetbegović** nikada nije dobio saglasnost ostalih članova Predsjedništva Republike BiH da se taj dogovor potpiše uime BiH. Ipak je to učinjeno i zvanično uime BiH 26. septembra 1995 u Genevi, gdje je **Izetbegović** ponovo poslao **Šaćirbegovića,** skrivajući tako svoju izdaju kod svojih politički naivnih sljedbenika, vidi https://peacemaker.un.org/bosniaagreedprinciples95

Dr. Duraković je taj sporazum nazvao "izdavanje rodnog lista Republici Srpskoj". U ovoj knjizi, u **Paragrafu 13.4.** nalazi se analiza **Prof. Francis-a Boyle-a** pomenutog "sporazuma", tačnije kapitulacije Republike BiH, koju je tada **Prof. Boyle** poslao poslanicima Skupštine RBiH. U isto vrijeme se odvija trijumfalna ofanziva Petog korpusa zahvaljujući ranijim direktnim isporukama Iranskog oružja Petom korpusu Armije RBiH, koje su se dogodile suprotno željama Alije Izetbegovića. Da je Izetbegovićeva izdajnička grupa bila protiv pobjedničke septembarske ofanzive Petog korpusa znamo i direktno zahvaljujući izvještaju CIA-e od 27. septembra 1995., sa kojeg je nedavno skinuta oznaka tajnosti. Prema tom izvještaju Izetbegović, Silajdžić i Saćirbegović upoznaju Amerikance sa svojom zabrinutošću zbog opasnosti od formiranja "fundamentalističke islamske države u BiH". Slijedi citat u originalu na Engleskom: **"Izetbegovic, Silajdzic and Sacirbey appear to share concerns over Iran's efforts to support the creation of a**

fundamentalist Islamic state in Bosnia." Na slijedećem linku se to može vidjeti ako slijedite linkove na izvještaju CIA-a od 27. Septembra 1995. https://www.cia.gov/library/readingroom/document/5235e80d993294098d51753d

Kako i zašto je tada, 26. septembra 1995. došlo do brzog izdavanja rodnog lista "Republici Srpskoj" u trenutcima kada su Srbi bili u rasulu i kada je general **Atif Dudaković** svaki dan oslobađao po jedan grad Republike BiH? Do **Izetbegović-Šaćirbegovićevog** izdavanja rodnog lista RS-u je došlo poslije dramatičnog apela izdatog od strane tadašnjeg najvišeg funkcionera RS, **dr. Nikole Koljevića**, povodom **Dudakovićeve** ofanzive. U tom apelu **Koljević** kaže: "Ukoliko se ofanziva (Petog korpusa) ne zaustavi za 36 sati možete očekivati potpuni slom Republike srpske." https://www.facebook.com/watch/?v=609021342880681

Tada je **Izetbegović** hitno, 26.septembra 1995. poslao **Šaćirbegovića** u Ženevu (Geneva) da potpiše da Srbima pripada 49% BiH. Do toga trenutka Armija Republike BiH je imala pravo uspostaviti ustavni poredak, tj. osloboditi od agresora i pobunjenika svaku stopu, međunarodno, tj. internacionalno priznate, Republike BiH. Međutim, poslije tog potpisa Armija Republike BiH je morala stati, jer je morala poštovati međunarodne (tj. internacionalne) sporazume, koje su potpisali lideri BiH. Zato, kada je general **Atif Dudaković** oslobodio kvotu od 51% BiH, svijet, tačnije Amerikanci u ime Ujedinjenih nacija su rekli da Armija Republike BiH mora stati, da će biti bombardovana ako nastavi prema nebranjenoj Banja Luci.

Dakle, Armiju Republike BiH nisu zaustavili "Amerikanci", u što je **Izetbegović** uspješno ubijedio Bošnjake, nego papiri koje su Republici Srpskoj hitno dali naši tadašnji lideri **Izetbegović, Šaćirbegović, Silajdžić**.

Kasnije se **Šaćirbegović** odrekao svojih potpisa, dok **Izetbegović, Silajdžić, Lagumdžija** i ostali učesnici daytonskih pregovora nikada nisu zvanično odustali od Daytona, mada su građani vjerni Republici BiH to od njih u bezbroj navrata tražili. I ne samo to, nego je **Izetbegović** čak na samrtničkoj postelji poručio delegaciji SDA iz Mostara sa **Fatimom Leho** na čelu: "Čuvajte Dayton.". To je bio njegov posljednji javni nastup i njegov politički testament. Time je sam **Izetbegović** još jednom dokazao da je podjela Republike BiH i osnivanje Republike Srpske oduvijek bio njegov projekat i da mu ga nisu Amerikanci nametnuli navodnim "zavrtanjem ruku".

Nažalost, zbog potpune kontrole medija u BiH, čak i tako otvorena izdaja Ustava Republike BiH, kakva je bila potpisana u Ženevskim "Osnovnim principima" 8. Septembra 1995. je uspješno sakrivena od Bosanaca i Hercegovaca. To je ponukalo nas iz Bosanskog kongresa, da hitno pristupimo pisanju knjige u kojoj ćemo objaviti naše dotadašnje podatke i analize agresije na Republiku BiH, u nadi da ćemo onemogućiti izdaju domovine u posljednjem trenutku.

Tada, odmah poslije Daytonskih pregovora, a prije svečanog zvaničnog potpisivanja tih dogovora u Parizu 14. decembra 1995 je nastalo prvo izdanje ove knjige koje smo naslovili "**RAT U BiH 1992-1995**". To prvo izdanje je sadržano u prvom dijelu ove knjige, osim što smo na pojedinim mjestima stavili reference ili linkove do događaja, koji danas, poslije toliko godina zahtijevaju dodatno dokumentiranje i podsjećanje, dok su tada bili dobro poznati iz dnevnih vijesti.

Odmah poslije prvog izdanja, knjigu je u cjelini objavio u Bosni i Hercegovini i tadašnji sedmični magazin "Slobodna Bosna i Hercegovina", poznat kao "Slobodna Hercegovina", kao "specijalni dodatak" jednog broja magazina, čime se vlasnik i izdavač magazina **Tahir Pervan** izložio velikom riziku.

Vrijednost prvog izdanja knjige je u činjenici da ono sadrži mnoge dokumente i analize Bosanskog kongresa, objavljivane mjesecima prije Daytona u kojima smo predvidjeli da će **Izetbegović** podijeliti državu. Svi znaju koliko je teško vidjeti u budućnost, i to sto smo mi vidjeli u budućnost dokazuje da smo dobro razumjeli događaje i da smo znali šta **Izetbegović** tačno radi. Često nam **Izetbegovićevi** ljudi danas kažu "Lako je sada govoriti da nije trebalo potpisati Dayton. Svi generali su pametni poslije bitke." Ova knjiga pokazuje da smo mi iz Bosanskog kongresa i prije Daytona govorili isto što i danas i da smo sve učinili da odvratimo **Izetbegovića** od izdaje. U tom smislu pogledajte npr. **Glavu 2**, gdje je opisan moj prvi susret sa **Izetbegovićem**, ili **Glavu 8**, u kojoj je moj drugi razgovor sa **Izetbegovićem**, ili **Glavu 11**, u kojoj se nalazi **Izetbegovićeva** prepiska sa **dr. Vahidom Sendijarevićem** i **Stjepanom Balogom**, kao i naša "**Optužnica protiv Alije Izetbegovića za veleizdaju naroda i Republike BiH**", ili **Glavu 13**, gdje objavljujemo pokušaj prof. Boyle-a, da se u Skupštini Republike BiH zaustavi Izetbegovićeva izdaja Ustava RBiH.

Drugo izdanje knjige iz 2000te godine sadrži dopisane glave 15, 16 i 17, koje se bave periodom od potpisivanja Daytona do 2000. To drugo izdanje knjige koje smo naslovili "**Rat u Bosni i Hercegovini – politički aspekti**" izašlo je iz štampe zahvaljujući gosp. **Vedranu Škuliću,** Amerikancu hrvatskog porijekla i vlasniku „Zadarske tiskare" i zadarskih „Nezavisnih novina", koji je knjigu objavio kada niko u BiH nije smio ili htio da objavi to drugo izdanje.

Bosanski kongres, pod novim imenom Nacionalni Kongres Republike BiH, je nastavio analizirati političke događaje i poslije Daytona pa i poslije 2000te godine. Taj dio historije Bosne i Hercegovine je zapisan u "Glasnicima Nacionalnog kongresa Republike BiH" koji se mogu naći pretraživanjem preko Google-a, ako se traži "Online glasnik bosanskog kongresa", ili "Muhamed Borogovac", a mnogi se nalaze na web stranici http://republic-bosnia-herzegovina.com/ .

Na Engleskom jeziku smo objavili 5. decembra 2016, knjigu pod naslovom **"The War in Bosnia - How to succeed at genocide"**, kod izdavača Xliber, USA. Ta knjiga se prodaje u najvećim svjetskim online knjižarama, kao sto su Amazon, Barnie & Nobles, Google Bookstore, E-bay, …

Ovo, najnovije usavršeno izdanje knjige na Bosanskom jeziku objavljujemo u Americi, također u Xliber-u da bi iskoristili najnovije mogućnosti distribucije knjige po svijetu, uključujući i mogućnost prodaje elektronskih kopija koje se čitaju pomoću Kindle-a i sličnih elektronskih "čitača knjiga". To omogućava veoma lagano dokumentiranje, pomoću linkova, mnogih ključnih događaja o kojima se govori u knjizi.

Boston, 20. novembra 2019
dr. Muhamed Borogovac

Predgovor prvom izdanju

Rat u Bosni i Hercegovini je nečuvena tragedija. Pred očima cijeloga svijeta nestaje jedna država i jedan narod. Pogaženi su svi principi humanosti, morala i međunarodnog prava. Postavlja se pitanje: kako se to moglo dogoditi, danas, kada je poznato iskustvo genocida iz Drugog svjetskog rata (holokausta) i kada je međunarodna zajednica imala namjeru i način da zaštiti Republiku Bosnu i Hercegovinu? Međunarodna zajednica je dokazala da nije neprijatelj Bosne i Hercegovine i da želi ovu državu u svojoj zajednici kada ju je priznala 7. aprila 1992. Time se suprotstavila narastajućem srpskom nacionalizmu, koji je tek počeo krvaviti ruke u Bosni i Hercegovini. Kako to da u Daytonu u jesen 1995, poslije nebrojenih četničkih zločina nad kojim se svijet zgražavao, međunarodna zajednica staje na stranu tih zločinaca poklanjajući im 49% Bosne i Hercegovine u svojim "mirovnim prijedlozima"? Koji je to maestralni režiser uspio napraviti takav nevjerovatan obrt i kojim metodama se služio? Ova knjiga odgovara na ta pitanja.

Čitanju ove knjige treba pristupiti ne vjerujući nikome osim zdravom razumu. Osim toga, od čitaoca koji shvati šta se stvarno Bosni i Hercegovini događa očekuje se da počne širiti istinu zbog spasa domovine. Krajnji cilj je da se pomogne patriotskim snagama u borbi protiv snaga izdaje i podjele Bosne i Hercegovine.

U želji da Bošnjake što prije naoružam spoznajom šta im se stvarno dešava, ovu knjigu pišem u žurbi. U meni postoji nada da će knjiga doći do Bošnjaka dok još nije kasno, dok se još može reći "NE" podjeli domovine. Zato, poštovani čitaoci, nemojte zamjeriti na tehničkoj nesavršenosti knjige.

Boston, 5. novembra 1995.
dr. Muhamed Borogovac

PRVI DIO: RAT U BiH 1992-1995

1

ETNIČKA STRUKTURA BOSNE
I HERCEGOVINE

1.1. Srbi

Rat u bivšoj Jugoslaviji je počeo još 1988. godine, dolaskom **Slobodana Miloševića** na vlast u Srbiji. **Miloševića** je u najviše rukovodstvo Srbije doveo liberalni srpski komunista **Ivan Stambolić** smatrajući ga dobrim bankarom. **Stambolić** je maštao da će se Srbi poslije očekivanog pada komunizma okrenuti demokratiji i ekonomiji. Prevario se. To je platio na istorijskoj 8. sjednici Centralnog komiteta Saveza komunista Srbije (CKSKS) smjenjivanjem sa svih funkcija. Nije dobro poznavao svoj narod.

Pokušajmo ukratko sagledati gdje se **Stambolić** prevario, tj. u čemu su Srbi toliko drugačiji od ostalih naroda.

Najvažnija karakteristika Srba je pretjerana srpska kolektivna svijest. Osnova srpstva nije toliko ljubav prema srpskoj kulturi i srpskim vrijednostima, koliko u netrpeljivosti prema susjednim narodima. Da to objasnim.

Glavnina srpske narodne kulture se sastoji iz nekoliko ciklusa deseteračkih pjesama u kojima se slave srpski "junački" napadi iz zasjeda ("busija") na "turske svatove" i klanje svatova, ili, kako Srbi "raspevano" kažu "posecanje kićenih svatova". O srpskom nacionalnom biću i kulturi najbolje govori "Gorski vijenac" **Petra Petrovića Njegoša** u kojem se "obrazlaže" i slavi genocid nad muslimanima za vrijeme **vladike Danila**. Srbi su "Gorski vijenac" uzeli kao inspiraciju za sve kasnije genocide nad Muslimanima. Srbi su se konstituirali kao narod na idejama genocida opisanim u "Gorskom vijencu". "Gorski vijenac" je opšte prihvaćeni srpski **narodni ustav.** Zbog takvog odnosa Srba prema "Gorskom vijencu" mnogi smatraju Njegoša ocem srpstva, bez obzira što on potiče iz Crne Gore.

U tradicijama drugih naroda je da junak izaziva junaka na dvoboj. Za Srbe je junaštvo kada naoružana četa ubije junaka na spavanju. To srpsko "junaštvo" je opisano u spjevu "Smrt Smail Age Čengića". Prošla su dva stoljeća od tog gnusnog ubistva iz mraka, a Srbi ga još uvijek bez imalo stida slave kao njihovo veliko junaštvo.

Postavlja se pitanje: kako Srbi uspijevaju razviti tako snažan nacionalistički kolektivizam kod svojih mladih? Postoje četiri stuba srpske kolektivne svijesti. O jednom sam već govorio - mržnja prema "Turcima", tzv. kosovski mit. Riječ "Turci" je u navodnim znacima zato što u srpskoj mitologiji riječ "Turčin" označava omrznutog muslimana bilo koje nacionalnosti u svijetu, a prvenstveno Bošnjaka. Dakle, srpska mržnja prema "Turcima" je najstariji i najvažniji temeljni stub srpstva. Drugi i treći stub su mržnje prema Hrvatima i Nijemcima. U srpskoj "kulturi" su u posljednjim decenijama formirani "jasenovački mit" i "kragujevački mit" koji služe za raspirivanje mržnje prema Hrvatima i Nijemcima. Svi državni praznici u jugoslovenskim školama bivali su obilježavani recitacijama iz "Jame" Ivana Gorana Kovačića, u kojoj se opisuju ustaška zvjerstva nad Srbima, i stihovima iz "Krvave bajke" Desanke Maksimović, koji govore o masovnom zločinu njemačkih vojnika za vrijeme Drugog svjetskog rata u Kragujevcu. Četvrti temeljac srpstva je ljubav prema pravoslavnim Rusima. Posljednjih decenija, kao rezultat konfrontacije Rusa sa Zapadom, izrasla je mržnja prema "trulom Zapadu". Zato su npr. srpski snajperi tokom rata u BiH ubili 35 Francuza, vojnika UN, mada su Francuzi, iz samo njima poznatih razloga podržavali Karadžićeve Srbe. (Ubistvo snajperom nije slučajnost nego svjestan zločin jer žrtvu vidiš jasno kroz durbin.) Zbog tolikih mržnji, susjednim narodima Srbi izgledaju paranoidni.

S druge strane, srpski saveznici iz 1. svjetskog rata, Englezi i Francuzi, Srbe pogrešno nazivaju "velikim patriotima", ispuštajući iz vida da osnova srpskih kolektivnih osjećanja nije toliko ljubav prema kulturi i vrijednostima svoga naroda, što je patriotizam, nego prvenstveno mržnja prema susjedima.

Snažna srpska kolektivna svijest izvire iz Srpske pravoslavne crkve, koja je oduvijek brinula, ne samo za duše svojih vjernika, nego se aktivno miješala u politiku. Posljedica toga je da su Srbi i u crkvi uvijek više pričali o Svetom Savi, nego o "Isusu 'Ristu", o "srpskome junaštvu" i "srpskim vojevanjima " i "istragama poturica" nego što su se molili Bogu. To se događalo i pred ovaj rat. Sjetimo se npr. prenošenja "mošti cara Lazara" po "vekovnim srpskim zemljama zapadno od Drine". To je bilo srpsko-pravoslavno ritualno obilježavanje granica Velike Srbije i podgrijavanje genocidne mržnje prema komšijama uoči samoga rata.

Kako se ispoljavala ta kolektivna svijest u "bratstvu i jedinstvu"? Uzeću primjer iz svoga života. Radeći na raznim univerzitetima u Bosni i Hercegovini primijetio sam da su većina zaposlenih Srbi, mada su među studentima Srbi bili u manjini. Kako je dolazilo do toga? Kada bi se pojavio prosječan student Srbin svi nastavnici Srbi su ga "kovali u zvijezde" i gledali kako da ga ostave za asistenta. Profesoru Srbinu je bila normalna stvar da odvoji, ako treba, i dio svojih časova da

4

bi "svoga" asistenta ugurao na fakultet. Važno je bilo zaposliti što više Srba i tako ovladati fakultetom. S druge strane profesori Bošnjaci i Hrvati su najčešće gledali kako da zadrže što više časova za sebe kako bi oni lično bolje zarađivali. Tako se događalo da smo imali većinski srpski nastavni kadar sastavljen od diplomaca sa prosječnim ocjenama, dok su mnogi diplomirani Bošnjaci s odličnim ocjenama tavorili po provincijskim firmama.

Srpska kolektivna svijest učinila je da je Srbima najmiliji predmet Historija, i to uglavnom ona "historija" koja se bavi srpskom nacionalnom "slavom". Srbe naročito interesuje deseteračka, guslarska književnost u kojoj se glorificira "srpsko junaštvo". Izražen je interes Srba za državu, vojsku i sve drugo što bi moglo biti sredstvo ostvarivanja srpske nacionalne hegemonije nad susjednim narodima. Individualnost je kod mnogih Srba zakržljala. Tamo gdje se individualne karakteristike, kao što su moral, milosrđe, poštenje i savjest sukobljavaju sa srpskim nacionalizmom kod ogromne većine Srba će "srpski nacionalni interes" prevladati individualne vrline. To je uzrokovalo tragedije srpskih komšija. Vjekovima je Srbija bila etnički mješovita sredina dok je njome vladala Otomanska imperija i muslimani domaćeg porijekla. Oni su osnovali sve srpske gradove i u njima bili većina. Pod gradom podrazumijevam naselje u kojem se trgovalo, a ne srednjovjekovnu utvrdu, kakvih je bilo nekoliko i prije pokoravanja Srba od strane Otomanske imperije. U gradovima je živjelo i dosta Turaka, Bosanaca, Jevreja, Grka, Jermena, Cigana i svih ostalih naroda tadašnje Otomanske imperije. Na primjer, poznati turski putopisac **Evlija Čelebija,** čiji su podaci poslužili za mnoge doktorate, kao što je npr. doktorat **Ive Andrića,** piše 1660.: "Beograd je luka na Savi i Dunavu sa 38 muslimanskih mahala, 3 grčke, 3 srpske, 3 ciganske mahale i sa po jednom jevrejskom i armenskom mahalom." ("Urban Development in the Western Balkans, by Francis Carter, London, 1977.) Čim su Srbi preuzeli vlast 1812. oni su protjerali ili pobili sve nesrbe i napravili "etnički čistu" Srbiju. Protjerani muslimani iz Srbije su tada došli uglavnom u Bosnu. Međutim nikakva odmazda nad bosanskim pravoslavcima se nije dogodila. Slično se ponavlja i danas. Masakrirani Srebreničani, Zvorničani, Vlaseničani, Janjarci, Bijeljinci itd. ne čine nikakvo zlo Srbima u Tuzli, Sarajevu, Zenici i ostalim mjestima pod kontrolom Armije BiH. To Bošnjaci objašnjavaju merhametom. Civilizirani svijet to naziva "individualizacijom krivice". Za razliku od Bošnjaka, Srbi u sličnim situacijama uvijek djeluju kao kolektiv, kao jedno biće iz više jedinki. Naime, ako srpski vojnici izginu na Bihaću, Srbi se svete na Bošnjacima u Prijedoru. Kada Srbi izgube u Hrvatskoj, četnici se osvete Hrvatima u Banja Luci. Nebrojeni su takvi primjeri, a široj javnosti je poznata srpska odmazda nad Hrvatima u Banja Luci zbog gubitka zapadne Slavonije. Tim događajima je poklonjeno nešto više pažnje u svjetskim medijima jer je banjalučki biskup gosp. **Franjo Komarica** tada štrajkovao glađu.

Vratimo se događajima iz historije. Poslije 2. srpskog ustanka, kako se Srbija širila tako su Srbi "etnički čistili" nove "srpske" teritorije od svih nesrba, ne samo od muslimana. To se vidi i na primjeru današnje Vojvodine. Vjekovima je Vojvodina bila etnički mješovita sredina dok je njom vladala Austro-Ugarska, tj. "genocidne Švabe" kako Srbi kažu. Otkako je Vojvodina došla pod Srbiju 1918. do danas gotovo svi vojvođanski nesrbi su očišćeni. Temeljito su očišćeni Nijemci, a velikim dijelom i Hrvati, Mađari, Slovaci itd.

Samo se Srbima može dogoditi tako nešto kao što je bio miting od milion ljudi na Kosovu u ljeto 1989. Okupili su se na mjestu najvećeg srpskog poraza da se naoštre za još jednu "osvetu" nad "Turcima", svojim mitskim neprijateljima. Poslije dva dana putovanja i polusatnog "srbovanja" sa svojim vođom **"Slobom"** vratili su se u "Krajine" psihološki spremni da krenu u novu epopeju na srpski način: krvoločna ubistva nenaoružanih komšija, pljačka njihove imovine, silovanje žena i "posecanja dece". Bošnjaku se ne ide na trosatni put od Tuzle do Sarajeva, zbog politike. Srbinu nije mrsko na dvodnevni put od Knina do Kosova da bi "srbovao". Srbovanje na Kosovu Polju je pokrenulo strašne stvari. Četnici ubijaju s užitkom: nožem, žicom za klanje, maljem, kundakom... uživajući u mukama žrtava. Srbi su nadmašili naciste u svireposti prema žrtvama. Zato će Srbi, koji su već vjekovima opsjednuti hajdučko-četničkim genocidom protiv svojih susjeda u sljedećim decenijama nositi štafetu srama.

1.2. Hrvati

Hrvatska nije bila okupirana od strane Otomanske imperije tako dugo kao što je to bila Srbija, i u Hrvatskoj povijesti mnogo značajniju ulogu od Turaka igraju Austrijanci, Mađari, Mleci i na kraju Srbi. U Hrvatskoj nikad nije bilo toliko negativnih emocija prema Turcima i muslimanima, vjerovatno zato što su samo dijelovi Hrvatske, Slavonija i Lika, bile pod Otomanskom upravom jedan relativno kratak period u historijskim razmjerima. Negativne emocije i prema ostalim okupatorima, Austrijancima, Mađarima, Mlecima i Talijanima su također iščezle, tako da su Srbi ostali prvi na listi "hrvatskih neprijatelja".

Od 1914, kod mnogih Hrvata se pojavio osjećaj savezništva sa Bošnjacima u borbi protiv zajedničkog neprijatelja velikosrpske politike. S druge strane, postojali su uvijek i Hrvati koji su smatrali da se sa Srbima treba nagoditi na račun Bošnjaka. Međutim, među Hrvatima je pred rat, krajem 80-ih i početkom 90-ih, bila daleko brojnija struja koja je bila za saradnju sa Bošnjacima i zajednički otpor srpskoj hegemoniji. Nesreća Bošnjaka u ovome ratu je što je hrvatski predsjednik **dr. Franjo Tuđman** zagovornik podjele Bosne i Hercegovine po uzoru na sporazum **Cvetković-Maček** iz 1939. Dakle, **Tuđman** pripada onoj manjini među Hrvatima koja misli da se sa četnicima može sporazumjeti i dobiti veliki dio Bosne i Hercegovine. Sudeći prema njegovoj bosanskoj politici to je njemu važnije i od jedinstvene Hrvatske.

Budući da u Hrvatskoj nije mogao naći dovoljno snaga za politiku agresije na Bosnu i Hercegovinu, dok je trećina Hrvatske bila okupirana od Srba, on se oslonio na "hercegovački lobby" u Zagrebu, kojega je sam i formirao dajući "Hercegovcima" značajne funkcije u državi i svojoj partiji - Hrvatskoj demokratskoj zajednici (HDZ). Zašto su baš Hercegovci bili uglavnom **Tuđmanova** podrška podjeli Bosne i Hercegovine? Jedan od razloga je to što su Hrvati u Hercegovini bili dugo pod otomanskom vlašću pa su kao i Srbi "akumulirali" netrpeljivost prema Muslimanima, identifikujući ih sa Turcima zbog iste religije. Radeći na Univerzitetu **"Džemal Bijedić"** u Mostaru uočio sam da hercegovački Hrvati imaju mnogo više netrpeljivosti prema Bošnjacima nego prema Srbima. Poslije, u ratu, oni su svojski provodili **Tuđmanovu** politiku prema Bošnjacima. Drugi razlog što su Hercegovci bili uporište politike podjele Bosne i Hercegovine je taj što su Hrvati u nekoliko opština zapadne Hercegovine velika većina stanovništva, tako da je "prirodno" da ti krajevi pripadnu Hrvatskoj u slučaju podjele BiH.

Za razliku od "Hercegovaca", bosanski Hrvati su u ovom ratu uglavnom bili za očuvanje Bosne i Hercegovine. To je najviše zbog svijesti da su Hrvati u Bosni manjina i da će prilikom eventualne podjele Bosne i Hercegovine na nacionalne državice oni izgubiti svoja imanja i domove. Zato su bili za jedinstvenu građansku Bosnu i Hercegovinu u kojoj će imati jednaka građanska prava. Veoma značajna činjenica je da je bosanskih Hrvata znatno više nego hercegovačkih. Zato je **Tuđman** imao velikih problema da u HDZ Bosne i Hercegovine instalira svoje ljude, "Hercegovce". Ovdje je riječ "Hercegovac" u navodnicima jer označava političku struju djelitelja BiH, a ne samo regionalnu pripadnost. Sjetimo se da su intervencijom iz Zagreba smijenjeni **Davorin Perinović, Stjepan Kljuić, dr. Miljenko Brkić** dok napokon nije na čelo HDZ-a BiH došao **Tuđmanov** čovjek, **Mate Boban.** Veoma interesantno je napomenuti da je **Davor Perinović** smijenjen kada je otkriveno da mu je djed s očeve strane bio pravoslavni pop. U jednom Perinovićevom intervjuu za *Globus* 1994. on ne krije da je bio za očuvanje Jugoslavije. Čitajući taj intervju sjetio sam se nekih glasina iz vremena formiranja "nacionalnih", tačnije etničkih stranaka u BiH. Naime, pričalo se da je KOS (Kontra-obavještajna služba, kojom su dominirali Srbi) osnovao i **Izetbegovićevu** Stranku demokratske akcije (SDA) i Srpsku demokratsku stranku (SDS) i HDZ da bi ih mogao kontrolisati. Za razliku od **Perinovića,** u čije namjere se možda može i sumnjati, **Kljuić i Brkić** su svojim djelima dokazali da su radili za dobrobit Hrvata u BiH.

1.3. Bošnjaci

U svojoj ogromnoj gladi za velikom i moćnom Srbijom Srbi su u ratovima širili svoje teritorije istrebljujući svoje komšije, a u periodima mira su pokušavali te komšije asimilirati u Srbe. U tom cilju su smislili teoriju po kojoj su Bošnjaci islamizirani Srbi. Strategija te teorije je da se Bošnjaci ubijede kako su oni biološki potomci Srba, dakle Srbi, ali su se zbog izdaje svojih predaka odvojili od Srba. Generacije Bošnjaka su u školama bivše Jugoslavije morale učiti napamet kako su za vrijeme "turske" vladavine njihovi preci, koji su bili Srbi, prelazili na Islam; neki da bi dobili povlastice, a neki iz straha. Po toj teoriji samo najčasniji Srbi su ostajali vjerni "veri pradjedovskoj". U srpskoj mitologiji postoji izreka: "Poturči se plaho i lakomo." kojom su Srbi "objašnjavali" islamizaciju u "srpskim" zemljama. Takvim školovanjem su generacije mladih Bošnjaka bile izložene maltretiranju. Na časovima "Srpskog" jezika i "Istorije" učiteljice, najčešće žene oficira iz Srbije i Crne Gore na službi u Bosni i Hercegovini, "objašnjavale" su malim Bošnjacima kako su oni potomci najgorih izdajnika. Takvo školovanje je imalo za cilj da posramljeni mali Bošnjaci napuste svoj nacionalni identitet. Da bi im se olakšalo gubljenje identiteta, u periodu Socijalističke Federativne Republike Jugoslavije (SFRJ) izmišljena je nova etnička odrednica: Jugoslaven. Svakome nacionalno svjesnom Bošnjaku bilo je jasno da je jugoslovenstvo samo sinonim za srpstvo i da je izmišljeno samo da bi asimilacija nesrpskih naroda u Srbe bila što bezbolnija i što uspješnija. Takvo asimilatorsko školstvo, koje je karakterisalo i Kraljevinu Srba, Hrvata i Slovenaca kao i SFRJ, dovelo je do gubljenja identiteta kod mnogih Bošnjaka. Poznato je da se književnik **Meša Selimović** javno deklarisao kao Srbin. Mnogo više je bilo "muslimana" koji su se etnički osjećali Srbima, a za razliku od **Meše,** to nisu javno iskazivali. Interesantno je spomenuti da su se mnogi političari i gotovo svi vrhovni poglavari Islamske vjerske zajednice, reis-ul-ule-me, osjećali Srbima i radili za srpstvo. Kako su upravo takvi "Muslimani" dolazili do najviših položaja? To se objašnjava činjenicom što su ih Srbi uočavali kao takve i potom im omogućavali da napreduju u službi i da dolaze na položaje gdje će predstavljati Muslimane, tj. Bošnjake. Mnoge takve "muslimane" opisuje **Alija Nametak** u knjizi "Sarajevski nekrologij" izdanoj 1994. od *Globusa* i *Bošnjačkog* instituta u Zürichu. Najpoznatiji noviji primjer prevaspitanog "Bošnjaka" je filmski režiser **Emir Kusturica.** Krijući se iza jugoslovenstva Emir Kusturica se bez ostatka stavio na stranu četnika i tako najbolje dokazao da je jugoslovenstvo u etničkom smislu samo sinonim za srpstvo.

Veoma interesantno je napomenuti da se **Alija Izetbegović** deklarirao kao Srbin. Pred izbore 1990. su objavljeni dokumenti iz **Izetbegovićevog** života na kojima je **Alija Izetbegović** svojom rukom napisao da se smatra Srbinom. Poznato je da se **Alija Izetbegović** izjašnjavao kao Srbin i na popisu stanovništva 1961. To saznanje je moglo ugroziti Izetbegovićevu političku karijeru. Budući da su pred izbore 1990. Televizijom Sarajevo vladali velikosrbi, **Izetbegović** je dobio polusatnu emisiju koju je uređivala **Dubravka Kenić,** na kojoj se pravdao za takvo svoje izjašnjavanje. Pravdao se da tada nije bila priznata "muslimanska nacija" (Tada se za etničku grupu govorilo "nacija".) pa se i on morao izjašnjavati kao Srbin. Međutim, to nije tačno. Mogao se, kao i ogromna većina Bošnjaka, pisati kao "neopredijeljen". Neki su se na prijeratnim jugoslovenskim popisima iz šale a neki iz raznih protesta pisali da su Eskimi, Marsovci, Kinezi, Japanci itd. Na kraju, mogao se izjašnjavati i kao musliman. Ako bi se izjasnio kao musliman jedino što mu se moglo dogoditi je da službenik na dokumentu ostavi tu rubriku praznu ili da napiše "neopredijeljen". Ja sam se izjašnjavao kao Musliman, I dok nam to ime nije bilo priznato u etničkom smislu, a živio sam u istoj državi kao i **Izetbegović**. Svi oni "muslimani" koje ja znam da su se izjašnjavali kao Srbi činili su to jer su već bili asimilirani u Srbe. S obzirom da je **Alija Izetbegović** bio dovoljno politički obrazovan, on se svjesno izjašnjavao kao Srbin. Oni koji nisu imali pojma o tim stvarima nisu razlikovali vjeru i naciju i izjašnjavali su se kao muslimani vjernici, što je bilo dozvoljeno i što je njima bilo dovoljno, nikada kao Srbi.

Kada sam već otvorio pitanje identiteta Bošnjaka ukratko ću reći nešto o tome. Za razliku od onih Južnih Slavena koji su po dolasku na Balkan u 7. stoljeću primili pravoslavlje, i onih koji su primili katoličanstvo, u Bosni je postojala i treća skupina. U Bosni je pustilo korijena "heretičko" učenje, tzv. Bosanska ili Bogumilska ili Kristijanska crkva. Posebna crkva, posebna teritorija i odanost srednjovjekovnoj bosanskoj državi stvorili su srednjovjekovnu bošnjačku naciju. Pripadnici bosanske crkve kao i muslimani ne prihvataju dogmu o svetom Trojstvu, koja, po njima, narušava sliku jedinstva boga. Upravo zbog te sličnosti sa islamom oni su lahko i rado prihvatili islam, neki čak i prije dolaska Turaka u Bosnu. Prije prihvatanja islama pripadnici bosanski crkve su bili izloženi križarskim ratovima iz Ugarske i krstaškim ratovima iz Raške (Srbije) da bi se odrekli svoje vjere. Kao posljedicu tih ratova imamo da su bosanski kraljevi formalno prihvatali katoličanstvo, da bi zaštitili narod i državu, mada je većina njihovih podanika ostala pod uticajem stare vjere. Akademik **Nedim Filipović** je u svojim naučnim radovima dokazao da su većina bosanskih muslimana potekli upravo od Bosanaca koji su bili tek jednu generaciju pokatoličeni pripadnici bosanske crkve.

U periodu otomanske vladavine Bošnjaci su se, dok su u Bosni, izjašnjavali kao muslimani, da bi označili svoju različitost od okolnih kršćana, a izvan Bosne, deklarisali su se kao Bošnjaci, da bi označili svoju različitost od Turaka. Bošnjaci su početkom 18. vijeka čak i ratovali protiv Turaka za slobodu Bosne. Ustanak je vodio **Husein-kapetan Gradaščević.** Tada je Bosna kažnjena oduzimanjem četiri nahije s desne strane Drine, koje je turski sultan darovao **Obrenovićevoj** Srbiji za usluge u ratu protiv Bošnjaka. Tako se srpski san, da im granica bude na Drini, iskazan pjesmom "Marš na Drinu", time ostvario. Tada su Bošnjaci vojno porazili Turke na Kosovu polju, ali su ipak na kraju izgubili zbog izdaje. Interesantno je da su i tada posavski katolici bili odani svojoj zemlji Bosni do kraja. Interesantno je da su i tada neprijatelji Bošnjaka našli jednoga, tobože, muslimana, a uistinu Srbina, **Omer-Pašu Latasa,** da se obračuna s bošnjaštvom zauvijek. Niži oficir u Austrijskoj vojsci, lički Srbin **Latas** je, tobože, primio islam, i sa zadovoljstvom temeljito pobio sve viđenije i pametnije Bošnjake.

Bošnjačka vlastela i inteligencija je tada uništena, pa je i svijest o bošnjaštvu za duže vrijeme poklekla.

Kao posljedicu takvih povijesnih okolnosti u Bosni i Hercegovini imamo katolike, pravoslavne i muslimane koji su se tek mnogo kasnije počeli nacionalno izjašnjavati kao Hrvati, Srbi i Bošnjaci. Na primjer, postoje dokumenti da su srpski aktivisti dolazili na vrta (malte) bosanskih gradova na pazarni (pijačni) dan i da su pravoslavnim seljacima koji idu na pijacu objašnjavali da ubuduće treba da se izjašnjavaju kao Srbi, umjesto kao pravoslavni.

Dakle, istina je suprotna od onoga što su nas učili u jugoslovenskim školama - preci današnjih bosanskih Srba i Hrvata su pod pritiskom tuđina, krstaša tj. križara napustili svoju bogumilsku vjeru. Međutim, ta pitanja su od drugorazrednog značaja. Iz etnogeneza pojedinih etničkih grupa u Bosni i Hercegovini se ne smiju izvlačiti nikakvi zaključci o većem ili manjem pravu nekih naroda na Bosnu i Hercegovinu. Na Bosnu i Hercegovinu imaju jednako pravo svi građani koji u njoj žive i koji poštuju legalni Ustav i granice svoje domovine Republike Bosne i Hercegovine.

Dugo je Bošnjacima bilo osporavano njihovo nacionalno ime sljedećom argumentacijom: "Ne mogu samo Muslimani imati pravo da se zovu Bošnjaci. Ima i Srba i Hrvata koji žive u Bosni." Da bi se izbjegle ovakve zabune treba praviti razliku između riječi "Bošnjak" i "Bosanac". **Bosanac je oznaka za regionalnu pripadnost** kao što je npr. Dalmatinac, Šumadinac, Sandžaklija, Hercegovac itd. i za državnost, kao što je npr. Jugoslaven, Čehoslovak, Amerikanac. **Bošnjak je oznaka za etničku pripadnost** kao što je i Srbin, Hrvat, Albanac itd. Dakle postojanje termina "Bošnjak" ne ometa ni Srbina ni Hrvata iz Bosne da za sebe kaže da je Bosanac.

Potpuno je besmisleno govoriti da su Muslimani "poturčeni" Srbi i Hrvati. Stanovništvo u Bosni je sve do kraja 19. vijeka imalo uglavnom **vjersku i regionalnu, a ne etničku (nacionalnu) svijest.** Do tada su se ljudi u Bosni uglavnom smatrali pravoslavnim, katolicima i muslimanima, a ne Srbima, Hrvatima i Bošnjacima. Osim te vjerske svijesti o sebi imali su i **regionalnu** svijest o pripadnosti zemlji Bosni. U periodu austro-ugarske vladavine, tek iza 1878, pravoslavni Bosanci i Hercegovci su stekli srpsku nacionalnu svijest, katolici hrvatsku, a muslimani su se sjetili svog nacionalnog identiteta i imena Bošnjak i ljubavi prema svojoj državi Bosni tj. Bosni i Hercegovini. Međutim, ovo pravilo ima veoma mnogo izuzetaka. Poznati su primjeri katolika i pravoslavnih koji su se opredjeljivali kao Bošnjaci. Mnogo su češći primjeri muslimana koji su stekli srpsku i hrvatsku nacionalnu svijest. Bošnjaci su 1918. žrtvovali svoj nacionalni identitet i nacionalno ime Jugoslaviji.

Borba za priznavanje Bošnjaka kao ravnopravnog naroda u SFRJ je počela odmah poslije Drugog svjetskog rata, ali su ti najraniji pojedinačni pokušaji završili stradanjem protagonista. Sjetimo se ovdje nekih svijetlih imena kao sto su npr. poslanik Skupštine Republike BiH, **Husaga Čišić** iz Mostara, te književnici **Alija Nametak** i **Mehmedalija Mak Dizdar**, koji su svi postali žrtve komunističke (srpske) odmazde, samo zato što su se svaki na svoj način borili za Bošnjaštvo. Za formalno priznanje svoje etničke osobenosti, ali pod vjerskim imenom Bosansko-hercegovački Muslimani ili, skraćeno, Bosanski Muslimani, Bošnjaci su se izborili se tek 1970. zahvaljujući tadašnjim Bošnjacima komunistima kao što su bili **Džemal Bijedić, Hamdija Pozderac, dr. Fuad Muhić.** To je bila veoma suptilna politička borba u kojoj se nije smjelo ni malo pogriješiti. Značajnu su ulogu odigrali i teoretičari: **dr. Atif Purivatra, dr. Muhamed Hadžijahić, dr. Muhsin Rizvić, dr. Kasim Suljević.** Bošnjaci su povratili svoje nacionalno ime Bošnjak tek u ratu, u septembru 1993. Značajne zasluge za to pripada **Aliji Isakoviću,** ratnom predsjedniku "bošnjačkog sabora".

Bošnjaci su prije rata bili najvitalnija etnička grupa u Bosni i Hercegovini, a poslije Albanaca i u Jugoslaviji. To je direktna posljedica njihove obespravljenosti u komunističkom režimu. Naime, za vrijeme komunizma, Srbima su bila otvorena sva vrata u državnim preduzećima. Srbin kojem bi dosadio težak život zemljoradnika silazio bi u grad. Tamo bi uvijek nalazio nekog "druga" Srbina koji bi mu nalazio neko zaposlenje. Tako su fabrike u bosanskim gradovima bile pune nepismenih stražara, portira ili skladištara, Srba koji su svoja imanja na planinama ostavili i sišli u državne stanove u gradu. Prilagođavajući se gradskom životu ostajali su na jednom ili dva djeteta. Mnogi od njih su, odvojeni od svog prirodnog ambijenta, propadali u piću. Srpska planinska sela su ostajala napuštena. S druge strane Bošnjaci nisu imali takve mogućnosti zapošljavanja. Tako se dogodilo da su Bošnjaci zemljoradnici ostajali na selima. Živeći ruralnim životom oni su imali dosta djece. Za razliku od srpskih sela u "muslimanskim" selima je cvjetao život. To je dovelo do znatno većeg nataliteta „Muslimana" u odnosu na ostale u Jugoslaviji; 14 promila, dok su Hrvati imali priraštaj od 8, a Srbi od 7 promila. Jedino su Albanci imali veći natalitet. Bošnjaci su bili u prosjeku daleko najmlađi narod u BiH. U predratnim godinama u Bosni i Hercegovini broj rođenih bošnjačkih beba je već bio oko 2/3 od broja ukupno rođenih beba, iako su Bošnjaci činili samo 44.3% stanovništva. Dakle, Bosna i Hercegovina, ako se ne podijeli, će vremenom biti zemlja sa velikom većinom bošnjačkog stanovništva. To je jedan od razloga četničkoga genocida u Bosni i Hercegovini i njihovog insistiranja na podjeli Bosne i Hercegovine na etničke teritorije.

Bošnjaci iz gradova također nisu imali velikih mogućnosti zapošljavanja. Zato su se okrenuli "maloj privredi". ("Mala privreda" je bio komunistički izraz za privatne kompanije.) I Hrvati kao i Bošnjaci su se okrenuli "maloj privredi". Za početni kapital im je uglavnom poslužila ušteđevina zarađena u Njemačkoj. Posljednjih 20 godina pred rat je privatni sektor doživljavao procvat, a socijalistički krah. Tako se dogodilo da su Bošnjaci i Hrvati i ekonomski postali vitalniji od Srba. To je drugi krupan razlog četničkog genocida. Srbi nisu mogli podnijeti da "Turci" i "ustaše" ponovo budu "parajlije". Nije slučajno da su kasnije u ratu na meti četnika bili upravo oni Bošnjaci koji su bili uspješni u privatnom biznisu.

Dakle, strateški interes Srba u Bosni i Hercegovini je da se ograde (Karadžić kaže "razgraniče") od znatno vitalnijih Bošnjaka. Zato svako onaj ko pristaje na to „razgraničenje" radi u srpskom nacionalnom interesu.

Osim toga, budući da Bošnjaci žive tako raspoređeni da bi u svakoj etničkoj podjeli ostali razbacani u nekoliko nepovezanih enklava, podjela Bosne i Hercegovine bi značila siguran nestanak ovog naroda u skoroj budućnosti. Zato je smrtni neprijatelj Bošnjaka svako onaj ko dijeli Bosnu i Hercegovinu. Za Bošnjake ne postoji nikakav viši i značajniji cilj od jedinstvene Bosne i Hercegovine, jer je to pitanje života i smrti naroda. Zato se jedinstvo Bosne i Hercegovine ne može i ne smije trampiti za nekakvu ekonomsku pomoć, a što se stalno dogada u "mirovnom procesu". Tražiti ekonomsku pomoć da bi se stavio potpis na podjelu Bosne i Hercegovine u bilo kojem pakovanju, je bio smrtni udarac i grijeh prema Bosni i Hercegovini i Bošnjacima. Egzistencijalne stvari za jedan narod kao što su suverenitet, teritorij i nacionalno dostojanstvo nemaju cijene. Nikada čovjek ne trguje sa svojim životom. Isto tako država ne može trgovati sa svojim suverenitetom, teritorijem i nacionalnim dostojanstvom. Državnik nipošto ne smije dovoditi u pitanje te svetinje. Zato u svim državama na svijetu prilikom inauguracije predsjednik polaže zakletvu u kojoj se obavezuje da će i životom braniti ustav, suverenitet i granice domovine. Bosna nestaje iz jednog jedinog razloga: što je naš predsjednik izdao te postulate spoznate kroz hiljadugodišnje iskustvo o državi.

2

BOSNA I HERCEGOVINA U JUGOSLAVIJI

2.1. Bosna i Hercegovina prije "Afere Agrokomerc"

Amandmani iz 1974. na Ustav SFRJ bili su toliko značajni da se najčešće o njima govori kao o Ustavu iz 1974. Kao i u drugim republikama i u Bosni i Hercegovini ti amandmani su doveli do afirmacije republičke državnosti. Međutim, da državnost Bosne i Hercegovine ne bi ostala samo mrtvo slovo na papiru bosanski patrioti u tadašnjem rukovodstvu Republike vodili su dugogodišnju tešku političku borbu s velikosrpskim lobby-em u BiH. U tadašnjoj terminologiji velikosrpski lobby je označavan riječju "unitaristi", dok je druga strana, borci za jačanje državnosti BiH, označavana etiketom "separatisti". U uslovima komunističkog jednoumlja ta borba se vodila tadašnjim političkim jezikom, tj. uopštenim frazama, tako da većina Bošnjaka, nije znala ocijeniti ko je ko. Riječi "unitaristi" ili "separatisti" su se često upotrebljavale, ali samo uopšteno, nikada da okarakterišu konkretnu osobu. Među borcima za samostalnost Republike glavni protagonisti među Bošnjacima bili su **Džemal Bijedić, Hamdija Pozderac, dr. Fuad Muhić, Munir Mesihović**, a među Hrvatima **Branko Mikulić i Hrvoje Ištuk**. Istaknutih ličnosti na drugoj strani nije bilo. Nije bilo ni potrebe. Svi kadrovi srpske nacionalnosti na svim nivoima su složno radili na "jačanju Jugoslavije". U konkretnoj realizaciji to je značilo zapošljavanje što više Srba u državne službe, vojsku, miliciju, univerzitete, škole, bolje firme itd. Srbi su i poslije ustavnih promjena od 1974. zadržali kontrolu nad Jugoslovenskom narodnom armijom (JNA), Kontra-obavještajnom službom (KOS-om), lokalnom policijom, pomoću istih onih kadrova kojima su apsolutno vladali u periodu unitarizma, tj. u periodu prije Ustava iz 1974.

Početkom 1977. poginuo je **Džemal Bijedić** kada je bio na funkciji predsjednika Saveznog izvršnog vijeća (SIV), tj. Vlade SFRJ. "Nesretan slučaj" se dogodio u blizini Kreševa kod Sarajeva i nikad nije potpuno razjašnjen. Bošnjaci nikada nisu shvatili koliko su izgubili smrću **Džemala Bijedića**. Na svečanoj akademiji povodom četvrte godišnjice pogibije **Džemala Bijedića** prikazana su dva dokumentarna filma o njegovom "životu i djelu" nastavnicima Univerziteta u Mostaru koji je nosio njegovo ime. Jedan od tih filmova je bio o **Bijedićevim** diplomatskim putovanjima, a drugi je bio o njegovom predsjedničkom radu u SIV-u. U ovom drugom filmu je bilo nekoliko njegovih diskusija bez "lakirovke", tj. diskusija kakve se nikada nisu objavljivale na radiju i TV u to vrijeme. Tu se vidjelo s kakvim žarom i hrabrošću se suprotstavljao velikosrbima. Mada su se filmovi te vrste o drugim revolucionarima često ponavljali, meni je odmah bilo jasno da taj film više nikada neću vidjeti. Ispostavilo se da sam bio u pravu.

Ubrzo poslije pogibije **Džemala Bijedića** moćni srpski lobby u Bosni i Hercegovini pokušao se obračunati s **Hamdijom Pozdercem**. Sadašnji četnički vojvoda, a tadašnji profesor Fakulteta političkih nauka Univerziteta u Sarajevu, **dr. Vojislav Šešelj,** je uočio da je jedan student **Hamdije Pozderca** prepisao dijelove svoje disertacije, a da to **Pozderac** nije kaznio. Budući da je i student, **Brano Miljuš,** bio na veoma visokoj funkciji u SK BiH, od toga je napravljena velika afera sa ciljem skidanja s vlasti **Hamdije Pozderca**. Međutim, tada 1979. **Hamdija Pozderac** se uspio odbraniti, a Šešelj je morao napustiti Sarajevo. Na površinu je isplivalo šta stvarno tišti **Šešelja**; nacionalna afirmacija bosanskohercegovačkih Muslimana, kojima je nacionalna posebnost i formalno priznata 1970, i sve veća samostalnost Bosne i Hercegovine. **Šešelj** je upro prstom na "muslimanske nacionaliste u SK BiH" i kulturi. Nabrojaću neke od njih, jer to su bili pravi borci za bosansku državnost i bošnjački nacionalni identitet. Njihova svijetla imena su: **Hamdija Pozderac, Hasan Grabčanović, Muhsin Rizvić, Muhamed Hadžijahić, Atif Purivatra, Fuad Muhić** itd.

U proljeće 1983. uhapšena je u Sarajevu takozvana "grupa muslimanskih nacionalista". Suđenje je trajalo cijelo ljeto i kazne su bile drakonske. Među optuženima su bili **Alija Izetbegović, Omer Behmen, Hasan Čengić, Edhem Bičakčić i Džemaludin Latić**. Mene je tada zbunjivala činjenica da su se u osudi tih Muslimana najjače angažovali **Hamdija Pozderac i Fuad Muhić,** ljudi koji su od **Šešelja** bili okarakterisani kao perjanice muslimanskog nacionalizma i koji su očigledno bili bosanski patrioti. Mnogi Bošnjaci su mislili da muslimanski komunisti sude muslimanske vjernike da bi se dodvorili moćnom srpskom lobby-u u SK BiH. To je **Pozderca** odvojilo od mnogih Bošnjaka i učinilo ga veoma ranjivim. Ta ranjivost će doći do punog izražaja kod sljedećeg velikosrpskog pokušaja skidanja **Pozderčeve** garniture s vlasti, "Afere Agrokomerc". Velikosrpska propaganda, koja je tvrdila da je BiH "tamni vilajet" gdje se sudi svima koji drukčije misle, dobila je nove pristalice među politički neukim Muslimanima poslije "Sarajevskog procesa". Sa druge strane, oni koji su znali da je **Hamdija Pozderac** bosanski patriota protumačili su "Sarajevski proces" kao njegovo uklanjanje političkih amatera koji bi mogli pokvariti proces osamostaljivanja Bosne i Hercegovine. I ja sam tada imao to mišljenje. Niko tada nije sumnjao, pa ni ja, da bi mogli postojati neki Muslimani koji bi htjeli dijeliti Bosnu i Hercegovinu i da ih **Pozderčeva** vlast baš zato i sudi. Znalo se da je podjela Bosne i Hercegovine u srpskom interesu i niko nije ni pomislio da bi neki Muslimani, i to vjernici, mogli toliko ići Srbima na ruku. Niko tada nije obratio pažnju na činjenicu da je "Islamska deklaracija" **Alije Izetbegovića** izdana od beogradskog izdavača "Srpska reč", neskrivene četničke kuće i da je tada **Šešelj** organizirao peticije da se puste "muslimanski intelektualci". Na **Šešeljevu** inicijativu je i veoma uticajna grupa lijevo orijentisanih evropskih filozofa iz tzv. Korčulanske škole stala u zaštitu "islamskih intelektualaca". Niko tada nije obraćao pažnju da je **Izetbegović** tokom suđenja stalno ponavljao da on u "Islamskoj deklaraciji" ne misli na Bosnu i Hercegovinu nego na neku državu u kojoj bi muslimani bili oko 80% stanovništva. Tek kada je po povratku iz Ženeve (Geneva) u septembru 1993., gdje je upravo bio potpisao **Tuđman -Miloševićev** plan unije "tri Bosne", **Alija Izetbegović** izjavio da će muslimani dobiti državu u kojoj će sačinjavati oko 80% stanovništva postalo je jasno o kojoj je državi riječ u "Islamskoj deklaraciji". Postalo je jasno da je **Alija Izetbegović** još tada želio i radio na podjeli Bosne i Hercegovine u najboljem srpskom interesu. Postalo je jasno i zašto je **Pozderac** sudio, a Šešelj podržavao **Izetbegovića**. Razbijanje Bosne i Hercegovine radi tobožnjeg formiranja male "muslimanske" državice je u najboljem velikosrpskom interesu. U svemu tome **Pozderac** je napravio jednu veliku grešku.

Misleći da je uklonio **Izetbegovića** iz političkog života, smještajući ga na dugogodišnju robiju (14 godina), on se nije potrudio da Bošnjacima objasni ko je stvarno **Alija Izetbegović** i da **Izetbegović** odgovara velikosrbima jer želi da dijeli Bosnu. To će kasnije, kada pomoću "Afere Agrokomerc" Srbi uklone **Pozderčevu** garnituru i **Izetbegovića** prije vremena puste iz zatvora, omogućiti **Izetbegoviću** da sa oreolom antikomuniste i Muslimana, žrtve komunizma, stane na čelo Muslimana i počne razbijanje Republike BiH radi tobožnjeg stvaranja svoje državice, "Male Bosne" u odsudnom trenutku bosanske historije. Ništa mu ne smeta što se usput formira i srpska država na račun Bosne i Hercegovine, tzv. Republika Srpska kojoj je 8. i 16. septembra 1995. u Ženevi (Geneva) tandem Izetbegović-Šaćirbegović dao i naše priznanje.

Da se vratimo "Sarajevskom procesu" iz 1983. U spisima tog suđenja nalaze se nepobitni dokazi da su **Izetbegovića** sudili borci za samostalnost BiH, ili kako on kaže, oni koji imaju **"uskogruda i lokalistička gledanja"** (naglasio M.B.). Evo citata iz završne riječi **Alije Izetbegovića** od 16. avgusta 1983. na "Sarajevskom procesu". Citiram:

"Na kraju želim da kažem da nisam učinio nikakvu štetu Jugoslaviji. Tu štetu učinili su oni koji su inicirali ovaj proces. Uskogruda i lokalistička

15

gledanja nanijela su već do sada krupne štete ovoj zemlji. To se dogodilo i u slučaju ovog procesa. Njega su mogli pokrenuti samo ljudi čiji horizonti ne sežu dalje od atara ovog grada. Kada je riječ o Jugoslaviji, mogu samo reći da sam je volio kao što se voli svoja zemlja. Volio sam to ime Jugoslavija. Volio sam njen lik na karti." Sjetimo se unitarističke, tj. velikosrpske terminologije iz onoga vremena, kada se sipalo drvlje i kamenje na "uskogruda lokalistička gledanja koja ne vide dalje od svoga atara i koja razbijaju Jugoslaviju". Ovakvih unitarističkih parola ne bi se postidio ni **Milošević**.

Usput da napravim jednu digresiju. Vidimo da su ovakve parole bile u opticaju među Srbima mnogo prije **Miloševićevog** dolaska na vlast. Ovim parolama je Srbe naoružao **dr. Nenad Kecmanović**, jedan od najlukavijih velikosrpskih političara u Jugoslaviji. Naime, još prije **Titove** smrti **dr. Nenad Kecmanović** je počeo svake nedjelje u NIN-u pisati članke u kojima se obračunavao s tadašnjim Ustavom Jugoslavije od 1974. godine. U toj seriji članaka, koji su godinama izlazili, on je uveo tadašnju velikosrpsku terminologiju. Sjetimo se nekih **Kecmanovićevih** izraza kao što su npr. "nacionalne oligarhije" (za republičke organe vlasti), "autarkične ekonomije" (za republičke privrede), "uskogruda lokalistička gledanja" (za republičke ili nacionalne interese), "svoj atar" (za svoju Republiku) itd. Tim člancima je **dr. Nenad Kecmanović** postao jedan od najznačajnijih ljudi u raspirivanju srpskog šovinizma za vrijeme Jugoslavije, koji je, kao i uvijek, završio u genocidu nad susjedima, Bošnjacima, Albancima i Hrvatima. Dakle, nije tačna tvrdnja da je **Milošević** zaveo Srbe. Tačna je obrnuta tvrdnja; da su Srbi, koji su znatno ranije bili šovinistički naoštreni, izabrali vladara kakvog su i željeli.

Interesantno je spomenuti da je **dr. Nenad Kecmanović** zaposlio **dr. Vojislava Šešelja** na Fakultet političkih nauka u Sarajevu i da ga je kao dekan štitio prilikom **Šešeljevog** napada na rukovodstvo BiH.

2.2. Srpska Akademija nauka i umetnosti se bori za oslobađanje Izetbegovića

Koliko su **Alija Izetbegović** i njegova grupa bili značajni u velikosrpskom projektu postaje jasno kada se sagleda koliko su se akademici Srpske akademije nauka i umetnosti trudili oko **Izetbegovićeve** grupe dok su ovi bili u zatvoru. Navedimo samo dva primjera te brige za "muslimanske intelektualce", kako ih srpski akademici nazivaju.

Primjer 1. U knjizi koju je 1987. izdao Bosanski institut (kasnije Bošnjački institut) o Sarajevskom procesu (1983.) **Aliji Izetbegoviću, Džemalu Latiću** i ostalima iz njihove grupe, na stranicama 271 i 272 nalazi se cijelo pismo/peticija kojega su članovi "Srpske akademije nauka i umetnosti" (SANU) uputili

Predsjedništvima SFRJ i SR BiH. Pismo (naslovljeno "Predstavka") se sastoji od dvije stranice teksta u kojem Akademici SANU-a traže hitno pomilovanje (oslobađanje iz zatvora) **svih** osuđenih na Sarajevskom procesu 1983. Koliko važnu ulogu u projektu SANU-a ima **Izetbegović** i njegova grupa najbolje se vidi iz činjenice da je na **prvom** sastanku SANU-a poslije usvajanja "Memoranduma" stavljena na dnevni red "Predstavka" kojom se traži puštanje iz zatvora **Izetbegovićeve** grupe.

U "Predstavci" SANU-a iz 1986. godine, između ostalog se kaže, citiram:

"Ono što je učinjeno Sarajevskim procesom ne može se povući. Ali, dalje patnje i stradanja **Džemala Latića** mogu se odmah prekinuti. Predlažemo vam da aktom o pomilovanju odmah obustavite dalje izdržavanje kazne i pustite na slobodu **Džemala Latića.**

Činjenice koje smo naveli da bismo ilustrovali sudbinu **Džemala Latića** bacaju neotklonjivu senku na čitav Sarajevski proces i dovode u najozbiljniju sumnju opravdanost i zakonitost kažnjavanje **svih okrivljenih.** (naglasio B.M.) Zato vam predlažemo da pomilujete sve osuđene u Sarajevu i tako omogućite puštanje na slobodu onih koji se još uvek nalaze na izdržavanju kazne zatvora."

U Beogradu 6. juna 1986. godine
Odbor za obranu slobode misli i izražavanja:
akademik Matija Bećković
akademik prof. dr. Dimitrije Bogdanović
dr. Kosta Čavoški
Dobrica Ćosić
prof. dr. Andrija Gams
dr. Ivan Janković
prof. dr. Neca Jovanov
akademik prof. dr. Mihajlo Marković
akademik Dragoslav Mihajlović
Borislav Mihajlović - Mihiz
akademik prof. dr. Nikola Milošević
Tanasije Mladenović
akademik dr. Gojko Nikoliš
akademik prof. dr. Predrag Palavestra
akademik Miša Popović
akademik prof. dr. Radovan Samardžić
akademik Mladen Srbinović
akademik prof. dr. Dragoslav Srejović
akademik prof. dr. Ljubomir Tadić
U ime Odbora
Ljubomir Tadić

Kraj citata.

Primjer 2. Sarajevska nedjeljna revija "Ljiljan" 18. maja 1998. intervjuira generala **Halida Čengića,** zvanog **Hadžija,** predratnog mlinara iz Ustikoline kod Foče, a tokom rata glavnog logističara Armije BiH. Čengić na sljedeći način opisuje sastanak ostatka Izetbegovićeve grupe sa srpskim akademicima dok je Izetbegović bio u zatvoru. Citiram:

"Novinar **Mustafa Borović:** Dvije godine poslije toga **(Izetbegovićevog** hapšenja, M.B) srcli ste se sa **Dobricom Ćosićem** i drugim akademicima SANU-a. Možete li nam to pobliže objasniti? Ko je sve bio sa vama u grupi?

Čengić: U društvu smo bili ja, **Mustafa Spahić, Džemaludin Latić** (već su bili izašli iz zatvora), gospođa **Lejla Akšamija,** kćerka gospodina **Izetbegovića,** i **Azijada,** supruga **Ismeta Kasumagića** (koji je još bio u zatvoru s **Izetbegovićem,** M.B.). Akademik **Ljuba Tadić** nas je odveo u Beogradu u neki poznati restoran u šumi na Košutnjaku na ručak, jer tamo služe janjetinu. Tamo smo ostali i razgovarali oko tri sata. Kasnije smo shvatili da je to bila neka **"srpsko-muslimanska Jalta".**

Borović: O čemu ste razgovarali?

Čengić: O svemu. Moram istaći da su se naši domaćini dobro potrudili. Napravili su takav raspored za stolom da pojedinačno svaki od nas sjedi do jednog od akademika, da može dobro razgovarati. Ja sam sjedio do **dr. Božidara Jakšića i dr. Koste Čavoškog.** Do **Koste** je sjedio akademik **Tadić,** pa do njega **Džemal,** pa onda **Mustafa,** pa akademik **Dobrica Ćosić,** pa **Lejla i Azijada...."** - Kraj citata.

Srpski akademici su poklonili toliku pažnju nepismenom mlinaru iz Ustikoline **Čengiću,** seoskom hodži **Spahiću,** anonimnom pjesniku **Latiću,** kojemu su srpske novine objavile prve pjesme da bi ga mogli poturati kao "islamskog intelektualca", i dvjema domaćicama **Lejli i Azijadi,** ne da bi jeli janjetinu u njihovom cijenjenom društvu, nego da bi na taj način dali značaj Aliji Izetbegoviću, njihovoj glavnoj uzdanici u planiranom projektu podjele Bosne? Uostalom, **Hadžija** je to tako i doživio i okarakterisao nazivajući taj sastanak "srpsko-muslimanska Jalta". U tadašnjem žargonu, "Jalta" je bila sinonim za podjelu države.

2.3. "Afera Agrokomerc"

"Afera Agrokomerc" je pokrenuta 1988. kada je ustanovljeno izdavanje velikih iznosa mjenica bez pokrića od strane Agrokomerca iz Velike Kladuše. Činjenica da je direktora Agrokomerca **Fikreta Abdića** na tu funkciju doveo **Hakija Pozderac** iskorištena je od protagonista "antibirokratske revolucije", Srba u CK SK BiH, da se ukloni **Pozderčeva** garnitura iz rukovodstvu BiH.

Za obračun s bosanskim patriotima iskorišteni su članovi BiH birokratije koji su nosili muslimanska imena i tobože zastupali Bošnjake, koje su tada zvali "Muslimani", a koji međutim uopšte nisu marili za narod iz kojeg potiču. Oni su bili ljudi koji su nekada u životu asimilirani tj. prevaspitani u Srbe, njihova domovina je bila Jugoslavija, a ne Bosna i Hercegovina, a njihov veliki pokretač u životu lični interes. To su ljudi koji se ne izjašnjavaju dok ne vide ko će pobijediti, a kada se jednom izjasne, to je uvijek na strani pobjednika, te onda kao i svi lešinari, oni dokrajčavaju žrtvu.

Hamdija Pozderac je napravio odsudnu grešku kada je dao ostavku na svoju buduću funkciju predsjednika Ustavne komisije SFRJ. On je znao da ta njegova funkcija tišti Srbe koji su pokušavali promjenom Ustava vratiti unitarizam u Jugoslaviju. Mislio je da će odustajanjem od te funkcije biti pušten na miru. Međutim, time je pokazao slabost koja je sve one lešinare s muslimanskim imenima, a jugoslovenskim srcem u grudima, takozvane "posrbice", okrenula protiv njega i njegove garniture. Obično se čovjek ne sjeća takvih beznačajnih ljudi pa sam i ja zapamtio samo trojicu: **Nijaz i Raif Dizdarević i Seid Maglajlija.** S druge strane, **Hamdija Pozderac, Munir Mesihović, Ferhad Kotorić, Avdo Čampara, Hakija Pozderac, Sadi Ćemalović, Jole Musa i Fikret Abdić** samo su neka od imena smijenjenih s visokih funkcija u BiH u tim vremenima "Agrokomerca" i "antibirokratske revolucije". Tada su se sjajno ponijeli neki mlađi, dobro obrazovani bošnjački političari kao što su **dr. Fuad Muhić, Muhamed Abadžić, Nijaz Skenderagić, Fatima Zubović,** i javni tužilac sa **"Sarajevskog procesa" Edina Rešidović.** Interesantno je spomenuti da su svi oni, osim **Skenderagića i Rešidovićeve,** kasnije ponudili svoju saradnju **Izetbegovićevoj** Stranci demokratske akcije (SDA). Oni to nisu učinili iz karijerističkih razloga, nego zato što su vidjeli kakva se opasnost nadvila nad Bošnjake i Bosnu i Hercegovinu. Da su bili karijeristi oni bi u "Aferi Agrokomerc" stali uz **Milana Uzelca, Savu Čečura,** podlog **Miroslava Jančića, Milanka Renovicu** i ostale protagoniste "antibirokratske revolucije" kao što su to učinili **Dizdarevići i Maglajlija.**

Za razliku od SDS-a i HDZ-a koje su objeručke prihvatile sve bivše komuniste iz svojih nacija, SDA nije prihvatila sviju, nego oprezno samo neke, prema kriteriju kojeg je kasnije na 2. kongresu SDA početkom 1994. okarakterisao **Izetbegović** izjavom: "Birati poštene, radije nego sposobne". Kad pogledate ponašanje njegovih saradnika kao što su npr. **dr. Kasim Trnka, Džemaludin Latić, Edhem Bičakčić, Kemo Muftić** itd. onda vam je jasno da u praksi ono "pošteni" znači njegovi istomišljenici, posrbice, ili "apsolutno poslušni".

Poslije "Afere Agrokomerc" stvari su se odvijale veoma brzo. Promijenjen je Ustav BiH da bi se mogli održati slobodni izbori. Glatko su pušteni **Alija Izetbegović** i njegovi sljedbenici iz zatvora. O tome mi je pričao **Adil Zulfikarpašić. Zulfikarpašić** svjedoči: "Dva dana po **Izetbegovićevom** puštanju iz zatvora on se našao u Zurich-u, Švicasrka, kod mene. Ja sam znao da su mu prilikom presude 1983. oduzeta i građanska prava i da se građanska prava ne mogu vratiti bez novoga procesa. Upitao sam **Izetbegovića** kako je mogao dobiti pasoš tako brzo dok mu još ni građanska prava nisu vraćena? On je samo odgovorio: "Eto, dali mi."

Kada se znaju prilike u tadašnjoj BiH i kada se zna ko je i kome mogao tako, bez zakonske procedure izdati pasoš SFRJ nameće se pitanja: "Ko je **Alija Izetbegović?**" Zašto bi velikosrbi olakšavali **Izetbegoviću** stvaranje muslimanske stranke? Naše sumnje se pojačavaju kada se sjetimo **Karadžićeve** izjave pred izbore: "Ako bude izabran (Nijaz) **Duraković**, biće rat, a ako bude izabran **Izetbegović**, dogovorićemo se." Danas poslije **Izetbegovićevih** potpisa na sve "mirovne planove" kojima se legalizuju srpska osvajanja po Bosni i Hercegovini postaje jasno da je **Karadžiću** trebao **Izetbegović** upravo da bi mogao uspješnije ratovati, tj. da bi imao nekoga u suprotnom taboru ko će mu svojim potpisima legalizovati okupirano kao "srpsko". Postaje jasna i predizborna hajka protiv **dr. Nijaza Durakovića** iz partijskih organizacija Saveza komunista iz većinskih srpskih dijelova Bosanske Krajine. Dakle, po svaku cijenu su se morali ukloniti iz vlasti Bošnjaci koji bi mogli parirati Srbima u predstojećim odsudnim događajima za budućnost Republike BiH i dovesti **Izetbegovića** na čelo Bošnjaka.

2.4. Stranka demokratske akcije – SDA

Izetbegovićeva SDA je inicirana 27. marta 1990. To je stvarno bilo iznenađenje. Po tadašnjim zakonima svaki učesnik tog skupa je mogao dobiti do 10 godina zatvora. Osim toga, za veliku većinu Bošnjaka odraslih u "bratstvu i jedinstvu" nacionalni osjećaji su bili tabu tema. Za razliku od Srba Bošnjaci nikada nisu kolektivno ispoljavali svoja nacionalna osjećanja. Čak su i Srbi u Bosni i Hercegovini bili suzdržani u javnom srbovanju. Zato je bilo zaista nevjerovatno vidjeti četrdeset Muslimana i Muslimanki kako sjede pred TV kamerama kao dokaz da su Muslimani prvi krenuli u nacionalno podvajanje u Bosni i Hercegovini. To je bio veliki propagandni poen u korist Srba. Od tog trenutka je uslijedio niz doista neobičnih događaja. Mada još nekoliko mjeseci SDA nije bila ni registrirana, ni u jednom mjestu njeni skupovi nisu bili zabranjeni osim u Travniku. U najljepšoj sali Holiday Inn-a u Sarajevu održana je Osnivačka skupština 9. juna 1990. "**Alijini**" ljudi su slobodno nosali zelene zastave i po istočnoj Hercegovini, Majevici, Grmeču i po mnogim drugim većinskim srpskim krajevima gdje su vijekovima Bošnjake (Muslimane) maltretirali i čak ubijali i za manje "grijehove". Tada su se Bošnjaci zbog toga divili Izetbegoviću i smatrali ga čovjekom nadnaravnih sposobnosti, kada je uspio nešto tako. Sada je jasno da su kreatori "antibirokratske revolucije" pustili **Izetbegovića** i njegove ljude da se razmašu da bi ih na taj način postavili na čelo Bošnjaka. Danas je jasno da je **Izetbegović** imao podršku SANU-a i ostalih velikosrba zbog toga što je radio na njihovom projektu podjele Bosne. Da smo bili malo pametniji to smo mogli i tada shvatiti. Naime, u "Islamskoj deklaraciji" izdatoj od beogradskog izdavača "Srpska Reč" još 1970., **Izetbegović** je napisao da je Pakistan "naša" generalna proba. Time je implicitno dao do znanja da on pristaje i na srpsku ideju razmjene stanovništva u cilju podjele Bosne i Hercegovine. Tu ideju su Srbi tek pred izbore 1990. počeli javno iznositi.

Moj prvi susret s **Izetbegovićem** dogodio se nekoliko dana uoči Referenduma o nezavisnosti BiH, dakle krajem februara 1992. To je bilo na sastanku u amfiteatru opštine "Stari grad" u Sarajevu. Sastanak je sazvan sa jednom tačkom dnevnog reda: "Pripreme za Referendum". Na sastanak su bili pozvani predsjednik i sekretar SDA iz svake opštine u BiH. Ja sam kao predsjednik Komisije za odnose sa javnošću (glasnogovornik) SDA Tuzle otišao na taj sastanak umjesto predsjednika **dr. Saliha Kulenovića,** koji je imao neku drugu obavezu u to vrijeme. Na sastanku je bila tadašnja "krema" SDA stranke. Ono zbog čega je sastanak sazvan bilo je na brzinu, rutinski obavljeno. Taj dio posla su obavili dosta dobri organizatori **Hasan Čengić i Amila Omersoftić.** Nije bilo planirano da se **Alija Izetbegović** pojavi. Svi smo bili prijatno iznenađeni kada smo obaviješteni da bi predsjednik **Izetbegović** želio da se sa nama sastane. Sa njim je došao i **dr. Ejup Ganić.** Tada nam se **Izetbegović** obratio otprilike riječima: "Možda će se od nas tražiti da pregovaramo o unutrašnjoj podjeli Bosne i Hercegovine na etničke kantone. More bit' da to nije ni tako loše da se definiše da je muslimansko ono gdje su Muslimani većina. To ne znači da bi se vršila preseljenja stanovništva. Samo bi se kantoni u kojim su Muslimani većina nazivali muslimanskim, kantoni gdje su Srbi većina srpskim, a tamo gdje su Hrvati većina bili bi hrvatski kantoni. Ja bih volio da čujem vaše mišljenje o tome." Delegati su se javljali jedan po jedan i bilo je jasno da velika većina delegata smatra potpuno neprihvatljivom bilo kakvu podjelu BiH. Najjasniji je bio delegat SDA Gacka, mislim da se zvao **Bajro Greljo** koji je rekao: "Nemojmo se zavaravati. Ako bi Gacko bilo nazvano srpskom opštinom, ni jedan musliman tamo ne bi mogao ostati." Jedini koji je podržao **Izetbegovićevu** ideju bio je delegat SDA Gračanice. Možda zato što su u Gračanici Bošnjaci bili preko 80% stanovništva. I ja sam dobio riječ. Rekao sam da se nikako po Bosni i Hercegovini ne smiju nacrtati nacionalne granice. Ako se to uradi Bosna i Hercegovina će se kad tad raspasti po tim granicama kao što se i Jugoslavija raspala. Na te moje riječi okrenuo mi se **dr. Ejup Ganić** i vidno odobravao klimajući glavom. Tada sam ja povjerovao da je **dr. Ganić** patriota i dugo nisam posumnjao u njega. Kasnije sam saznao pod kakvim je okolnostima **dr. Ganić** došao u Sarajevo. Naime, on je u Sarajevo došao da na čelu Vojnoga instituta u Vogošći zamijeni penzionisanog komandanta KOS-a **Obradovića.** Zna se da je na takvo mjesto mogao doći jedino čovjek od najvećeg obavještajnog povjerenja u KOS-u. Kada je počeo višepartijski sistem u BiH, KOS i JNA su formirali stranku Jugoslovena i propagirali je među Bošnjacima. Dakle, po definiciji ta stranka je imala potpuno suprotni (unitaristički) karakter od navodno "muslimanske" SDA. Na čelo stranke Jugoslovena je bio postavljen **dr. Ejub Ganić**. Međutim, kada ta stranka nije uspjela pustiti korijena među Bošnjacima, **Izetbegović** prebacuje **Ganića** u vladajuću SDA, da mu se nađe pri ruci. Kako to da "nacionalista" **Izetbegović**, treba pomoć jednog Jugoslovena, tj. nekoga ko je na potpuno suprotnoj strani političkog spektra u BiH?!

Vratimo se gore pomenutom sastanku u prostorijama opštine Stari grad sa **Izetbegovićem i Ganićem**. Na kraju sastanka kada je shvatio da ne može dobiti saglasnost za podjelu BiH, mada je iznenadio delegate, **Alija Izetbegović** je iskoristio mentalitet malih ljudi koji su svugdje većina i koji ne žele da se žestoko konfrontiraju s autoritetima i od delegata dobio pristanak da pregovara. Ipak su delegati smogli snage da **Izetbegoviću** nametnu uslov **"da pregovara, ali da se ništa ne dogovori"**. Dobio je pristanak da "pregovara da bi kupio vrijeme". Mada se meni ni ti pregovori nisu sviđali oni su se mogli opravdavati činjenicom da smo mi bili još uvijek nenaoružani (mada smo imali godinu dana vremena dok je trajao rat u Hrvatskoj da se naoružamo), pa je svaki dan odgađanja rata i u tom posljednjem času mogao koristiti Bošnjacima da se bolje organizuju i naoružaju. Osim toga, **Karadžićevi** Srbi i **Bobanovi** Hrvati tada još nisu bili počinili zločine prema Bošnjacima pa ti budući pregovori tada nisu izgledali nedostojanstveno.

2.5. Prvi kongres SDA

Za Prvi kongres SDA, koji se održavao u Skenderiji u Sarajevu 29. novembra do 1. decembra 1991., dobio sam pozivnicu od **ing. Amile Omersoftić,** tadašnjeg člana Glavnog odbora SDA, a kasnije ratne direktorice Radio televizije BiH. Ona je ranije pokušala da organizuje jednu akciju povezivanja bošnjačkih intelektualaca sa SDA. Akciju primanja novih intelektualaca u SDA zaustavio je sam **Izetbegović** dajući kadrovsku politiku tada u ruke hodže **Hasana Čengića,** inače sina ranije pomenutog mlinara - generala **Halida Čengića. Amila Omersoftić** se nije mogla tako lahko pomiriti s odbacivanjem intelektualaca u ključnom momentu bošnjačke historije. Zato je poslala pozivnice za Prvi kongres. SDA i mnogim intelektualcima koji nisu bili formalno u SDA, vjerovatno nadajući se da će se neki od njih nametnuti stranci.

Svi će pamtiti taj Kongres po borbi za vlast između **Izetbegovića i Abdića.** Ja sam tada vidio da **Abdić** nije baš jako spretan političar. **Izetbegović** ga je nadigrao kao malo dijete. **Abdić** nije shvatao kad je bilo dosta nego je nastavljao sve dok svima nije dosadio i potpuno srozao svoj ugled u SDA.

Ja sam uzeo učešće u radu Komisije za ekonomska pitanja. Naime, tada su Slovenija i Hrvatska već bile uvele svoj novac pa su imale ogromne količine nepotrebnih jugoslovenskih dinara. Osim toga, u Beogradu su štampane ogromne količine dinara. Svi ti bezvrijedni dinari su trošeni u BiH za kupovinu njemačkih maraka i mnogih roba proizvedenih u Bosni i Hercegovini. To je bila nečuvena legalna pljačka Bosne i Hercegovine. Ja sam odlučio da na Kongresu SDA pokrenem to pitanje. Na papiru kojim sam se prijavio za diskusiju u pomenutoj komisiji napisao sam svoje ime i temu. Predsjednik Komisije je bio ministar za privredu u Vladi BiH, **dr. Rešad Bektić,** a potpredsjednik **dr. Hasan Muratović,** kasnije u ratu poznat kao ministar Vlade BiH za odnose s UNPROFOR-om. Budući da sam sjedio u prvom redu primijetio sam da je **dr. Muratović,** kada je vidio temu koju želim da otvorim, stavio moj prijavni listić na vrh. Međutim, kada je predsjednik komisije **Bektić** pogledao moj prijavni listić i kada je trebalo da me prozove da govorim, vidjevši temu, on me preskočio i krišom stavio moju prijavu na dno. Ja sam se naljutio i napravio incident. Poslije sam dobio mogućnost da govorim. U tom trenutku zadržavanje dinara u BiH je bio strateški srpski interes i kao **Bektić** mogao se ponašati samo čovjek koji radi za srpsku stvar. Tog dana sam gledao na TV dnevniku da su delegati i na drugim komisijama tražili uvođenje BiH novca. Da sam bio u pravu i da je to bilo ključno pitanje za Bosnu i Hercegovinu dokazuje činjenica da su upravo zahtjevi delegata za BiH novcem dobili udarna mjesta u svim sredstvima informisanja. Međutim, **Izetbegović** se nije osvrtao na to. Štampanjem dinara koje je Srbija trošila u BiH se nastavljala nečuvena pljačka Bosne i Hercegovine narednih šest mjeseci. BiH novac je uveden tek u ratu. Tada sam mislio da **Izetbegović** nije svjestan tako očigledne činjenice kao što je važnost vlastitog novca za nezavisnu državu. Međutim, iz nekih **Izetbegovićevih** izjava se vidjelo da je veoma oštrouman, pa sebi nisam mogao objasniti kako on ne shvata neophodnost uvođenja BiH novca. To me je zbunjivalo, ali, priznajem, nisam tada posumnjao da i sam **Izetbegović** radi protiv BiH i da zato u SDA ima mjesta i za ljude kao **Bektić, Ganić** i slični dokazani agenti velike Srbije.

3

JUGOSLAVIJA JE DOŽIVJELA LEGALNU
DISOLUCIJU I PRESTALA DA POSTOJI

3.1. Jugoslovenska Federacija

Jugoslavija je bila federacija 6 država: Slovenije, Hrvatske, Bosne i Hercegovine, Srbije, Crne Gore i Makedonije. Republike su ovdje nabrojane u poretku od sjeverozapada ka jugoistoku. Najveća republika Srbija je sadržavala i dvije autonomne pokrajine. Te pokrajine je Srbija dobila Versajskim (Versailles) mirom kao nagradu za savezništvo s Engleskom i Francuskom u 1. svjetskom ratu 1914 -1918. Pokrajine su ustanovljene po historijskom i nacionalnom principu. Sjeverna pokrajina Vojvodina je imala dosta katolika: Mađara, Hrvata, Čeha, Slovaka, Nijemaca. Srbi su najbrojniji narod u Vojvodini zahvaljujući genocidu nad ostalim Vojvođanima u 2. svjetskom ratu i asimilaciji poslije tog rata. Etničku kartu Vojvodine je značajno promijenila i organizirana kolonizacija Srba iz siromašnih krajeva bivše Jugoslavije. U južnoj pokrajini Kosovu Albanci su činili oko 80% stanovništva. Svaka republika i pokrajina je imala Predsjedništvo, Vladu (Republičko izvrsno vijeće) i Skupštinu. Osim toga svaka republika i pokrajina je imala samostalno sudstvo, policiju, školstvo, poštu, željeznice.

3.2. Jugoslovenska narodna armija i Teritorijalna odbrana

Nisu daleko od istine oni koji kažu da od svih federalnih institucija jedino Jugoslovenska narodna armija (JNA) nije bila "federalizirana", tj. razbijena na republičke armije ustavom iz 1974. godine. Osim JNA postojala je još jedna vojna formacija, Teritorijalna odbrana (TO). Svaka republika je imala kontrolu nad svojim dijelom Teritorijalne odbrane. Budući da je Teritorijalna odbrana bila i naoružana vlastitim oružjem građana BiH, možemo slobodno reći da je to bila republička vojska u svakoj republici. To oružje su kupile opštine i lokalne kompanije. Pomoću Teritorijalne odbrane je ostvarena **Titova i Kardeljeva** koncepcija opštenarodne odbrane, tj. naoružanog naroda. Mada su **Tito i Kardelj** obrazlagali koncepciju naoružanog naroda strahom od vanjskog neprijatelja, bilo je jasno da je jedina realna opasnost u Jugoslaviji bila srpska hegemonija i JNA, i da je naoružani narod trebao odvratiti JNA od nametanja srpske hegemonije u Jugoslaviji.

Ta koncepcija se pokazala potpuno uspješnom u Sloveniji, a potpuno neuspješnom u Bosni i Hercegovini. Naime, ni prethodne komunističke vlasti, ni **Alija Izetbegović** nisu pružili nikakav otpor razoružavanju Teritorijalne odbrane BiH. Tako se dogodilo da su Bošnjaci predali svoje oružje JNA uoči i u toku četničkog pokolja nad njima. Sjetimo se npr. kako su četnici neometano odvezli 50-ak kamiona oružja TO Stari grad Sarajevo iz skladišta Faletići na samom početku rata. Mada je jedna mala jedinica JNA u Feletićima bila blokirana od strane Armije RBiH, Alija Izetbegović nije odobravao napad, nego je pregovarao sa Kukanjcem dok JNA nije izvukla to oružje šumskim putem, a radilo se o oko 50 kamiona oružja TO.

Mada je komandovanje u JNA bilo centralizirano na nivou Jugoslavije, regrutacija je bila na nivou opština. To znači da su regrutni spiskovi bili u nadležnosti opština. To je bila izvanredno značajna činjenica za sudbinu Jugoslavije. Naime, za vrijeme rata u Hrvatskoj, Makedonija je iskoristila svoje ustavno pravo i donijela uredbu da opštine sklone (čitaj: sakriju) od JNA opštinske vojne evidencije, tj. regrutne (novačke) spiskove. Tako je **Kiro Gligorov** onemogućio regrutaciju makedonskih mladića i njihovo slanje u rat u Hrvatsku tokom 1991.. Vlast **Alije Izetbegovića** nije htjela to isto učiniti u BiH. Ja se sjećam da su se u Tuzli intelektualci Kulturnog društva Muslimana "Preporod" sastali i tražili od SDA Tuzle da stupe u kontakt sa **Izetbegovićem** kako bi od njega tražili da uradi isto što i **Kiro Gligorov.** Ja lično sam otišao u prostorije SDA Tuzle i zajedno sa sekretarom SDA Tuzle stupio u kontakt s **Osmanom Brkom,** koji je odmah prenio zahtjev Tuzlaka **Izetbegoviću. Izetbegović** se te večeri pojavio na TV dnevniku. Umjesto da iskoristi ustavno pravo Bosne i Hercegovine i da država skloni regrutne spiskove izvan domašaja JNA, on je samo rekao na tom TV dnevniku: "Neki mi javljaju da JNA vrši mobilizaciju Muslimana radi slanja na ratišta u Hrvatsku. Ja Muslimanima poručujem: "Ja svoga sina ne bih poslao na služenje vojnoga roka u JNA"." To je bila još jedna izdaja Ustava Republike Bosne i Hercegovine. On je trebao iskoristiti Ustav Republike Bosne i Hercegovine i kao Gligorov skloniti od JNA regrutne spiskove. Tada je JNA iskoristila činjenicu da te vojne evidencije nisu sklonjene i munjevitom akcijom došla u posjed regrutnih spiskova po opštinama i po njima provodila regrutaciju Bosanaca i Hercegovaca. Svaki mladić iz BiH kojeg je JNA od tada pa nadalje mobilisala ide na dušu

Izetbegoviću. Ponegdje su spontanom akcijom naroda vojne evidencije zaštićene od JNA. Sjećamo se grandioznog mitinga u Bratuncu kojim je spriječena JNA da uzme regrutne spiskove iz opštine. Posramljena JNA se tada povukla, ali je ponovo došla u aprilu 1992. i osvetnički masakrirala "mitingaše". Poznata su mjesta nečuvenih srpskih zvjerstava fiskulturna sala i stadion u Bratuncu. I u Tuzli su žene pokušale spriječiti odnošenje regrutnih spiskova. Hrabro se opirao i načelnik vojnog odsjeka **Mehmed Žilić**. Tek kada su vojnici JNA uperili revolvere u **Žilića** on je predao vojne evidencije. Uslijedile su mnogobrojne racije Bošnjaka, naročito vozača, koji su silom odvođeni u Hrvatsku, umjesto da ih je njihova država zaštitila koristeći svoje ustavno pravo da skloni regrutne spiskove od JNA.

Tek kada je JNA došla u posjed regrutnih spiskova Bosne i Hercegovine, iz centrale SDA, tj. od **Alije Izetbegovića,** stiže direktiva u opštinske filijale SDA stranke da se organizuju protestni mitinzi protiv JNA. Jasno je da ti protestni mitinzi nisu imali nikakva efekta osim da pokažu kako je **Izetbegović** tobože ljut zbog uzimanja tih spiskova i narušavanja ustavnih prava Bosne i Hercegovine. Nama koji smo znali da **Izetbegović** nije htio efikasno zaštititi regrutne spiskove bilo je jasno da mitinzima **Izetbegović** baca prašinu Bosancima u oči da bi sakrio još jednu svoju "grešku". Ni tada nisam posumnjao da je u pitanju izdaja.

Možda će čitaocu izgledati čudno kako ni ja, a ni mnogi drugi Bošnjaci, nismo posumnjali u **Aliju Izetbegovića** poslije njegovih tolikih grešaka. Odgovor je dosta jednostavan. Čovjek ne može posumnjati u svog predsjednika. Mora se nekome vjerovati. Ne može se živjeti bez ikakve i vjere u ljude, znači i bez nade.

3.3. Skupština, Predsjedništvo i Vlada Jugoslavije

Socijalistička Federativna Republika Jugoslavija je imala svoje Predsjedništvo, Skupštinu i Vladu. Predsjedništvo se sastojalo od 8 članova; iz svake republike i pokrajine po jedan. Skupština je imala dva vijeća (doma), a) Savezno vijeće i b) Vijeće republika i pokrajina. U Saveznom vijeću se odlučivalo većinom glasova. U Vijeću republika i pokrajina su se donosile odluke "od značaja za ravnopravnost naroda i narodnosti" i donosile su se usaglašavanjem republičkih i pokrajinskih delegacija, tj. **konsenzusom.** Ova činjenica je bila presudna za kraj Jugoslavije. Poslije ćemo se češće vraćati na nju.

Postoje mnogi primjeri iz savremenog svijeta koji nas uvjeravaju da je nestanak jedne države gotovo nemoguć. Libanon, Irak, Afganistan, Estonija ili Kampučija nisu nestali kao države mada su se u njima vodili dugotrajni ratovi, mada su neke od ovih država bivale potpuno okupirane i mada se sastoje iz više međusobno zavađenih naroda. Šta je to što ne dozvoljava raspad jedne države? To su principi međunarodnog prava. Po tim principima granice jedne države se ne mogu mijenjati silom, tj. svijet ne može priznati promjenu granica koja je posljedica agresije. To je direktna posljedica člana 4. Povelje UN. Taj princip internacionalnog prava je uveden da bi se obeshrabrili eventualni agresori. Državne granice se mogu mijenjati jedino dobrovoljnim pristankom legalnih vlasti. Libanon se nije dezintegrirao na vjerske i etničke državice jer ni jedan libanonski predsjednik nije htio da pogazi predsjedničku zakletvu i upusti se u pregovore o mijenjanju granica svoje države ili o podjeli svoje države. Sada se nameće pitanje: Kako se onda dogodilo da se Jugoslavija raspala? Jugoslavija se raspala jer i bez rata nije mogla **legalno** funkcionirati, i jugoslovenske Republike su bile zaokružene države, koje su imale pravo zagarantovano Ustavom SFRJ od 1974. na samoopredjeljenje, tj. na legalno razdruživanje od jugoslovenske federacije. Drugim riječima, u legalnom postupku propisanom Ustavom SFRJ nisu se mogle donositi pravosnažne odluke na nivou Jugoslavije, ako to bilo koja članica Federacije nije željela. Naime, kada su Slovenija i Hrvatska povukle svoje delegacije iz Vijeća republika i pokrajina one su time u stvari dale trajni veto na sve odluke tog Vijeća Skupštine SFRJ. Jedini ustavni izlaz je bio da Predsjedništvo SFRJ zavede tzv. Ratno stanje. Međutim, Predsjedništvo je već bilo ostalo bez četiri legalno izabrana člana: **Janeza Drnovšeka** (Slovenija), **Stjepana Mesića** (Hrvatska), **Boška Krunica** (Vojvodina) i **Rize Sapundžiju** (Kosovo). **Boško Krunić** iz Vojvodine je neustavno, u tzv. antibirokratskoj revoluciji koja je bjesnila 1989., zamijenjen **Brankom Kostićem, a Riza Sapundžiju Sejdom Bajramovićem.** Svijetu nije mogao priznali legalitet tih članova Predsjedništva. Zato ni Predsjedništvo SFRJ više nije moglo pravosnažno odlučivati i nije moglo donijeti legalnu odluku o zavođenju ratnoga stanja. Dakle, ni Predsjedništvo nije moglo ništa legalno učiniti da spasi Jugoslaviju poslije raspada Vijeća republika i pokrajina. Ipak, treba istaći da je u tim trenutcima predstavnik iz Bosne i Hercegovine u Predsjedništvu Jugoslavije Bogić Bogićević, po etničkoj pripadnosti Srbin, riješio sve dileme kada je glasao protiv uvođenja Ratnog stanja u Jugoslaviji. On je time pokazao patriotizam i poštovanje Ustava i interesa svoje domovine Republike Bosne i Hercegovine.

Budući da je **Miloševiću** bilo jasno da će Jugoslavija ubrzo po raspadu Vijeća republika i pokrajina i zvanično od svjetske zajednice biti proglašena "nefunkcionirajućom državom" tj. mrtvom, on je sve učinio da se raspad dogodi po granicama što povoljnijim za Srbe. U praksi to je značilo da u državnoj zajednici sa Srbijom ostanu Crna Gora, Bosna i Hercegovina, Makedonija i što veći dio Hrvatske.

Suočene sa mogućom legalnom disolucijom Jugoslavije, Ujedinjene nacije su 1990. dale mandat Europskoj zajednici (EZ) da u skladu s principima međunarodnog (internacionalnog) prava riješi ustavnu krizu u Jugoslaviji. Budući da Jugoslavija više nije legalno funkcionirala, a Republike jesu, EZ je tražila da se republike dogovore o novom ustrojstvu Jugoslavije. Zato su krajem 1990. i početkom 1991. organizirani sastanci predsjednika Predsjedništava Republika i Pokrajina. Na tim pregovorima su predstavnici Hrvatske, Slovenije i Makedonije insistirali na konfederalnom uređenju Jugoslavije, dok su Srbija i Crna Gora mlako tražile federaciju. U stvari i oni su željeli raspad Jugoslavije, ali sa što većom "Velikom Srbijom" jer Jugoslavija s Ustavom iz 1974. više nije bila Velika Srbija. Pri tome, Srbija i Crna Gora se iz političkih razloga nisu mirile sa legalnom disolucijom Jugoslavije, nego su predstavljale ostale Republike kao ilegalne separatiste od Jugoslavije, tj. jednostrano su na sebe preuzele državni kontinuitet Jugoslavije. Da je svijet pristao na tu njihovu verziju događaja, onda bi oni bili legalna strana, a separatist ilegalna, pa svijet (tj. UN) ne bi mogao priznavati jugoslovenske republike kao nove države bez saglasnosti Beograda, kao što kasnije, tokom rata u BiH, svijet nije mogao priznati Republiku Srpsku sve dok je nije priznala Izetbegovićeva Vlada iz Sarajeva.

Predstavnik Bosne i Hercegovine **Alija Izetbegović** je imao veoma čudno ponašanje na tim pregovorima. Znalo se da je dvotrećinska većina naroda u Bosni i Hercegovini željela nezavisnost, tj. konfederaciju. Naime, gotovo svi Bošnjaci (koji su se tada zvali Muslimani) i Hrvati iz BiH su željeli sto veću nezavisnost od Beograda. To se kasnije i potvrdilo na Referendumu o nezavisnosti BiH održanom 1. i 2. marta 1992. Međutim, od **Izetbegovića** su tada stizali nekakvi veoma čudni prijedlozi.

Jedan od **Izetbegovićevih** prijedloga je bio o tzv. asimetričnoj federaciji. **Izetbegović je** predložio da u budućoj zajednici svaka republika treba da ima status onakav kakav želi. Po njemu, to je značilo da Srbija, Crna Gora, BiH i Makedonija trebaju sačinjavati federativnu državu koja će ući u konfederaciju sa Slovenijom i Hrvatskom. Dakle, smjestio je Bosnu i Hercegovinu i Makedoniju u okvir Velike Srbije. Na sreću tada je u Bosni i Hercegovini postojalo javno mnijenje koje je **Izetbegovića** zbog tog prijedloga žestoko kritikovalo. **Izetbegović** se morao danima pravdati građanima BiH zbog tog poteza. On je tada naučio lekciju da ga svaki pokušaj da Bosnu i Hercegovinu ostavi u Jugoslaviji može koštati gubitka povjerenja, pa i gubitka vlasti. Najbolji dokaz da je on naučio tu lekciju je iznesen u knjizi **Milovana Đilasa i Nadežde Gaće "Bošnjak Adil Zulfikarpašić"**, gdje se iz **Zulfikarpašićeva** razgovora sa **Izetbegovićem** o tzv. Historijskom sporazumu Muslimana i Srba vidi kako je **Izetbegović** uputio **Zulfikarpašića** u "sporazumijevanje" s **Miloševićem** o "Istorijskom sporazumu Muslimana i Srba". Tim "Istorijskim sporazumom " je **Izetbegović** po drugi put pokušao realizovati svoj projekat vezanja BiH uz Srbiju prilikom raspada Jugoslavije, a da ovaj put nije rizikovao svoju popularnost, nego popularnost **Zulfikarpašića i Filipovića**, koje je poslao Miloševiću kao svoje izaslanike. Poslije je on negirao da ima išta sa tim "Istorijskim sporazumom", spašavajući svoj, a žrtvujući njihov ugled u narodu.

Vratimo se na Izetbegovićev prijedlog "asimetrične federacije". Kada je upoznat s tim prijedlogom makedonski predsjednik **Kiro Gligorov** ga je nedvosmisleno odbio, mada ga je **Izetbegović** predstavljao kao zajednički prijedlog **Izetbegovića i Gligorova**. Postavlja se pitanje: "Ako nije dobio od **Gligorova** saglasnost za takav prijedlog, zašto je **Izetbegović** to predlagao za državu Makedoniju, sa kojom nije ni u kakvoj relaciji? Zašto bi jedan Bošnjak gurao Makedoniju u Veliku Srbiju? Postoji jedan jedini odgovor: **"Izetbegović** tu nastupa kao agent srpske strane, on se tu brine za Veliku Srbiju."

Treći pokušaj **Izetbegovića** da Bosnu i Hercegovinu daruje Srbiji izveden je pomoću predratnog potpredsjednika Skupštine SFRJ **Irfana Ajanovića. Irfan Ajanović je Izetbegovićev** važan funkcioner iz predratnog perioda. Za njega mi je jednom njegov rođak dr. **Ekrem Ajanović,** profesor Medicinskog fakulteta u Tuzli i poslanik Skupština BiH i SFRJ rekao da je "žrtvovan od **Izetbegovića** da daje neobične prijedloge iz taktičkih razloga".

Izetbegovićev "taktički" prijedlog izrečen **Ajanovićevim** ustima je bio da Skupština SFRJ donese odluku da se "u Vijeću republika i pokrajina formira novi kvorum od onih koji hoće da dolaze na sjednice Vijeća i da se odlučuje većinom glasova prisutnih". Svi koji su pratili jugoslovensku političku scenu znali su da je to od **Rankovića** pa nadalje bio glavni zahtjev unitarista, tj. velikosrba. Upravo je obaveza usaglašavanja republika (tj. pravo veta) u Vijeću republika i pokrajina onemogućavala srpsku hegemoniju i preglasavanje malobrojnijih naroda. Ovakav prijedlog iz **Izetbegovićeve** stranke je doveo do toga da su mnogi u BiH posumnjali u **Izetbegovića,** ali, nažalost, samo u njegovu "sposobnost bavljenja politikom", a ne u njegovu lojalnost državi Bosni i Hercegovini. Ljudi se nisu uspaničili poslije tolikih **Izetbegovićevih** "grešaka" u korist Velike Srbije. Neki su mislili daje posrijedi neka "mudra taktika" u koju obični smrtnici nisu u stanju proniknuti dok su drugi mislili da je **Izetbegović** "naivan za politiku, ali će ga oni oko njega ubuduće korigirati". Niko nije vidio razloga za zabrinutost i zbog toga što je **Izetbegović** zaista svaki put i bio korigiran javnim mnijenjem Bosne i Hercegovine. Ova činjenica je i odredila taktiku budućeg rata protiv državnosti Bosne i Hercegovine. Vidjelo se da bez eliminacije bosanskog javnog mnijenja neće biti moguće uništiti državu Bosnu i Hercegovinu, tj. neće se moći dobiti "dogovorni" pristanak Bosne i Hercegovine za promjenu njenih granica i Ustava.

Upravo da bi se uništilo bosansko javno mnijenje i da bi **Izetbegović** i nekoliko njegovih sljedbenika bili jedini koji odlučuju o državi Bosni i Hercegovini u ratu, uvedena je totalna informativna blokada, ne samo izvana, nego nažalost, i iznutra. Na primjer, ljudi u Drugom korpusu Armije R. BiH znaju da je **Izetbegović** svojom ličnom naredbom zabranio dolazak bežične telefonske centrale koju je Njemačka poklonila Tuzli u danima poslije 15. maja 1992., tj. kada se Tuzla oslobodila od JNA. Tada je postojao slobodan put od Slavonskog Broda do Tuzle, a ta centrala, zaustavljena izričitim **Izetbegovićevim** naređenjem nikada nije produžila iz Slavonskog Broda za Tuzlu. Ja navodim samo ovaj slučaj jer imam pouzdanog svjedoka, pukovnika Armije BiH **Šefćeta Bibuljicu.** Neka drugi pišu o tome kako je **Izetbegović** toliko puta do sada onemogućavao aktiviranje satelitske televizije iz Sarajeva.

Vratimo se problemu nestanka Jugoslavije. Osim već opisanih **Izetbegovićevih** pokušaja prisajedinjenja Bosne i Hercegovine Srbiji na pomenutoj seriji pregovora "šefova" jugoslovenskih republika ništa se značajno nije događalo. Kada je dogovaranje postalo bespredmetno EZ je formirala komisiju od pravnih eksperata, tzv. **Badinter-ovu** komisiju, koja je imala zadatak da jugoslovensku krizu riješi prema principima internacionalnog (međunarodnog) prava. Komisija nije imala težak zadatak. Sve jugoslovenske republike su imale sve državne institucije, a i prema svojim ustavima bile su i definisane kao države. Budući da su Slovenija i Hrvatska u međuvremenu bile održale i referendume o nezavisnosti, i budući da Jugoslavija više nije mogla donositi pravosnažne odluke, te je i zvanično bila 'proglašena mrtvom, ove dvije države su mogle odmah biti priznate. Što se tiče Bosne i Hercegovine odluka **Badinter-ove** komisije je bila da i Bosna i Hercegovina može biti priznata ako većina stanovništva izrazi želju za nezavisnošću na referendumu koji će biti održan na način predviđen Ustavom Republike Bosne i Hercegovine. Budući da je Ustav RBiH građanski ustav koji ne pravi razliku između etničkih grupa, za pozitivan ishod referenduma dovoljno je bilo da se izjasni 50% +1 građana koji imaju pravo glasa.

Referendum je održan 1. i 2. marta 1992. Odziv je bio izuzetan. Preko 64% glasača je glasalo za nezavisnost. S obzirom da je Bošnjaka oko 43% i Hrvata oko 17% zajedno ih je manje od 64% . Osim toga neki Bošnjaci i Hrvati nisu mogli izaći na referendum. Dakle, mnogi Srbi i Jugosloveni su također glasali za nezavisnost Bosne i Hercegovine. Tek mjesec dana poslije toga Evropska zajednica (EZ) je donijela političku odluku da se Bosna i Hercegovina prizna. Naime, bez obzira što je Bosna i Hercegovina ispunila sve pravne uslove da bude priznata, pravo je svake suverene države da neku novu državu prizna ili ne prizna. Na primjer, to pravo je iskoristila Grčka da ne prizna Makedoniju i, čak, koristeći svoje pravo veta u EZ, da zaustavi priznanje Makedonije i od strane Evrope, pozivajući se na vlastiti nacionalni interes. Budući da je EZ imala mandat UN-a da riješi jugoslovensku krizu grčkim vetom je u stvari zaustavljeno priznanje Makedonije i od strane UN-a. Mnogi će ovdje postaviti pitanje, kako se onda dogodilo da su toliki srpski prijatelji i "saveznici" u Evropi i svijetu priznali Bosnu i Hercegovinu. Odgovor će biti dan u poglavlju "Novi svjetski poredak".

4

RAT

4.1. Rat u Sloveniji

Sukob između JNA i Teritorijalne odbrane Slovenije je počeo 27. juna 1991. i završio krahom JNA u ratu koji je trajao manje od 10 dana. Tu se vidjelo da JNA nema nikakve šanse u sukobu s dobro motivisanim borcima Teritorijalne odbrane, tj. s narodom koji se bori za svoju slobodu.

Ovdje napomenimo da **Alija Izetbegović,** za razliku od Slovenaca, koji ni po koju cijenu nisu htjeli predati oružje svoje Teritorijalne odbrane na "čuvanje" u kasarne JNA, nije pružio nikakav, ni politički, a ni vojni otpor kada je JNA odvozila oružje Teritorijalne odbrane Bosne i Hercegovine. Oružje TO Bosne i Hercegovine uzeto je na "čuvanje" u kasarne JNA 1989., dakle prije dolaska SDA na vlast. Međutim, to oružje je u mnogim mjestima s bošnjačkom većinom moglo biti blokirano i spašeno, kao što je to bio slučaj npr. s oružjem TO u Tuzli. To što nije organizovano spašavanje oružja TO iz skladišta u opštini Stari grad Sarajevo, koje je bilo u našem okruženju, bila je ključna "greška" **Alije Izetbegovića,** koja će Sarajlije koštati preko deset hiljada života. Tada se **Izetbegović** stalno sastajao s generalom JNA **Kukanjcem** i pravio neka primirja dok pripadnici JNA nisu buldožerima prokopali put kojim su zaobišli blokadu Armije R BiH. Tako su izvezli 50-ak kamiona oružja TO Sarajeva.

4.2. Rat u Hrvatskoj

Rat u Hrvatskoj je počeo takozvanom "balvan revolucijom" u augustu 1990. Srpsko stanovništvo u hrvatskim krajevima pobunilo se postavljajući balvane i zasjede po putevima Hrvatske. Neposredan povod je bio donošenje novoga hrvatskoga Ustava. U starom, "komunističkom" ustavu Hrvatska je bila država Hrvata i Srba iz Hrvatske. Po novom Ustavu Srbi su postali nacionalna manjina, a Hrvatska zastava je umjesto petokrake u sredini dobila "povijesni hrvatski grb", ili kako ga Srbi zovu, "šahovnicu". Budući da državu karakteriše ustav i granice, i budući da Srbi veoma dobro znaju šta znače takve promjene ustava, nije se moglo ništa drugo ni očekivati nego rat. Do rata u Hrvatskoj bi svakako došlo i bez pomenutih ustavnih promjena, ali su pomenute promjene Ustava Republike Hrvatske olakšale **Miloševiću** posao mobilizacije Srba. Naime, samo održavanje slobodnih izbora u jugoslovenskim republikama i pobjede političkih stranaka koje su u svojim programima imale snažno izraženu želju za nacionalnom samostalnošću je bio siguran znak da Jugoslavija više nije Velika Srbija. Sama pobjeda HDZ-a na prvim slobodnim izborima u Hrvatskoj, koji su održani u maju 1990, **Tuđmanu** je trebala biti znak da Srbi više ne vladaju Jugoslavijom. Da su vladali oni sigurno ne bi dopustili slobodne izbore u Hrvatskoj. Međutim, **Tuđman** se ponašao kao da nije uočio tu činjenicu; da je Hrvatska već slobodna od velikosrpske hegemonije. Pametna politika u korist Hrvsteke bi bila da je **Tuđman** nastojao da smiruje situaciju dok ne stabilizira dobitak; slobodnu demokratsku Hrvatsku u njenim "AVNOJ-evskim" granicama. Umjesto toga **Tuđman** je zaoštravao situaciju mijenjajući Ustav u najpovoljnijem trenutku za **Miloševića**. Naime, pedesetogodišnji mir je imao snažnu inerciju. Za prekid toga mira i odlazak iz udobnih stanova u šumu i Srbima je trebalo nešto zaista žestoko, nešto opipljivije od puste **Miloševićeve** želje za Velikom Srbijom. To im je **Tuđman** pružio mijenjajući Ustav tj. gurajući im "ustašku zastavu", "šahovnicu" pod nos, zastavu koja je u srpskoj mitologiji sinonim za pakao. Četnički problemi sa mobilizacijom su prestali kada je **Tuđman** pokušao zabosti "šahovnicu" u Knin.

Pobunjeni Srbi u Hrvatskoj su vrlo brzo zauzeli opštine sa srpskom većinom u Hrvatskoj, pri tome protjerujući Hrvate iz okolnih teritorija, i formirali svoju "državu", "Republika Srpska Krajina". Interesantno je kako se Franjo Tuđman lako pomirio sa gubitkom oko 30% teritorije Hrvatske i potpisao primirje i poveo pregovore o potpisivanju trajnog mira. Još je interesantnije kako je došlo do primirja.

Naime, veliki dio Jugoslovenske narodne Armije se nalazio u kasarnama širom cijele Hrvatske, u okruženju hrvatskih odbrambenih snaga. To je bio veliki problem za potpisivanje primirja, jer Hrvati nisu željeli da te snage puste iz okruženja, znajući da će se pridružiti srpskim snagama u Krajini. U stvari, jedino moguće rješenje je bilo da će se te srpske jedinice predati Hrvatima kada tada u slučaju nastavka rata, isto onako kako su to neke jedinice već bile i učinile, npr. garnizoni u Varaždinu i Zagrebu, vidi https://www.youtube.com/watch?v=L3Vo4HYqF7Y.

Međutim, tada nastupa Predsjednik Predsjedništva Bosne i Hercegovine, Alija Izetbegović i nudi da se te jedinice JNA povuku u Bosnu i Hercegovinu, a ne u Srpsku Krajinu u Hrvatskoj. Time su obje strane u ratu u Hrvatskoj bile zadovoljene, mada nije jasno zašto je **Tuđman** tako olako pustio JNA neoštećenu iz okruženja mnogobrojnih kasarni u Hrvatskoj, te je primirje ubrzo potpisano, 2. Januara 1992. u Sarajevu. Dakle, Bosna i Hercegovina je spasila i dobrovoljno primila na svoju teritoriju opkoljene jedinice JNA iz Hrvatske, među kojima su bile i jedinice koje su se ranije povukle iz Slovenije u Hrvatsku.

Još za vrijeme krvavog rata u Hrvatskoj, analitičari su govorili da je taj rat dječija igra u poređenju sa onim što će se dogoditi u Bosni i Hercegovini. Mnogima je bilo jasno da u Bosni i Hercegovini još nije došlo do rata samo zato što Srbi ne žele da ratuju na dva fronta, te zato nisu još počeli rat u Bosni. Meni je odmah bilo jasno da će rat u Bosni i Hercegovini početi čim stane rat u Hrvatskoj. **Izetbegovićev** potez da izmiri Srbe i Hrvate tako što će primiti jedinice JNA iz Hrvatske u Bosnu, je bio samoubilački potez za Bosnu i Hercegovinu, ali Bošnjaci su još uvijek živjeli u lažnom zanosu da će se to "ludilo rata" zaustaviti na Hrvatskoj, u stvari nisu se usuđivali ni pomisliti da bi se rat mogao dogoditi i u Bosni i Hercegovini. Taj **Izetbegovićev** potez je meni tada značio samo da je Izetbegović nevjerovatno glup čovjek. Tada još nisam pomišljao da je on u stvari u službi velikosrpskog projekta.

Dakle, primirje u Hrvatskoj je stupilo na snagu i rat u Bosni je mogao početi. Čekalo se samo proljeće 1992. pa da Srbi pokrenu rat u Bosni i Hercegovini. Srbi su uvijek u proljeće počinjali svoje ratove, da bi ih završili do zime.

Evo šta o kraju rata u Hrvatskoj piše u slovenačkim udžbenicima, autor Ozren Žunec, redovni profesor Sociologije na Filozofskom fakultetu u Zagrebu, citiramo: "Nedvojbeno je da je do zaustavljanja rata u Hrvatskoj (primirje u Sarajevu, 2. siječnja 1992.

godine) došlo u trenutku i pod uvjetima kad je srpskoj strani prelazak u sljedeću fazu rata, **naime početak rata u Bosni i Hercegovini**, bio značajno olakšan i to sljedećim okolnostima:

1. Srpske snage osigurale su pretpolje i osnovicu za nastavak rata koji se **trebao prenijeti u Bosnu i Hercegovinu.**

2. **Snage JNA koje su u Hrvatskoj bile blokirane do studenog 1991. godine izvučene su u Bosnu i Hercegovinu s kompletnim naoružanjem i zalihama.**

3. **Sarajevsko primirje 2. siječnja 1992. godine došlo je u trenutku kad je značajno oslabila, pa i iščezla inicijativa i zamah srpskih snaga, a HV ojačala brojčano, organizaciono i u naoružanju i opremi, te zabilježila prve pobjede (zapadnoslavonska operacija u prosincu 1991. godine). Primirjem je osigurano dovoljno vremena (tri mjeseca) za nesmetano pregrupiranje srpskih snaga za sljedeću etapu rata."** – **pogledaj link**

https://studentski.net/gradivo/ulj_fif_zg1_szj_sno_vojna_na_hrvaskem_02

(Ukoliko vam se link ne otvori kopirajte i zalijepite ga u vaš internet browser.)

4.3. Tuđmanovo shvatanje "razboritih granica"

Tuđman je sebe nastojao postaviti na pijedestal "oca suvremene Hrvatske". Međutim, jasno je da je Hrvatska dobila samostalnost zahvaljujući Ustavu iz 1972. i amandmanima iz 1974. Velike zasluge za pokretanje promjena Ustava koje su na kraju rezultirale Ustavom iz 1972. i Amandmanima iz 1974. ima tzv. Masovni pokret iz 1971. **dr. Savke Dabčević Kučar, dr. Mike Tripala, dr. Ivana Supeka, Dražena Budiše, Ivana Zvonimira Čička, Marka Veselice,** i ostalih hrvatskih patriota od kojih su mnogi i danas politički aktivni. Mada su ih tada uklonili sa vlasti u Hrvatskoj **Tito i Kardelj** su ustavnim promjenama koje su bile dovršene 1974. uglavnom ispunili zahtjeve "Masovnog pokreta". Da te promjene Ustava ne bi ostale mrtvo slovo na papiru zahvaljujemo vještoj političkoj borbi slovenačkih komunista predvođenih **Milanom Kučanom,** hrvatskih komunista oko **Ivice Račana,** makedonskih komunista oko **Kire Gligorova** i dijela bosanskih komunista okupljenih oko **dr. Nijaza Durakovića.** Oni su uspjeli dokinuti jedini preostali politički cement Jugoslavije takozvani "demokratski centralizam u Savezu komunista Jugoslavije". Ta borba je rezultirala slobodnim izborima u jugoslovenskim republikama, što je po definiciji značilo slobodu.

Tuđmanova politika prema Bosni i Hercegovini odražava **Tuđmanovo** shvatanje države. Naime, u **Tuđmanovoj** doktorskoj disertaciji se kaže da državne granice, koje su najčešće proistekle iz povijesti, treba promijeniti da bi se dobile "razborite", etničke granice. Navodno zato je **Tuđmanu** bilo mnogo više stalo do dijelova Bosne i Hercegovine naseljenih Hrvatima nego do "AVNOJ-evskih", internacionalno priznatih granica Hrvatske. Mada nikada nije otvoreno rekao, on je svojim djelima, tj. dogovorima sa Miloševićem i krajinskim Srbima pokazao da će se bez problema odreći i dijelova Hrvatske sa većinskim srpskim stanovništvom.

Milošević i Srpska akademija nauka i umjetnosti (SANU) dobro su znali da su AVNOJ-evske granice jugoslavenskih republika i pokrajina i princip međunarodnog prava o nepromjenljivosti državnih granica (republike su bile države) glavna prepreka stvaranju Velike Srbije. Zato je **Tuđmanov** stav o "razboritim granicama" bio pravo osvježenje u velikosrpskom projektu. Ne treba se stoga ni malo čuditi zašto je **Tuđmana** sudio **Tito,** tvorac Ustava iz 1974.

Sjetimo se da je uoči višepartijskih izbora **Tuđman** bio neometan od policije koja je bila pod srpskom kontrolom, i čak su mu pomogli da dođe na čelo HDZ-a tako što su zabranili legitimnu osnivačku skupštinu zakazanu za 17. lipnja (juna)

1989., da bi onda **Tuđman** bio izabran za lidera HDZ-a na tajnom sastanku na kojem su učestvovali samo ljudi iz njegove malobrojne frakcije. To je bio prevrat u režiji tajne policije, koja je bila u rukama Srba, kojim je **Tuđman** preuzeo HDZ od dotadašnjeg najozbiljnijeg kandidata za lidera, **Marka Veselice**.

Prirodna posljedica **Tuđmanovog** shvatanja "razboritih granica" je **Tuđmanov** sastanak sa **Miloševićem** u Karađorđevu početkom 1991., kada je dogovarana podjela Bosne i Hercegovine. To je na kraju dovelo do otvorenog **Tuđmanovog** savezništva sa **Miloševićem i Karadžićem** u ratu protiv Bosne i Hercegovine. Time je **Tuđman** negirao hiljadugodišnje iskustvo civilizacije koje je dovelo do današnjeg principa o nepromjenljivosti granica i umjesto toga počeo svoj i Miloševićev projekat u Hrvatskoj i Bosni i Hercegovini. U tom projektu su najgore prošli Hrvati u Bosni i Hercegovini. Izgubili su najbolju zemlju u Posavini, koju je **Tuđman** dao za koridor prema srpskim krajinama u BiH i Hrvatskoj, da bi im za uzvrat u kamenitoj Hercegovini izgradio par sela u dolini Neretve koja su po komunističkom maniru dobila imena kao **Bobanovo i Šuškovo**.

Kasnije **Tuđmanovo** savezništvo s **Izetbegovićem** nije u suprotnosti s njegovim osnovnim ciljem podjele Bosne i Hercegovine. Naime, i to savezništvo je napravljeno sa čovjekom koji dijeli Bosnu i Hercegovinu.

5

Novi svjetski poredak

Sve do raspada Sovjetskog Saveza svijet je funkcionirao u poretku koji se najčešće karakterizira sintagmama "ravnoteža straha" ili "hladni rat". Mada je svijet tada bio politički podijeljen između dva strahovito naoružana i međusobno suprotstavljena bloka u tom periodu je u Evropi bio najduži mir u istoriji. Zašto? Europa je bila izuzetno značajna i svaka vojna akcija u Europi bi značila narušavanje interesa nekog od blokova, tj. neke od dviju svjetskih supersila SAD-a i SSSR-a.

Karakteristika perioda "hladnog rata" je da internacionalno (međunarodno) pravo nije važilo kada su interesi nekog od blokova bili u pitanju. To se najčešće ispoljavalo zloupotrebom prava veta stalnih članica Savjeta sigurnosti. Nije bilo nikakve sumnje u sovjetski tj. ruski veto ako bi neka rezolucija Savjeta sigurnosti bila uperena protiv nekog prosovjetskog režima bilo gdje u svijetu, bez obzira da li se taj režim ogriješio o međunarodno pravo ili ne. S druge strane Sjedinjene Američke Države se nisu obazirale na međunarodno pravo i svoj ugled kada je trebao američki veto da se zaštiti Izrael u nelegalnom uzimanju palestinske zemlje. Kada se raspao Varšavski pakt, a potom i Sovjetski Savez, postavilo se pitanje kako će ubuduće svijet funkcionirati kada više nema ravnoteže između blokova? Da li će jedini preostali vojni blok Sjevernoatlantski pakt (NATO) koji je ekonomski porazio drugu stranu iskoristiti šansu i zavladati svijetom.

Tada je predsjednik Sjedinjenih Američkih Država **George H. Bush** lansirao tezu o "novom svjetskom poretku" (skraćeno NWO od New World Order). Formula je vrlo jednostavna. "Novi svjetski poredak" je vladavina normi internacionalnog (međunarodnog) prava. To znači da su države članice Ujedinjenih nacija dužne poštovati internacionalne zakone i da će za kršenje tih zakona biti kažnjavane. Dakle, brišu se stara savezništva i stara neprijateljstva. Članice UN-a su dužne ponašati se prema nekoj državi u ovisnosti da li ista narušava neku od normi internacionalnog prava ili ne. Kao što je u građanskom pravu sudija dužan osuditi krivca, a zaštititi žrtvu bez obzira na boju kože, nacionalnost, religijsku pripadnost žrtve ili krivca, tako je i u međudržavnim odnosima postalo nevažno da li je neka država bila saveznička ili ne, ili je katolička, budistička ili muslimanska ili je stanovništvo bijelo ili crno ili je sistem socijalistički ili kapitalistički. Postalo je važno samo to da li država krši ili ne krši norme internacionalnog prava, tj. principe Povelje Ujedinjenih nacija i pridruženih konvencija, kao i pravosnažne sporazume između država, ukoliko sporazumi nisu u suprotnosti sa Poveljom UN i pridruženim konvencijama. To je bio ideal Novog svjetskog poretka.

Zato je krupni Američki kapital kojega je predstavljao republikanac George H. Bush odabrao upravo takav put? Odgovor je veoma jednostavan: zato što je vladavina reda i zakona u svijetu najveći američki interes. Pokušaću to objasniti.

Kada američka banka da dugoročni kredit nekoj državi ili kompaniji trećega svijeta da se izgradi luka, pruga ili fabrika, banka će na kraju zbog kamata dobiti 3-4 puta više nego je uložila. To znači da zemlje trećeg svijeta kad god na stranom kreditu izgrade prugu ili luku, usput izgrade 2-3 takva objekta zajmodavcu, zavisno od visine kamate. To je zato što se takvi krediti isključivo daju sa složenim kamatama (compound interes), koje su nekoliko puta veće od dolarske inflacije. Veoma često se događa da se krediti reprogramiraju zbog problema sa vraćanjem. To samo znači da interes raste i da se dugovi povećavaju, tj. siromašni veoma često samo rade za otplatu interesa, a pri tom glavnica ostaje netaknuta. Danas američke financijske kompanije ubiru 3-4 puta više novaca od dužnika, nego što su im dale prije 20, 30 ili 40 godina. Kao što je vladavina zakona u jednoj državi najbolja garancija da će računi građana biti uredno plaćani, tako je i vladavina internacionalnih (međudržavnih) zakona u svijetu najbolja garancija da će međudržavni računi biti uredno plaćani. Krupni kapital zna da je za nastavak takve idile važno kontrolisati i onemogućavati sve one koji prave probleme i destabiliziraju mir u svijetu.

Prvi put je "novi svjetski poredak" demonstriran u "zaljevskom ratu". Taj rat su vodile Ujedinjene nacije kao kažnjavanje Iraka zbog agresije na Kuwait i kao zaštitu granica suverene države Kuwaita. Za nas je posebno interesantno da je "novi svjetski poredak" odigrao značajnu ulogu u jugoslovenskoj krizi. Zahvaljujući principima "novog svjetskog poretka" dogodilo se da Rusija, Engleska, Francuska i mnogi drugi srpski "saveznici" i historijski prijatelji priznaju Bosnu i Hercegovinu. Zahvaljujući tim principima dogodilo se da Rusija ne stavi veto na ekonomske sankcije koje su nametnute Jugoslaviji kao kazna za agresiju na internacionalno priznatu državu Bosnu i Hercegovinu. U vrijeme "hladnoga rata" i "ravnoteže straha" bilo je nezamislivo da Sovjetski Savez glasa u Savjetu sigurnosti protiv nekog svog saveznika. Rusko priznanje Bosne i Hercegovine, kao i glas Rusije za uvođenje ekonomskih sankcija svojim vjekovnim saveznicama Srbiji i Crnoj Gori su najbolji dokazi da je "Novi svjetski poredak" bio ozbiljno shvaćen, na najvažnijem mjestu, od strane druge vojne

37

supersile. Baš zato je Bosna i Hercegovina, kao država koja je bila žrtva agresije, mogla i morala izvući mnogo više koristi od principa "Novog svjetskog poretka". Amerikanci su bili voljni kazniti i Srbiju kao i Irak. Kako je Bosna i Hercegovina propustila tu šansu? Na to pitanje će biti odgovoreno u poglavlju "Pregovori" u ovoj knjizi.

Da bi shvatili politiku koja se vodila oko rata u Bosni i Hercegovini, osnovni principi internacionalnog prava koje trebamo imati na umu su a) Princip nepromjenjivosti granica, i b) Princip ne miješanja u unutrašnje stvari država. Po tim principima, ni granice ni ustavi država se ne mogu mijenjati silom, tj. agresijom, nego samo u legalnoj proceduri ili dobrovoljnim dogovorom između legitimnih subjekata. Upravo zato je Srbima bilo toliko stalo da na čelo susjednih republika i pokrajina, još dok je postojala Jugoslavija, postave ljude kao sto su Tuđman, Izetbegović i Rugova, koji pristaju da sa Srbima pregovaraju o promjenama legalnih, tj. istorijskih, AVNOJ-evskih granica i legitimnih ustava u svojim entitetima u jugoslovenskoj federaciji, SFRJ. Sjetimo se, jugoslovenske republike i pokrajine su praktično bile države, a potencijalno i nezavisne države ukoliko odluče da iskoriste svoje ustavno pravo na razdruživanje od SFRJ. Upravo zato što su pregovori bili jedini put do promjene Ustava RBiH i do etničke podjele države, ti pregovori su tako brzo počeli, još prije rata i bez ikakvog Izetbegovićevog protivljenja crtanju granica "etničkih teritorija" u Bosni i Hercegovini.

Kada je u pitanju rat u Bosni i Hercegovini, veoma značajnu ulogu igra i "Bečka konvencija o Internacionalnim ugovorima" iz 1956. Ta konvencija je teško narušena na pregovorima o preuređenju BiH jer Alija Izetbegović nije zastupao legitimnu volju naroda BiH, koja je ustanovljena na Referendumu o nezavisnosti kada se narod izjasnio za integralnu Republiku BiH. Umjesto toga, Izetbegović je, gdje god se odlučivalo o BiH, sve činio da legalizuje srpsku okupaciju što većeg dijela Bosne i Hercegovine, da svojim potpisima osnuje Republiku srpsku, dok je na javnim nastupima varao i bosanski narod i internacionalnu zajednicu da se bori za integralnu Republiku BiH.

U cilju osnivanja Republike srpske još jedna ključna konvencija UN-a je pogažena. To je Konvencija o sprječavanju i kažnjavanju zločina genocida iz 1948. godine.

Agent Republike BiH na Internacionalnom sudu Pravde u Hagu (International Court of Justice - ICJ), američki profesor internacionalnog prava, Francis A. Boyle, je tužio Srbiju (Krnju Jugoslaviju) za genocid u Bosni i Hercegovini i već početkom 1993. blistavo dobio dva prva ročišta na tom sudu. Srbija se tada našla u zaista kritičnoj situaciji, jer je zločin genocida najteži mogući zločin za kojega može biti osuđena neka država na tom najvažnijem sudu na svijetu, tzv. Svjetskom sudu. Međutim, prof. Boyle je tada naglo smijenjen od strane Izetbegovića, a Tužba za genocid je od tada pa nadalje sabotirana od strane BiH vlasti, ali je nisu uspjeli potpuno ukinuti jer je bosanski narod obaviješten o njenom postojanju i značaju, te bi njeno ukidanje bila očigledna izdaja naroda i države.

6

Rat u tuzlanskoj regiji

6.1. Patriotska liga u Tuzli

Kao i svugdje u Bosni i Hercegovini i u Tuzli su Srbi imali apsolutnu vlast u miliciji i vojsci. Zato je Patriotska liga (PL) djelovala u uslovima ilegale. Od osnutka Patriotske lige u Tuzli bio sam u najužem Rukovodstvu, u Predsjedništvu političkog dijela PL-a. Kada je počeo masakr u Bijeljini na 4. aprila 1992. počele su beskrajne neprospavane noći. Štab je bio u prostorijama SDA, imali smo telefonsku vezu sa Bijeljinom, a naredbe smo primali faksom od **Keme i Halila**. **Kemu** sam jednom lično upoznao, a nikada mu nisam znao pravo ime. **Halil** je bio **Sefer Halilović**. Naš prvi komandant je bio jedan jako sposoban organizator po imenu **Adnan** iz Modriče koji je ubrzo zamijenjen **Vahidom Karavelićem - Vahom**. Budući da smo radili u uslovima "ilegale", Vaha se najčešće skrivao kod hirurga **Fazlića** u Solini, čovjeka koji je kasnije u ratu osnovao nekoliko poljskih bolnice Armije R BiH od Gradačca do Srebrenika. Pošto je Solina dosta daleko od centra, a u to vrijeme nije bilo ni goriva, Vaha je spavao kod mene za vrijeme bijeljinskih događaja. To je bilo doista rizično. Zgrada komande tuzlanskog korpusa JNA je susjedna mojoj zgradi, a policija (SUP) u neposrednoj blizini s druge strane. Vaha je bio tih čovjek, ni nalik na komandanta ilegalne vojne jedinice. Sjećam se jedne epizode koja odlično karakteriše **Vahida Karavelića.**

Za vrijeme srpskog pokolja Bošnjaka na početku aprila 1992. u Bijeljini pred prostorijama SDA Tuzle skupilo se puno omladinaca Tuzlaka, i nenaoružanih pripadnika naše jedinice patriotske lige. Ne znamo kako, ali tu su se našla i dva naoružana Srbina iz Lopara. Vjerovatno su pogriješili mjesto jer se u istom tuzlanskom parku nalazi Vladikin dvor, pravoslavna crkva i prostorije SDS-a. Jednoga od njih je prepoznao jedan naš momak koji je prije rata bio premlaćen na planini Ozren od grupe četnika. Njih dvojica su bili naoružani revolverima. Nastala je opšta gužva u kojoj su ih naši momci uhvatili. U toj gužvi niko nije komandovao. Vaha je posmatrao kao da se to njega ne tiče. Ja sam mu rekao. "Komanduj čovječe." On je odgovorio: "Predao sam dužnost Senadu." (**Mehdin Hodžić** zvani Senad je bivši policajac iz Makarske koji je dobrovoljno došao da se bori za Bosnu i Hercegovinu.) Budući da Senada nije bilo trenutno tu, u opštem metežu četnike nismo čak ni pretresli ni razoružali. U pola saslušanja sam ja slučajno primijetio da oni imaju revolvere zadjenute za pojasom iza leđa ispod vindjakni. Tek tada smo ih razoružali. Da su oni bili malo prisebniji mogli su nas pobiti, budući da mi nismo bili naoružani. Kada su naši momci htjeli trajno zadržati pištolje te dvojice četnika Vahid Karavalić je tražio da im se vrate jer su imali uredne dozvole Sekretarijata unutrašnjih poslova (SUP-a) Lopara za te pištolje. Tih dana četnici ubijaju naše Bijeljince, a mi treba da pustimo četnike i da im čak vratimo lično naoružanje?! Tada sam ja rekao Vahi: "Hajde da se dogovorimo da ćemo im vratiti oružje ako ga oni zatraže kada ih budemo puštali, a ako ga ne budu tražili da ga zadržimo." Naravno četnici se nisu nadali ni da ćemo ih žive pustiti, a kamo li da ćemo im još i oružje vratiti. Presretni su upalili Ladu Nivu (kola ruske proizvodnje) i otišli. Da smo ih barem zamijenili za neke Bijeljince. Mogli smo barem dva bošnjačka života spasiti. Ova epizoda najbolje karakteriše **Vahida Karavelića - Vahu** čovjeka koji je sposoban da "igra" isključivo po pravilima igre, da poslušno izvršava naređenja pretpostavljenih. Nije slučajno da su **Izetbegović** i njegov poslušni komandant Armije RBiH, **Rasim Delić** iskoristili upravo njega na kraju rata da discipliniraju naše komandante **Dudakovića i Alagića** i zaustave ih pred Prijedorom i Banjalukom.

Pri tome mislim na događaje s kraja rata kada je **Izetbegović** u jeku četničkih poraza dogovorio da ratne operacije prestanu 10. oktobra 1995, da bi zaustavio Armija RBiH i sačuvao podjelu BiH u proporciji 51%-49%. **Vahid Karavelić** je bio **Izetbegovićev** poslušnik, poslan iz Sarajeva sa zadatkom da na terenu ubijedi neposlušne komandante Armije R BiH da stanu sa napredovanjem protiv već razbijenih četnika.

Ovdje bih rekao nekoliko rečenica o **Mehdinu Hodžiću** zvanom **Senad.** On je bio policajac u Makarskoj. Kada je shvatio da će u Bosni i Hercegovini izbiti rat došao je i stavio se Patriotskoj ligi na raspolaganje. Nije bio oženjen i cijeli dan je radio na organizaciji naše jedinice. Živio je bez ikakvih primanja, na rubu gladi. Iako je SDA stranka imala pravo da zaposli izvjestan broj svojih kadrova u regionalni Sekretarijat unutrašnjih poslova (SUP), iako je **Mehdin** bio iskusan i stručan policajac, uvijek bi se našao neko preči. Na kraju sam ja odlučio da nešto pokušam. Otišao sam do mog tadašnjeg prijatelja **Mirsada Berberovića,** zeta **Alije Izetbegovića.** Kada sam mu rekao za **Senada,** on je nazvao nekog **Sabrihafizovića** i poslije pet minuta razgovora telefonom saopštio mi da će stvar biti u redu. Nažalost, **Senad** nije dočekao da se to realizuje. Herojski je poginuo na samom početku rata u okolini Sapne kod Zvornika uništavajući dva tenka Jugoslovenske narodne armije.

Iz ove epizode se može vidjeti kako se formirala sadašnja BiH vlast; isključivo porodičnim vezama **Izetbegovićeve** familije. **Izetbegović** je u stvari formirao privatnu, a ne muslimansku državu. Zato je ta vlast tako odana **Izetbegoviću.**

Vratimo se Patriotskoj ligi u Tuzli. Sve akcije koje je **Vaha** planirao bile su jako komplikovane. On je koristio svoja školska znanja koja su se odnosila na dobro organizovanu i uvježbanu vojsku. Takve akcije nisu mogli izvoditi civili koji su sami sebi kupili puške i nisu imali vojne obuke. Mi nikako nismo uspjeli pomoći Bijeljini, a Srbi su autobusima prolazili stotinjak metara od nas idući s Ozrena na Bijeljinu. Mogli smo i trebali smo postaviti rampu na putu i zaustaviti ih. To vjerovatno ne bi pomoglo Bijeljincima, ali smo zbog dostojanstva našeg naroda to morali učiniti. To su nam i poručili Živiničani, pravi borci od kojih je kasnije formirana jedinica "Živiničkih osa". Oni su poručili: "Mi smo radi blokirati sve puteve u našoj opštini i tako blokirati JNA i opkoliti srpska sela kao što oni opkoljavaju naša." Međutim ništa od toga. I dalje su četnici nas blokirali, a slobodno prolazili kroz bošnjačka naselja do ratišta na Kupresu, Bosanskom Brodu i Bijeljini, dok smo mi planirali neizvodljive akcije deblokada.

Koliko je **Vahid Karavelić** bio nespretan tada u početku rata biće jasno kada kažem da su ga u njegovom štabu u Živinicama tokom jednih pregovora zarobili jedan oficir JNA i dva njegova pratioca. Kasnije je Vaha zamijenjen za nekog pukovnika JNA.

Akcija pružanja pomoći Bijeljini nije uspjela jer je bila zamišljena tako da je kiks jednog čovjeka ili jedne jedinice mogao potpuno upropastiti savršen rad ostalih. U toj akciji su zakazali braća **Ramić,** rukovodioci SDA Brčkog, koji nisu dozvolili da akcija krene iz njihove opštine jer bi se "JNA mogla naljutiti" na njih. Oni su mislili da će svojom finoćom odvratiti četnike od Brčkog.

U Brčkom su naši borci bili zauzeli položaje u betonskim zgradama i spremili se za odbranu grada. Brčko se dobro naoružalo jer je blizu Hrvatske. Kasnije, cijeli rat su Brčaci držali 80% teritorije svoje opštine, iako je to teritorija koridora i od vitalnog je interesa za Srbe. Stotinu osma brčanska HVO brigada, sastavljena od Bošnjaka i Hrvata, je odbila nebrojene četničke pokušaje da prošire koridor. Isto tako su mogli odbraniti i preostalih 20% svoje opštine ili se organizovano povući da braća **Ramić** nisu po Izetbegovićevom naređenju pregovarali sa JNA. Oficiri JNA su ih lahko prevarili i Brčaci su se povukli sa već pripremljenih položaja odbrane grada. Čim su se naši povukli JNA je zauzela Brčko i zajedno sa lokalnim Srbima pobila hiljade Brčaka na stratištima kao što su Bimexove kafilerije, u konclogor Luka, Brezovo polje…. Ja ovdje braću **Ramić** optužujem za karijerizam koji je koštao Bošnjake toliko života. Braća **Ramić** su ljudi koji će sve učiniti da se popnu koju stepenicu više u karijeri. Nažalost popeli su se na položaje kojima nisu bili dorasli, što je svojim životom platilo hiljade Brčaka. Karijere braće **Ramić** su tipične karijere **Izetbegovićevih** kadrovika. Nadajmo se da će braća **Ramić** i svi slični **Izetbegovićevi** karijeristi nekada biti izvedeni pred sud da odgovaraju za tolike smrti izazvane njihovim bolesnim ambicijama za vlašću. Međutim, Patriotska liga je imala i uspjeha. Neki naši momci su samoinicijativno išli u akcije otimanja oružja od SDS-ovih stražara i od milicionara. Osim toga, u Tuzlu je dovoženo oružje iz Visokog. Nemoguće je bilo doći od Visokog do Tuzle, a da se ne prođe kroz srpsko mjesto Vozuću u kojem su već postojale četničke jedinice. Dobro se sjećam da je upravo onih dana kada je trajao pokolj u Bijeljini profesor Rudarskog fakulteta **dr. Sadudin Hodžić** prevezao jednu pošiljku pušaka M48 kroz Vozuću. Tada je **prof. Hodžić** rizikovao život za Bosnu i Hercegovinu.

Kasnije u prvim borbama naša jedinica PL je ostala na okupu kao jedinica Armije BiH i odigrala je ključnu ulogu u oslobađanju Dubnice kod Kalesije i Požarnice kod Tuzle kao i još mnogih drugih kota na Majevici i Ozrenu.

Nadam se da sam barem donekle uspio dočarati početničku neorganizovanost i amaterizam odbrambenih snaga Bosne i Hercegovine, ali koje su vrlo brzo učile i pretvarale se u pobjedničku snagu rata u BiH.

6.2. Napad na prostorije SDA Tuzle

Napad tuzlanske milicije koja je još bila pod kontrolom Srba na prostorije SDA Tuzla dogodio se 5. aprila, istog dana kada su četnici završili pokolj u Bijeljini i opkolili Janju. Kako je došlo do toga?

Budući da je na prvim višestranačkim izborima od 18. novembra 1990. SDA pobijedila u sjeveroistočnoj Bosni prema dogovoru sa SDS-om i HDZ-om imala je pravo da postavi neke kadrove u regionalni SUP. Bez obzira što je prije Bajrama u Bijeljini počeo pokolj Muslimana, neki od SDA kadrova su uzeli slobodne dane za Bajram. Kada nam je u prostorijama SDA jedan od njih, **Alija Muminović**, koji je ujedno poslanik Skupštine BiH, rekao da za Bajram neće raditi, ja sam doživio pravi šok. On je dobio posao u SUP-u da bi pomogao Bošnjacima u kritičnim momentima, a on uzima slobodne dane u najkritičnijem momentu za sjeveroistočnu Bosnu. Da li **Alija Muminović** stvarno nije imao pojma o značaju trenutka, ili je možda imao nečije instrukcije da preko Bajrama ne bude u prostorijama milicije? Budući da **Alija Muminović** nije bio glup čovjek, očigledno je bio uključen u velikosrpski projekat.

Sestra mi je pričala da je i ona doživjela sličan šok kada je za taj Bajram nazvala svoju dobru prijateljicu, **Nermu Bičakčić** sestru Izetbegovićevog najbližeg saradnika **ing. Edhema Bičakčića**. Uvjerila se da bajramskim pokoljem u Bijeljini nimalo nije pomućeno bajramsko slavlje u porodici **Bičakčić** kada joj je **Nerma** rekla da ne želi da priča o Bijeljeni jer slavi Bajram. I općenito, u onim mjestima koja još nisu napadnuta Bošnjaci su živjeli kao da se ništa ne događa u napadnutim dijelovima BiH, nespremni da se suoče sa sudbinom. To je onaj bošnjački komoditet koji se, eto, ne napušta ni u ovakvim situacijama. To je onaj mentalitet koji je stvorio poslovice "Nije Švabo na Husinu" i "Samo se umrijeti mora". Zbog tog mentaliteta ostali iz BiH vlasti ne pokušaju zaustaviti **Izetbegovića** u podjeli domovine, jer bi se tada, ne daj Bože, morali konfrontirati i "nasekirati". S druge strane imamo mentalitet jednoga **Šešelja** koji je za svoje srbovanje žrtvovao poziciju profesora na fakultetu i stan u Sarajevu davno prije rata. Nas nije ni ovaj rat osvijestio.

Kada sam već spomenuo **Aliju Muminovića** volio bih napomenuti još neke događaje u vezi s njim. Kada je poznati novinar *NewsDay*-a Roy Gutman posjetio Tuzlu prvi put u ljeto 1992. ja sam ga obavijestio da je tuzlanska milicija zaplijenila SDS-ov spisak Bošnjaka Tuzlaka koje su četnici planirali likvidirati kada zauzmu Tuzlu. Ja sam za pomenuti spisak saznao jednom prilikom u prostorijama SDA kada mi je rečeno da je i moje ime na spisku. **Roy Gutman** je pokazao izuzetno interesovanje za taj spisak i ja sam ga odveo do **Alije Muminovića. Alija** nas je primio i potvrdio da spisak postoji i da je i moje ime na spisku za likvidaciju. Poslije kraćeg razgovora u njegovoj kancelariji rekao je da dođemo sutradan da bi **Gutman-u** pokazao spisak. Sutradan se **Gutman-u** pružila prilika da ode na teren s nekom jedinicom Armije BiH, pa me zamolio da ja sam odem po pomenuti spisak. Kada sam došao do **Alije Muminovića** on je rekao da nam spisak ne može niti pokazati niti kopirati. Nije htio dati nikakvo obrazloženje za to. Nameće se pitanja: Da li taj spisak uopšte postoji? U slučaju da postoji zašto ga **Alija Muminović** nije htio predočiti novinaru iz svijeta?

Vratimo se tuzlanskim događajima. Zbog bajramskih praznika u stanici milicije tih dana nije bilo rukovodilaca Bošnjaka, osim načelnika **Hazima Rančića** i komandira stanice milicije **Meše Bajrića. Meša Bajrić** je bio komunistički delegat u Skupštini Opštine Tuzla, koja je tog popodneva imala zasjedanje. Ja sam se tog popodneva nalazio u prostorijama SDA Tuzle. Sjećam se da je tu bio i **Salko Bukvarević,** predsjednik "Muslimanskog omladinskog saveza" (MOS) i da je naša jedinica Patriotske lige bila pod oružjem zbog situacije u Janji. Ispred zgrade je bio naoružan stražar. Negdje oko 16:00 dolazi uzbuđen **Hazim Rančić** da nam kaže da se ne pokazujemo s oružjem jer uznemireni građani Srbi zovu miliciju i protestuju zbog "Zelenih beretki". Budući da je **Meša Bajrić** bio na sastanku Skupštine Opštine Tuzle, taj izlazak **Hazima Rančića** učinio je da u tom trenutku nije bilo ni jednog Bošnjaka rukovodioca u Stanici milicije Tuzla. To su iskoristili SDS-ovi kadrovi u miliciji i izdali naređenje milicionerima da krenu da razoružaju Patriotsku ligu. Dok smo mi razgovarali s **Rančićem** u sobu utrčava stražar i uzbuđeno govori da milicija opkoljava zgradu. Ja sam istoga trena istrčao iz zgrade SDA i koristeći zbunjenost milicije pobjegao iz obruča. Odmah sam otišao u salu Radničkog univerziteta, gdje se održavala Skupština Opštine Tuzla i obavijestio predsjednika SDA Tuzle **dr. Saliha Kulenovića.** Predsjednik Skupštine Opštine Tuzla, **mr. Selim Bešlagić,** je odmah pokrenuo raspravu o aktualnoj situaciji. Delegati su brzo odlučili da se ide u komandu korpusa da se traži zaštita od JNA. Stalno **Izetbegovićevo** ponavljanje da je JNA nešto drugo od četnika odigralo je ulogu. Uspaničeni ljudi počinju da vjeruju u riječi koje im daju lažnu nadu. Međutim, kada je izgledalo da je sve propalo, spas je došao od naroda. Momci koji su ostali u zgradi su telefonirali ograncima SDA po tuzlanskim predgrađima. Odatle je krenula masa ljudi koja je rastjerala miliciju. Taj događaj je donio preokret u Tuzli. Naime, do tada su Tuzlaci bili podijeljeni na "lijeve stranke", s jedne strane i SDA, s druge. Te noći sam ja shvatio da i među "lijevim strankama", reformistima i komunistima u Tuzli također prevladavaju oni koji su za nezavisnu Bosnu i Hercegovinu. Naime, u prostorije SDA je došao **mr. Selim Bešlagić,** gradonačelnik Tuzle, reformista. On je tada predložio da se pitanje paravojske Patriotske lige, koja hoda naoružana po Tuzli, riješi tako što će cijela jedinica biti prevedena u rezervnu miliciju i dobiti svoju kasarnu na jednome brdu iznad Šičkoga Broda. Shvatajući značaj legalnosti naših snaga ja sam se svojski založio da SDA prihvati to rješenje. Naime, bilo je nekih usijanih glava u SDA, najčešće među nedovoljno obrazovanim ljudima, koji su bili mnogo zagrijaniji za svoj mahalski rat s "komunjarama" nego sa četnicima. **Dr. Salih Kulenović,** predsjednik SDA Tuzle, se također zalagao za prijedlog **Selima Bešlagića.** Kada sam kasnije posjetio kasarnu naših momaka koju nam je **Bešlagić** dao na brdu iznad raskrsnice "Šički Brod", shvatio sam da je to najvažnija strateška tačka u regiji. Naime, odatle su vam kao na dlanu putevi Tuzla-Sarajevo, Tuzla-Lukavac-Doboj i Tuzla-Srebrenik-Gradačac kao i Hloralkalni kompleks (HAK), Termoelektrana itd.

Dok je u prostorijama SDA trajao sastanak s **mr. Selimom Bešlagićem** ispred zgrade je narod demonstrirao. Čula se samo jedna parola: "Hoćemo oružje." Ljudi su mislili da u zgradi ima mnogo oružja i postojala je opasnost da provale. Tada sam ja izašao da smirujem narod. Prvi i jedini put u životu govorio sam masi naroda na mitingu. Objasnio sam ljudima da je njihovo oružje Teritorijalne odbrane. Da su to oni kupili svojim sredstvima baš da bi ga imali u ovakvim slučajevima da zaštite narod. Da je JNA na prevaru uzela to oružje i da ga drži u kasarni na Kozlovcu. Umjesto ovdje, trebaju demonstrirati pred komandom Tuzlanskog korpusa JNA i zahtijevati da se vrati oružje Teritorijalne odbrane.

Budući da je pijaca blizu prostorija SDA mnogi "pijačani" su učestvovali na tom mitingu. Pijačanima u Tuzli zovu one koji žive od pijace, bilo da trguju voćem, povrćem, švercovanom robom ili devizama. Mnogi među njima su smatrani kriminalcima. Međutim, to nije smetalo **Selimu Bešlagiću** da se sastane sa švercerima deviza. Pričalo se da se dogovorio s njima da oni hvataju švercere devizama koji su dolazili iz Srbije. Naime, štamparija novca je bila u Beogradu, u srpskim rukama, i **Miloševićeva** je vlast štampala ogromne količine bezvrijednih dinara za koje je kupovala velike količine deviza i ostale robe u Bosni i Hercegovini. Kad se samo sjetim da **Izetbegović** ni tada, kada je rat u BiH već počeo i kada je Bosna i Hercegovina već bila priznata još uvijek nije uvodio bosanskohercegovački novac.

Tih dana je gotovo svakog vikenda padala po jedna bosanska čaršija četnicima u ruke. Bosanske čaršije nisu bile tako loše naoružane da bi se bez otpora predavale. Scenario je bio uvijek isti, u Zvorniku, Višegradu, Brčkom... Naši ljudi bi zauzeli pozicije da se brane. Četnici traže da se pregovara o podjeli grada. Iz "Centrale SDA u Sarajevu" stiže savjet da se pregovara. Četnici neće da pregovaraju dok naši ne siđu s dominantnih položaja. Naši silaze sa položaja. Tada četnici napadaju nebranjeno mjesto i masovno ubijaju. U suštini ista taktika im je uspjela i prilikom dogovornog razoružanja Srebrenice kasnije, u maju 1993., a zatim zauzimanja u julu 1995. Neko će reći: "Kakav glup narod." Međutim, narod nema mogućnosti da donosi odluke osim preko svojih političara. U slučaju Bosne i Hercegovine, gotovo svo odlučivanje je bilo u rukama **Alije Izetbegovića**, i njegovih savjetnika, obavještajaca, specijalaca KOS-a, ljudi kao sto su pukovnici JNA **Fikret Muslimović, Enver Mujezinović** i drugi, pogledajte npr. knjigu Bosna u kandžama KOS-a, Munira Alibabića - Munje. Kada god su odlučivali drugi, npr. **Halilović, Dudaković, Alagić, Bešlagić** i mnogobrojni lokalni komandanti, ne pitajući Izetbegovića, Armiji je išlo dobro.

Pomenutom taktikom pregovora i napada Bosna i Hercegovina je bila gotovo potpuno opkoljena već sredinom aprila. Jedini put kojega četnici nisu kontrolisali je bio tzv. put spasa. To je bio splet seoskih puteva preko planine Vran. Tim putem sam izveo svoju familiju u izbjeglištvo u Hrvatsku 14. i 15. aprila 1992. Cijeli dan sam putovao kroz srednju Bosnu. Jedino se moglo proći rutom: Tuzla -Olovo - Vareš - Breza - Visoko - Busovača - Novi Travnik - Pavlovica planina - Prozor - Jablanica - Vran planina - Posušje - Imotski.

Osnovna impresija je bila da su Hrvati spremni dočekali rat. Na bezbrojnim punktovima su nas kontrolisali vojnici Hrvati obučeni u maskirne uniforme. Bošnjaci su imali mnogo manje punktova i bili su uglavnom u uniformama rezervne milicije. To su bili zvjezdani trenuci hrvatsko-bošnjačkog prijateljstva. Strah od krvožednih četnika je stvarno zbližio njihove žrtve. Možete misliti koliko ih je zajednička nesreća zbližila kada je meni jedan hrvatski vojnik na Vran planini kod jezera, gledajući u moju ličnu kartu u kojoj piše da sam rođen u Beogradu i da mi je ime Muhamed, u šali rekao: "Po mistu rođenja bi te odma strilja, ali ime ti valja." U stvarnosti ni Srbi nisu imali nikakvih problema na tim punktovima, niko nije bio maltretiran na putu u izbjeglištvo. Cijelu noć smo putovali kroz ratom zahvaćenu zapadnu Hercegovinu. U autu nisam čuo kada je zbog bombardovanja obližnje luke "Ploče" dana "zračna uzbuna" i vozio sam ne gaseći svjetla. U ratnoj psihozi i strahu od špijuna zaustavila me ljutita patrola sa uperenim cijevima. Ponovo mi je ime Muhamed pomoglo. Tada su i u Zapadnoj Hercegovini Bošnjaci (Muslimani) bili smatrani saveznicima.

Samo jedan dan sam se odmarao u Orebiću u Hrvatskoj i odmah se vratio u Tuzlu. Rastanak s porodicom je bio jako tužan, pogotovo za njih. Nismo znali da li ćemo se ikada ponovo vidjeti? Međutim, za mene nije bilo nikakve dileme. Savjest mi nije dozvoljavala da napustim napadnutu domovinu. Tada je to bio slučaj s ogromnom većinom Bošnjaka. Nije bilo važno što nemamo dovoljno oružja. Imali smo priznatu državu i za to je vrijedilo i poginuti.

6.3. Tuzla prije srpskog napada 15. maja

Kada sam se vratio u Tuzlu sve je bilo nekako drugačije nego prije. Za tih nekoliko dana Tuzlaci su ostarili. Niko se nije smijao. Osjećao se užasan strah, ali Bošnjaci nisu odstupali. Sjećam se jednog detalja koji oslikava odlučnost Bošnjaka da ne ustuknu pred četnicima. Riječ je o mome studentu **Mirzi Karamehmedoviću,** koji je kasnije poginuo kao komandant jedinice minobacačlija, koju je naša vojska od milja prozvala "Šejtani". Tada je on bio vojnik jedinice "Pošta". Jedinica "Pošta" je bila mješovitog nacionalnog sastava i imala je zadatak da čuva važnije ustanove u gradu. Sastojala se od 120 boraca koji su bili naoružani puškama Teritorijalne odbrane, koje je **Selim Bešlagić** nekako iskamčio od JNA. Naime, JNA je tada još glumila da nije isto što i četnici. Na taj način su uspjeli neometano zaposjesti položaje oko bosanskih gradova i iznad bosanskih puteva. Njima su se predali Brčko i Višegrad, koji su kasnije najstravičnije poklani. Da bi mogli igrati tu igru oni su vratili nešto malo pušaka Teritorijalne odbrane najupornijim: Jajcu i Tuzli. U Tuzli je uslov bio da jedinica bude mješovitog nacionalnog sastava. Tako je nastala jedinica "Pošta".

Da se vratim događaju s **Mirzom.** Pred jednim malim kafićem, na samom kraju ulice "Oktobarske revolucije", sjedila su četiri "rezervista" JNA, koje je narod zvao četnici jer su se već pročuli po zločinima u Hrvatskoj i BiH. Mnogi od njih bili dobrovoljci "guslari" iz Srbije i Crne Gore, uvijek žedni "Turske krvi". Mirza i još jedan vojnik iz jedinice "Pošta" pošli su da popiju piće. Sjeli su za susjedni sto do četnika kao da su ovi obični turisti. U kafiću je nastupio tajac. Ja sam sve to vidio jer sam stajao u blizini. Pomislio sam da je **Mirza** dijete koje nije svjesno opasnosti. Pozdravio sam ga i sjeo s njima u namjeri da im skrenem pažnju da svakog trena može doći do opasnog incidenta, budući da su i četnici bili naoružani. Na to mi je **Mirza** rekao: "Znam profesore. Ne bojte se. Držim ja prst na obaraču. Ovo je naša domovina. Nećemo, valjda, mi bježati." Bože kolika je razlika između pravih ponosnih Bošnjaka kao što je **Mirza** i njihovog "vođe" **Alije,** čovjeka koji srozava naše dostojanstvo vukući se kao slina za **Karadžićem** po bjelosvjetskim prijestolnicama pogađajući se o našoj domovini.

Skupština Opštine Tuzla je tih dana pozvala dobrovoljce da brane Tuzlu. Krenuo sam pred "Opštinski sekretarijat narodne odbrane". Bio sam prijatno iznenađen. Ogroman red se formirao. I mladi i stari, debeli i mršavi, brkati i ćelavi, seljaci, radnici i intelektualci tiho i strpljivo su stajali na vrelom suncu i znojili se da dočekaju svoj red i postanu vojnici svoje domovine. Ja sam bio dirnut i prvi put sam krišom zaplakao u ratu. Priključio sam se svom narodu i stao u red. Osjetio sam ogromnu snagu tih rudara, studenata... dobrih Bošnjaka. Osjećao sam da ne možemo izgubiti rat. Niko ne može poraziti tako motivisan narod. Tada sam ugledao jednoga komšiju. Zvao se **Bečić Enes.** Ja do tada nisam znao šta je njegovo zanimanje. On me upitao: "Otkud ti profesore?" Ja sam mu odgovorio: "Ja sam bio u vojsci računač u artiljeriji i znam da je to deficitaran VES. Zato sam došao." Ispostavilo se da je **Enes** bio šef regrutnog centra pa me je uveo preko reda. Tada još nismo imali artiljerije pa im nisu trebali računači, ali su mi obećali da će me zvati ako zatreba. U toku rata muškarci, vojni obveznici nisu mogli izaći iz Tuzle bez propusnice Vojnog odsjeka. Znajući me kao čovjeka koji je stao u red za dobrovoljce ljudi iz Vojnog odsjeka su mi rado davali te propusnice. Zahvaljujući tome u prvoj godini rata 4 puta sam kratko posjećivao ženu i djecu koji su bili u izbjeglištvu u Hrvatskoj. Nažalost kada sam posljednji put otišao u martu 1993. nisam se mogao vratiti jer je početkom aprila izbio rat između Armije BiH i Hrvatskog vijeća obrane (HVO) u Hercegovini i srednjoj Bosni. Odmah na početku tog rata HVO je masakrirao jedan tuzlanski konvoj. Tada je **dr. Šemso Tanković,** predsjednik SDA Hrvatske, organizovao konferenciju za štampu u Zagrebu i pozvao mene kao Tuzlaka da govorim. Ja sam, između ostalog, rekao da je Mate **Boban,** tadašnji lider HDZ-a koji je provodio Tuđmanovu politiku u BiH, krivac za taj rat jer se polakomio na **Vance-Owenov** danajski dar u vidu 10 bosansko-hercegovačkih gradova s muslimanskim većinskim stanovništvom. Sve hrvatske novine, TV i radio su to prenijele i poslije nekoliko dana nije bilo novine u Hrvatskoj u kojoj nas HDZ-ovi prvaci nisu napadali. Čak je i **Ivić Pašalić,** čelnik HDZ-a kritikovao moj istup prozivajući me poimenice. Da i ne govorimo o anonimnim pismima i anonimnim pozivima **dr. Tankoviću. Dr. Tanković** je odgovarao na neke od tih napada u štampi. Za mene više nije bilo mjesta ni u Hrvatskoj. Morao sam bježati u SAD. Tako se dogodilo da sam daleko od Bosne, mada sam mislima neprekidno u Bosni.

6.4. Oslobođenje Tuzle 15. maja 1992.

Vratimo se događajima u predratnoj Tuzli. 15. maj je bio petak. Ja sam došao na posao na Fakultet elektrotehnike i mašinstva, ne sluteći da je to izuzetan dan. Kao i uvijek popili smo jutarnju kafu svi zajedno: Bošnjaci, Srbi i Hrvati. Negdje oko 13:00 gotovo svi Srbi su napustili posao. Uglavnom su pitali dekana **dr. Kapetanović Izudina** da ranije napuste posao da bi na vikend negdje otišli. Poslije smo shvatili da su svi oni znali da će toga dana poslije podne biti napadnuta Tuzla. Budući da je tu bilo i velikih prijateljstava između Bošnjaka i Srba, bilo je i velikih razočaranje. Ljudi se nisu mogli načuditi kako su slabo poznavali svoje kolege Srbe. Najviše ih je iznenadila službenica iz studentske službe **Milenka Savić.** Ona je bila jako društvena i veliki prijatelj sa svima, a ipak ni jednom od svojih prijatelja Bošnjaka nije šapnula da skloni svoju djecu tog dana iz Tuzle. Ovaj primjer navodim jer je karakterističan za Tuzlu tih dana. Isto tako, najdruštvenija

47

i najveselija profesorica iz Gimnazije **Meša Selimović, Snežana Pejović** je bila uhvaćena kao snajperista. Svaka firma u Tuzli imala je svoje **Milenke i Snežane.** Okršaj između JNA i Tuzlaka dogodio se oko 17:00 poslije podne. To je bio finale višednevne napetosti u Tuzli. Naime, Tuzlaci su prethodnih dana bili opkolili kasarnu Husinska buna, jednu od najvećih kasarni u Jugoslaviji. Razlog je bio što su u tu kasarnu došle mnoge jedinice četnika. Generali JNA su tražili da se Tuzla podijeli na srpski i muslimanski dio. Dakle, počeli su isto kao u Brčkom, Zvorniku, Bratuncu, Vlasenici itd. Tuzlu je spasilo to što SDA nije bila na vlasti u Tuzli tako da **Izetbegovićeva** strategija da se pregovara o podjeli čaršije nije našla plodno tlo kod gradonačelnika **Selima Bešlagića.** Umjesto da pregovara o podjeli Tuzle, on je generale JNA poslao u "materinu". Taj telefonski razgovor je snimljen po nalogu policajaca pripadnika SDA stranke, koji su špijunirali **Bešlagića.** Pregovaralo se samo o odlasku JNA. JNA se morala bezuslovno povući iz Tuzle. Određen im je koridor: Solina - Brčanska Malta -Slavinovići - Majevica. Tuzlaci su za samo nekoliko dana u Tvornici transportnih uređaja (TTU) napravili i oklopne transportere, koji su obezbjeđivali raskrsnicu na Brčanskoj Malti. U petak 15. maja prvi dio kolone JNA je prema dogovoru prošao kroz Brčansku Maltu i Sjenjak. Znak za opšti napad JNA na Tuzlake je bio napad čela kolone na benzinsku pumpu u Slavinovićima. Bačena je bomba na dva naša policajca na benzinskoj pumpi u Slavinovićima. U istom trenutku je drugi dio kolone krenuo s Brčanske Malte prema obilaznici. Tada su naši zapucali iz zgrada pored kojih je kolona prolazila i iz TTU-ovih transportera na Brčenskoj Malti. Sve je trajalo nekoliko minuta. Tuzla je bila slobodna.

Iste noći iz hangara na Kozlovcu uzeto je oružje Teritorijalne odbrane Tuzle, Srebrenika, Lukavca i još nekih opština sjeveroistočne Bosne i odmah prebačeno u ta mjesta. Odjednom su se mnogobrojna "srpska" sela našla u okruženju. Gotovo svaki dan je po jedno "srpsko" selo bilo razoružavano. Nabrojaću samo neka veća: Dubnica, Simin Han, Požarnica, Špionica, Potpeć, Tinja, Smoluća, Bukovik, Bukovac. Tada su četnici imali velikih problema i s borcima Teočaka i Sapne. Legendarni **kapetan Hajro Mešić** je u samo jednom danu zauzeo desetak četničkih sela na Majevici među kojima je najveća bila Rastošnica i spojio slobodne teritorije Teočaka, Zvornika, Kalesije i Tuzle. Budući da su još ranije Posavci oslobodili Bosanski Brod, Modriču, Derventu, Orašje velika teritorija sjeveroistočne Bosne je imala direktnu vezu s Hrvatskom. S druge strane četnici nisu imali nikakav koridor do tzv. srpskih krajina u Hrvatskoj i zapadnoj Bosni. Vidjelo se da Srbija munjevito gubi rat. Mada su Srbi imali dovoljno oružja nigdje nisu pružali značajniji otpor. To je zbog neumitne činjenice da je Bosna i Hercegovina bila priznata kao suverena država i da se to ničim više ne može promijeniti. Jedva su čekali izgovor da bace oružje i idu u Srbiju, jer Srbin ne može živjeti tamo gdje gusle neće biti najvažniji muzički instrument i gdje se neće pjevati o srpskom junačkom "posecanju turskijeh svatova."

6.5. Prve trgovine teritorijama

Prvi koji je pobunjenim Srbima u Bosni i Hercegovini povratio borbeni moral bio je **Franjo Tuđman**. On je počeo tajno pregovarati s **Miloševićem** o podjeli Bosne i Hercegovine. Posredovao je lično **Boutros Ghali**, koji je od **Tuđmana** tražio koridor za Srbe. **Tuđman** tobože nije shvatao da i samim pregovorima nanosi ogromnu štetu Hrvatima Posavine i da veoma mnogo pomaže četnicima. Uopšte nije bilo bitno šta će konkretno biti dogovoreno. Bitno je bilo da su Srbi shvatili da će pregovorima biti priznate neke srpske teritorije. Time su Srbi dobili viziju uspješnog završetka rata. Međutim, **Tuđman** im nije samo to pružio. On je četnicima dao koridor kroz Posavinu, u zamjenu za neke teritorije u Hercegovini. Upoznao sam dosta vojnika HVO-a i iz Posavine i iz Hercegovine. Oni svjedoče da su se brigade Hrvatske vojske bez ikakva razloga povlačile iz Posavine. HDZovi čelnici u Zagrebu su tada opravdavali povlačenje Hrvatske vojske iz Posavine navodnim strahom od ekonomskih sankcija. Tobože, Hrvatskoj bi bile uvedene sankcije zato što se njena vojska nalazi u drugoj državi. Da je to laž najbolje je dokazao **Tuđman** puštajući kasnije Hrvatsku vojsku da bombarduje Mostar i da zauzima Bosansko Grahovo i Glamoč bez straha od sankcija. Isto onako kako su četnici brzo zauzeli koridor u Posavini tako su i jedinice HVO-a lahko zauzele lijevu obalu Neretve. Poslije napredovanja na lijevoj obali Neretve, odakle su se četnici suviše lahko povukli, HVO je stao na granicama "Banovine Hrvatske" iz 1939., mada nije bilo četničkog otpora daljem napredovanju. I ne samo to. Kada je kasnije HOS, koji je tada bio veoma popularna vojna organizacija i među Hrvatima i među Bošnjacima, napravio prodor prema Trebinju, bio je "nagrađen" nožem u leđa, tj. zasjedom od strane HVO-a u kojoj je likvidiran komandant HOS-a Blaž Kraljević i još petnaest istaknutih lidera i bojovnika HOS-a.

Interesantno je spomenuti kako su se dogovori **Tuđmana** i **Miloševića** provodili na terenu. **Tuđman** ne može reći Posavcima koji su odbranili svoje kuće I svoja mjesta da treba da ih daju četnicima. Zato im on naprosto prekine logistiku i povuče jedinice Hrvatske vojske s položaja. Na položajima ostaju samo iznenađeni izdani mještani, koji brane svoje domove. U neravnopravnoj borbi s JNA oni stradaju. Simboli takvog stradanja su bošnjačko selo Kotorsko i hrvatsko selo Johovac između Doboja i Modriče. Ova dva sela su prepuštena sama sebi danima odolijevala golemoj sili Srba iz Bosanske Krajine koji su krenuli u proboj svog koridora od Banja Luke do Brčkog. Tamo gdje je Hrvatska vojska trebala pružiti odsudnu odbranu, zahvaljujući Tuđmanovoj politici dogovora sa Srbima, nikakve odbrane nije bilo. Slično su stradali Srbi mještani Tasovčića, Klepaca, Prebilovaca u Hercegovini prilikom ofanzive HVO-a i HOS-a na lijevu obalu Neretve. Znam tri bivša borca HVO-a, K. Z. i E. Z. iz Dubrava i E. Č. iz Ljubinja koji se zaklinju da je njihovu jedinicu HVO-a, koja se sastojala od Muslimana iz okoline Stoca, artiljerija HVO-a bombardovala kada su u zanosu borbe potjerali četnike dalje od granica Banovine Hrvatske iz 1939.

Pad Posavine je početak realizacije Tuđmanove politike u odnosu na Bosnu i Hercegovinu čiji je krajnji cilj podjela Bosne i Hercegovine. Istovremeno se pokušava sačuvati i savezništvo s "Muslimanima" tamo gdje to savezništvo Hrvatima treba, budući da nisu bezrezervno vjerovali Srbima, tj. na Posavskom koridoru i u Bihaću, Ahilovim petama Velike Srbije. S druge strane, one jedinice Armije BiH koje su u blizini tzv. Herceg-Bosne smatraju se neprijateljima. Tako se događa da se kroz Hercegovinu propušta oružje Tuzlacima, a zadržava oružje koje ide npr. Zeničanima. Međutim, ni Tuzlanskom korpusu se ne propušta dovoljno oružja da bi imali viškove i za druga ratišta osim koridora. Tada je komandant Tuzlanskog korpusa bio Željko Knez, Hrvat iz Hrvatske i poslušan Tuđmanov vojnik. Tada je slobodna teritorija Srebrenice bila samo nekoliko kilometara do slobodne teritorije koju je kontrolisao Tuzlanski korpus, a ni metak nije potrošen da se ta slobodna teritorija Podrinja, koja se protezala skroz od Kamenice do Žepe, poveže sa Tuzlom. Tuzlaci su vjerovali Knezu i naivno i sebično maštali da će Tuzla otvoriti svoj koridor do Hrvatske, te da neće više zavisiti od HVO "bandi" u Hercegovini. Uzalud sam ja tada pisao u *Ratnoj tribini,* koja se dosta čitala u Tuzli, da to nisu neke bande u Hercegovini koje otimaju oružje Armije BiH, nego da je to Tuđmanova politika. To znači, čak i da su Tuzlaci uspjeli probiti koridor do Save, pojavile bi se neke "bande" na Savi koje bi otimale oružje Armije BiH. Na stranu to što je to bio potpuno nerealan cilj da Tuzlanski korpus Armije BiH presiječe četnički koridor. Nisu shvatali da bi se tada cijela Jugoslavija sručila na ponovno otvaranje koridora Bijeljina - Banja Luka. Naravno da Tuzlanski korpus nije mogao baciti na pleća cijelu JNA, koja bi se po potrebi angažovala na koridoru. Tako je najjači korpus Armije BiH trošio sve svoje snage ratujući za Tuđmana na Posavskom koridoru, puštajući da se uguši ustanak Bošnjaka Podrinja. Ja sam tada, 12. januara 1992, u *Ratnoj tribini* napisao članak "Presudna bitka za Bosnu" u kojem stoji:

Svakom građaninu Bosne i Hercegovine kojem je na srcu ova naša domovina i naš napaćeni i skromni narod veoma je teško slušati užasne vijesti o gladi koje dolaze iz Kamenice, Cerske, Konjevića, Žepe, Srebrenice itd. Ovom prilikom nećemo kao do sada moliti za humanitarnu pomoć, nego ćemo gospodi koja odlučuje o strategiji Armije BiH poručiti da su loši stratezi ako ne vide da se upravo na ovim područjima bije presudna bitka za Bosnu i Hercegovinu. Ta bitka ima samo dva ishoda. Prvi mogući ishod je katastrofa opkoljenog naroda, a do toga će doći ako se do opkoljenih područja u najskorije vrijeme ne probije koridor. Tada će naš pokret otpora u ovim krajevima postepeno odumrijeti, te će Srbija biti do Sarajeva i Ilijaša i to etnički čista. Neka se Tuzlaci, Zeničani, a bogami i svi ostali Bosanci tada zamisle nad svojom sudbinom. Jasno je da tada nema nikakvih šansi da država BiH i Muslimani prežive.

Drugi mogući ishod bitke u Podrinju je taj da Armija BiH probije koridor kroz Caparde ili na nekom drugom mjestu do opkoljenih muslimanskih naselja u Podrinju. U tom slučaju će biti prekinuta i posljednja komunikacija koja povezuje ogromne četničke snage na sarajevsko - romanijskom ratištu sa Srbijom. Tada će pobjeda zasigurno biti naša i granica suverene BiH će biti na Drini. Zar ta činjenica kao i činjenica da bi se probijanjem koridora za Podrinje spasile stotine hiljada žena, djece i naših boraca ne motiviše da se krene u odlučnu akciju. Uspostavljanje tog koridora bi imalo za "nus-produkt" deblokadu Sarajeva.

Shvatamo da je probijanje koridora od Tuzle do Posavine od velikog značaja za sjeveroistočnu Bosnu. Međutim, sadašnja slobodna teritorija tuzlanske regije ipak nije potpuno opkoljena i probijanjem koridora za Posavinu ne spašavaju se životi stotina hiljada ljudi., što je glavna korist od probijanja koridora za Podrinje. Dakle, osim nesumnjivih razloga koji su podjednaki kod oba koridora, probijanjem koridora za Podrinje bio bi obavljen i jedan ogroman humanitarni posao. Strah nas je da se oklijevanjem četnicima ne ostavi dovoljno vremena za utvrđivanje položaja, te da ti položaji ne postanu neprobojni. Stoga tražimo da akcija krene.

7

KADROVSKA POLITIKA SDA U RATU

7.1. Priliv novih članova

Već sam spominjao **prof. dr. Sadudina Hodžića** koji je rizikovao život da kroz Vozuću provede pošiljku pušaka iz Visokog. Profesor **Hodžić** je bio jedan od onih Bošnjaka koji su pristupili stranci SDA i Patriotskoj ligi (PL) iz čistog patriotizma. Međutim, velika većina kasnijih rukovodilaca SDA u Tuzli su oni koji su došli poslije 15. maja 1992., tj. kada su ulaskom u SDA vidjeli svoju šansu dolaska na kadrovske liste. Njima ništa ne smeta što su tokom 1990. išli među studente i agitovali da se studenti klone nacionalnih stranaka, dakle, i SDA. Oni se ne stide što su javno psovali Boga kada je **dr. Fuad Muhić** nudio svoje usluge SDA stranci. Oni su koristeći svoja iskustva iz Saveza komunista brzo preuzeli vlast od pravih patriota, koji najčešće još uvijek nose uniformu i jurišaju na četničke položaje na Majevici. Za razliku od starih, novopečeni članovi SDA jurišaju na bivše četničke položaje i stanove u čaršiji. Oni su preko noći promijenili crveni dres za zeleni. Tragedija je što su u SDA unijeli komunističke manire. Mi predratni članovi SDA smo slobodno kritikovali **Aliju Izetbegovića** kad god smo primijetili neku grešku. Slali smo faksove u "Centralu" u Sarajevo kad god smo mislili da ga treba korigirati ili savjetovati, a to se često događalo. Kada su došli "novi" odjednom je prestala svaka diskusija. Naprosto njih uopšte nije interesovala politika, nego samo lična korist. Zato nikada nisu rizikovali. To je stvorilo klimu konformizma, nekritičnosti, odobravanja svega što dolazi iz Sarajeva (čitaj: od **Alije Izetbegovića).** Takvi ljudi su uz svaku vlast. Oni stvaraju kultove ličnosti. To je jedna datost ovoga svijeta. Ni imena im neću spomenuti. Mene oni interesuju samo toliko da bih mogao odgovoriti na često postavljeno pitanja: "Ako **Alija Izetbegović** griješi, kako to da ga ipak toliki Bošnjaci slijede?"

Odgovor je sada jasan: Zbog tih karijerista koji su od Alije napravili kult ličnosti. Oni su i od **Tita** napravili kult ličnosti, a poslije su ga oni najgore popljuvali. Oni će popljuvati i **Aliju Izetbegovića** kao što su ga pljuvali i tokom "Sarajevskog procesa" da bi se dodvorili ondašnjim vlastima. Ovdje ja ne mislim na nekoliko konkretnih ljudi, nego na jedan veoma rasprostranjen karijeristički mentalitet nedržavotvornih ljudi.

7.2. Izetbegović šalje Armina Poharu u Tuzli

Pravi tektonski poremećaj u Tuzli, vrlo brzo poslije oslobođenja od 15. maja 1992. izazvao je "specijalni izaslanik **Alije Izetbegovića**" **Armin Pohara.** Opisaću prvi politički susret **Pohare** sa Tuzlacima, kojemu sam i ja prisustvovao. Sastanak je održan u prostorijama Islamske zajednice u Tuzli u januaru 1993. Na sastanku su bili prisutni: tuzlanski imami **Hasan i Adil,** predsjednik Merhameta **Čustović,** direktor vjerski obojene političke novine Zmaj od Bosne **Edib Kravić, Pohara** i ja. Kasnije su se pridružili sekretar Skupštine Opštine Tuzla **Jasmin Imamović,** glumac **Emir Hadžihafizbegović,** zatim bivši fudbaler, a tadašnji organizator dobavljanja pomoći iz Turske **Mersed Kovačević** i još neki čijih imena se ne sjećam. Raspravljalo se o osnivanju muslimanske televizije u Tuzli za koju su postojala obezbijeđena velika sredstva SDA stranke. Zato je sastanku i prisustvovao glumac **Emir.** Osim toga, trebalo je raspraviti ko će biti predsjednik novoformiranog Tuzlanskog okruga. Zato je na sastanak bio pozvan **Jasmin Imamović.** Naime, Tuzla, kao daleko najveća opština sjeveroistočne Bosne, prirodno se nametnula kao centar odlučivanja. To je dobro funkcionisalo. Istinski lider naroda sjeveroistočne Bosne je postao tuzlanski gradonačelnik **mr. Selim Bešlagić.** On se žestoko usprotivio Izetbegovićevim pregovorima s početka januara 1993. u Ženevi (Geneva). **Bešlagić i Ismet Hadžić,** (kandidat SDA stranke za predsjednika okruga) su uputili jedno pismo našim pregovaračima u Ženevi (Geneva)u kojem se navode mnogi argumenti protiv pregovora s ratnim zločincima o Ustavu BiH. To pismo je objavila i tuzlanska novina *Front Slobode* u broju od 16. januara 1993. U svom pohodu uništavanja Republike Bosne i Hercegovine, ubrzo su se pod **Izetbegovićevim** udarom, po željama razbijača BiH, našao Ustav Republike BiH uključujući i tradicionalne, funkcionalne regije Bosne i Hercegovine, pa i tuzlanska regija. Manipulišući prošireno Predsjedništvo BiH, koje je imalo ingerencije Skupštine BiH, **Izetbegović** je nacrtao nove regije sada, samo na slobodnoj teritoriji BiH, i dao nalog da u Skupštini te nove tuzlanske regije bude jednak broj delegata iz svake opštine. Mada je Tuzla bila značajna kao 10 drugih opština imala je isto delegata kao svaka druga opština. Budući da je u drugim opštinama pobijedila **Izetbegovićeva** SDA, to je trebalo da znači oduzimanje vlasti od **Bešlagića.** Međutim, zbog velike **Bešlagićeve** popularnosti narod je ponovo tražio da on bude predsjednik regije. Pohara je došao da pregovara s **Bešlagićem,** tj. da ga prevari i eliminiše iz borbe za položaj predsjednika Skupštine okruga. Na tom sastanku, posredstvom **Pohare, Izetbegović** je tražio od **Bešlagića** da pređe u SDA. Drugim riječima: "Prodaj mi dušu ako hoćeš vlast." To je bio ponižavajući prijedlog koji bi sigurno bio kontraproduktivan za **Bešlagića** da ga je prihvatio.

Pohara je pokušao još jednu stvar da pokrene u Tuzli. U jednom trenutku počeo je sljedeću priču: "Vidite ovo, u Banja Luci su Srbi većina pa je Banja Luka srpska. U Mostaru su Hrvati većina pa je Mostar hrvatski. U Tuzli su Muslimani većina, a Tuzla nije muslimanska nego građanska. U Armiji BiH su Muslimani 90%, a Armija nije muslimanska nego građanska. Ko je za to kriv i šta treba učiniti da se to promijeni?" Na to sam mu ja odgovorio: "Ako bi mi u Tuzli pristali da je Tuzla muslimanska samo zato što su Muslimani većina, onda bi mi pristali da je Banja Luka srpska zato što su Srbi većina i da je Mostar hrvatski itd. To znači da bi mi pristali na **Karadžićevu i Bobanovu** logiku podjele Bosne i Hercegovine." Zahvaljujući mom upornom insistiranju na tom stavu poništen je Poharin autoritet heroja iz Bosanskog Broda i specijalnog **Izetbegovićevog** savjetnika tako da tada nije uspio dobiti podršku SDA Tuzle za "svoje" stavove o muslimanskoj Tuzli.

Pohara (tj. Izetbegović) je uspio da eliminiše **Selima Bešlagića** iz borbe za funkciju predsjednika Skupštine okruga. Međutim, predsjednik vlade okruga je postao **prof. dr. Sadudin Hodžić,** a predsjednik Skupštine okruga je postao **Ismet Hadžić.** Obojica su bili predratni članovi SDA i patrioti koji su se borili za Bosnu i Hercegovinu. Ovdje se postavlja pitanje: Zašto bi **Alija Izetbegović** mijenjao jednog patriotu da bi doveo drugoga? Zato što je stalnim promjenama kadrova uništavao autoritet ljudi i stvarao podaničku klimu. To su bili genijalni potezi ako se ima na umu šta mu je bio cilj da uvede totalnu pokornost Bošnjaka da bi im mogao podijeliti domovinu.

Kasnije je **Pohara** naglavačke izbačen iz Tuzle. Nije mu pomoglo ni to što je bio specijalni **Izetbegovićev** izaslanik. On (tačnije njegov sponzor **Izetbegović)** je nanio dosta zla Tuzli. Inicirao je međustranačku borbu za vlast, umjesto borbe za slobodu. U toj borbi dobili su šansu mnogobrojni bivši komunisti, tj. ljudi koji od svega znaju jedino da se uspješno guraju u vlast, ma koje boje ona bila, i koji nisu imali nikakvih problema da promjene crvenu komunističku zastavu u lažnu zelenu, da se od komunista pretvore u velike muslimane da bi ostali na vlasti.

Kada se pogleda ko su sve bili **Poharini** poslodavci: **Tuđman, Izetbegović, Boban i Fikret Abdić,** postaje jasno da i **Izetbegović** igra u timu djelitelja Bosne i Hercegovine. Sjetimo se da je i drugi **Izetbegovićev** specijalni savjetnik **Jasmin Jaganjac** radio za istu kamarilu. O tome će mnogi drugi više imati reći, npr. **general Sefer Halilović,** kojega je ta kamarila uporno rušila da bi ga na kraju sam **Izetbegović** definitivno srušio.

Nezadovoljan činjenicom što mu je SDA Tuzle otkazala poslušnost i stavila se pod komadu opštinskih odbrambenih snaga, koje su odlučile da se bore za slobodu grada, umjesto da njega poslušaju i pregovaraju o podjeli Tuzle, **Izetbegović** je odmah poslije oslobođenja Tuzle poslao u SDA Tuzle, čovjeka koji nije Tuzlak, nego je iz Tešnja, jednog od svojih najsposobnijih agenta, **Mirsada Ćemana**. Imao sam jedan razgovor sa Ćemanom u prostorijama SDA Tuzle i zgrozio sam se kako taj čovjek razmišlja, koji je to gubitnički i podanički mentalitet. Na žalost, tada nisam pomišljao da na tako visokim pozicijama oko **Izetbegovića** imamo izdajnike, nego sam mislio da se radi samo o gluposti. Priznajem, bio sam veoma naivan.

8

PREGOVORI

8.1. Drugi razgovor s Izetbegovićem

Mnogi Bošnjaci su primijetili mnogobrojne **Izetbegovićeve** predsjedničke "greške". Ljudi su to objašnjavali na razne načine. Neki su mislili da on nema političkog iskustva budući da je bio samo činovnik na sudu dok nije osuđen za "rušenje Ustava Republike Bosne i Hercegovine" 1983. Neki su mislili da je nesposoban, a neki da je previše "mehak", "merhametli". Neki su mislili da se iza tih čudnih poteza krije neko lukavstvo "mudrog vođe". Međutim sve to nije tačno. Izetbegović zna o diplomatiji, politici i pravu dovoljno da bude dobar predsjednik. U to sam se lično uvjerio. Naime, misleći da je on patriota, ali da nije dovoljno politički iskusan, ja sam mu lično, u jednosatnom telefonskom razgovoru, objasnio sve negativne posljedice pregovora. Danas mi je jasno da je on to znao i prije tog razgovora sa mnom, ali je to znanje nažalost zloupotrebljavao da bi dijelio državu čiji je prvi građanin, a ne da bi je sačuvao kako je obećao u predizbornoj kampanji i kako se zakleo prilikom polaganja predsjedničke zakletve. Svjedok mog telefonskog razgovora s **Izetbegovićem** je M. O., tadašnji direktor jedne tuzlanske firme. Ne spominjem mu ime jer nisam u mogućnosti da ga pitam za pristanak.

Nazvao sam **Izetbegovića** odmah po njegovom povratku iz Geneve poslije prve runde pregovora o **Vance-Owenovom** planu u januaru 1993. Da shvatite kako **Izetbegović** rezonuje navešću neke segmente iz tog razgovora. Kada sam ga upitao: "Predsjedniče, zar je to jedinstvena Bosna i Hercegovina ako su četnici legalna milicija u Banja Luci, ako se ne može putovati kroz Banja Luku ili npr. preko Romanije?", on mi je odgovorio: "A možete li sada putovati kroz Banja Luku i preko Romanije?" Dakle, on podrazumijeva da je četničko sve ono što su oni svojim blickrigom uspjeli okupirati. Ima li pogodnijeg sagovornika za **Karadžića?** Zamislite da je **Staljin** podrazumijevao da su Harkov, Kijev i ostali okupirani sovjetski gradovi u 2. svjetskom ratu automatski pripadali Nijemcima samo zato što su ih vojno okupirali u tom trenutku. Upravo takav državnik je **Izetbegović.**

Osim toga, rekao sam **Izetbegoviću:** "Predsjedniče, ne smiju se nacrtati nikakve etničke granice po Bosni i Hercegovini. Ako se ne nacrtaju, rat će možda trajati 10 godina, ali će opstati država Bosna i Hercegovina. Ako se nacrtaju, rat će možda opet trajati 10 godina, a kada se svi umore od rata, onda će ostati te etničke državice, a ne Bosna i Hercegovina."

"A šta ćete s Hrvatima? I Hrvati hoće da je podijelimo"- pitao je Izetbegović.

"Oni Hrvati koji bi da je dijele su suviše malobrojni u Bosni i Hercegovini. Čak i u HVO-u u Hercegovini većina su Muslimani. Hrvati masovno bježe od rata i neće predstavljati problem, ako vide da smo mi odlučni da ne dijelimo Bosnu i Hercegovinu. **Vance-Owenov** plan im daje trećinu Bosne i Hercegovine. To Hrvate okreće podjeli Bosne i Hercegovine, radije nego cjelovitoj Bosni i Hercegovini. "Mirovni" **Vance-Owenov** plan će dovesti do rata s Hrvatima. Zato je najbolje da uopšte više ne pregovarate, nego da insistirate na Bosni i Hercegovini onakvoj kakva je od svijeta priznata. Hrvati ne smiju tek tako napasti, jer će i njima biti uvedene sankcije. Osim toga, Hrvati ne smiju pustiti da nas četnici poraze jer su oni bez nas slabiji od četnika. Dakle, s **Bobanom** trebamo hrabro jer i Hrvati nas trebaju," rekao sam **Izetbegoviću.** (Tada su Bošnjaci i Hrvati još bili prinuđeni da se zajedno bore, mada su Srbi veoma rapidno vojno slabili, najviše zbog sve manjeg priliva dobrovoljaca iz Srbije.)

Evo još nekih "bisera" našeg predsjednika: "Mi moramo pregovarati. Ako ne pregovaramo mi ćemo biti krivci." Na to sam mu odgovorio: **"Nije tačno. Ne može žrtva postati krivac samo zato što neće da pregovara sa svojim dželatom, nego insistira na kažnjavanju krivca."** Na to će on: "Znam ja da bi naš narod ratovao da sačuva Bosnu, ali da Vi znate kakav je pritisak na nas u svijetu da pregovaramo. **Vance i Owen** traže to od nas." Ja sam mu odgovorio: **"Mi ne moramo prihvatiti ništa što oni traže. Oni su samo posrednici (mediatori). Posrednici ne diktiraju niti presuđuju. Oni imaju zadatak da saslušaju obje strane i da ocijene gdje bi se te dvije strane mogle "naći". Tada posrednik formuliše prijedlog za kojeg vjeruje da je prihvatljiv za obje strane.** Kao što možete posrednika koji vam npr. traži mušteriju za prodaju kuće otpustiti ako niste zadovoljni, tako možete i **Vancea i Owena."**

Vance se ubrzo povukao. **Izetbegović** nikada nije otpustio **Owena** koji je dobrovoljno glumio krivca za planove podjele Bosne i Hercegovine. Owen je stoički nosio breme djelitelja Bosne i Hercegovine, krijući, od Bošnjaka, da on može iznositi prijedloge po kojima se Bosna i Hercegovina dijeli samo zato što **Izetbegović** pristaje da potpisuje te prijedloge. **Lord Owen** je potpuno "zaboravio" da je on samo posrednik i ponašao se kao neko ko odlučuje i presuđuje, jer je znao da unatoč svom antibosanskom ponašanju neće izazvati bilo kakvo Izetbegovićevo protivljenje. Tako se događalo da je iz naše delegacije udaljavao predstavnike **(dr. Durakovića i dr. Filipovića)** kojima su institucije suverene države BiH ukazale povjerenje da istu predstavljaju na tim pregovorima. Umjesto da smjesta prekinemo pregovore u takvim situacijama, **Izetbegović** je nastavljao kao da se ništa nije dogodilo. Dopuštajući da posrednik **Owen** utiče na sastav našeg pregovaračkog tima, **Izetbegović** je odustao od suvereniteta BiH. I na taj način je **Izetbegović** koristio vanjske neprijatelje da bi slomio otpor Bošnjaka podjeli BiH.

Da mi kao strana u pregovorima imamo pravo otpustiti posrednika, ako nam se ne sviđa, dokazao je sam **Izetbegović** kada je otpustio **Akashi-a** dvije godine i šest mjeseci kasnije radi pada Srebrenice.

Da se vratim razgovoru s **Izetbegovićem.** Kada je ostao pritiješnjen argumentima o ulozi posrednika u pregovorima on je pribjegao nepoštenim sredstvima. Rekao mi je: "Možete li Vi skupiti 100 intelektualaca iza vaših stavova?" On dobro zna da se tačnost nekog stava ne ocjenjuje brojem glasova podrške. Istina i neistina su apsolutne kategorije i ne zavise od broja glasova. Uloga posrednika (mediatora) je upravo takva kakvu sam mu predočio, neovisno da li je stotinu Tuzlaka spremno to podržati.

Osim toga pokušao je da se sakrije iza drugih "autoriteta". Govorio mi je kako su ga muslimanski lideri savjetovali da pregovara. Poimenice je spomenuo samo **Jasera Arafata.** Navodno mu je **Jaser Arafat** rekao da uzme što mu sada nude, jer se on **(Arafat)** pokajao što ranije nije pristao na palestinsku državu koju su mu nudili. Ja ne znam da li je to **Jaser Arafat** stvarno rekao, ali je to svakako pogrešno. Naime, za razliku od **Arafata, Alija Izetbegović** je već bio na čelu međunarodno priznate države, tj. imao je već ono o čemu **Arafat** može samo sanjati. Bilo da je **Izetbegović** izmislio "Arafatov savjet" ili ga je samo uvažio kao argument, u oba slučaja, vidimo da je **Izetbegović** već tada podrazumijevao da će Bosna i Hercegovina nestati kao država i već tada se bio okrenuo nekoj budućoj državi koju mu neko treba dati umjesto Bosne i Hercegovine.

Razgovor s **Izetbegovićem** sam završio ponavljajući: "Prekinite pregovore; svaki pregovori o Ustavu su pogubni za Bosnu. Prekinite pregovore." Na to je on odgovarao: "Zar nije lukavije da mi prihvatimo **Vance-Owenov** plan, a da ga oni ne prihvate?" Tada su počele smetnje u telefonskoj vezi i konačno veza se prekinula.

Kao što znate, **Izetbegović je** početkom marta 1993. u New Yorku potpisao **Vance-Owenov** plan. Došlo je do rata s Hrvatima koji su svojski prihvatili taj danajski dar lukavog Engleza **Owena.** Meni je bilo jasno da će se **Tuđman** polakomiti da dobije 10 gradova u Bosni i Hercegovini s muslimanskom većinom koji mu se "daju" **Vance-Owenovim** planom. Bilo je jasno da ponosni Bošnjaci u tih 10 gradova neće pristati na to i da će to značiti rat s Hrvatima. Tako se i dogodilo. Sutradan poslije Izetbegovićevog potpisa na **Vance-Owenov** plan HVO je u Hercegovini blokirao sve isporuke oružja Armiji BiH. Otvoreni rat prirodnih saveznika je počeo 10. aprila u Konjicu, na radost "mirotvoraca" **Vancea i Owena.** **Alija Izetbegović** je vrlo oštrouman čovjek i zasigurno je shvatio šta sam mu govorio. Znam iz svjedočenja u BiH štampi učesnika pregovora u Ženevi (Geneva), među kojima je bio i moj brat Musadik Borogovac, da su i članovi bosanskohercegovačkog pregovaračkog tima u Ženevi (Geneva) govorili **Izetbegoviću:** "Ako potpišemo **Vance-Owenov** plan imaćemo rat s Hrvatima." To mu je govorio i general **Stjepan Šiber,** Hrvat, koji je također bio član pregovaračkog tima. Profesor **Muhamed Filipović, Haris Silajdžić, Kasim Trnka, Stjepan Šiber** i moj brat **Musadik Borogovac,** od kojeg sam i saznao za te događaje, bojkotovali su **Izetbegovića** da ne bi potpisao **Vance - Owenov** plan već u januaru 1993. u Ženevi (Geneva). Ništa nije pomoglo, **Izetbegović** se otrgnuo kontroli Bošnjaka i potpisao **Vance-Owenov** plan u New Yorku u martu 1993.

Kada sam u septembru 1993. razgovarao s ambasadorom **Ivicom Mišićem,** shvatio sam još jednu dimenziju **Izetbegovićeve** ličnosti. Koju, zaključite sami.

Izetbegović je trebao doputovati u New York i ja sam odlučio da mu napišem jedno pismo u kojem ga žestoko kritikujem zbog njegovog upornog dijeljenja Republike Bosne i Hercegovine. Pismo sam poslao faksom u BiH misiju u New Yorku i nazvao **Mišića,** koji je tu radio. Od **Mišića** sam zahtijevao da pismo lično uruči **Izetbegoviću.** On mi je rekao da će to svakako učiniti jer mu se pismo sviđa. "U pismu nema ništa što i ja ne bih potpisao" - rekao je. Osim toga, rekao je da i oni u "Misiji" slično govore **Izetbegoviću** protiv pregovora, ali da **Izetbegović** kaže kako ljudi u Bosni i Hercegovini ne mogu više da izdrže i traže od njega da pregovorima donese mir što prije. Dakle, ljudima u Bosni i Hercegovini **Izetbegović** govori kako mora pregovarati zbog pritiska "svijeta", kao što je meni rekao, a diplomatima, koji bi mogli znati da ne postoji pritisak "svijeta" na žrtvu, govori da pregovara jer ljudi u Bosni i Hercegovini to traže.

Vratimo se ovdje poučnoj epizodi sa Izetbegovićevim otpuštanjem Akashi-a. **Izetbegović** je otpustio **Akashi-a** samo zato da krivicu za pad Srebrenice svali na jednog čovjeka i tako zadrži UNPROFOR. Otpuštanjem **Akashi-a, Izetbegović** je zadržao UNPROFOR u BiH, mada UNPROFOR više niti donosi hranu niti štiti enklave. Ostanak UNPROFOR-a u BiH mu je trebao jer je tako sprječavao naoružavanje Armije Republike BiH od strane Amerikanaca. Naime, tada je važila "logika" da će UNPROFOR biti ugrožen ako se razbukta rat, tj. ako se i Bošnjaci naoružaju, pa je uslov naoružavanja Armije RBiH bio odlazak UNPROFOR-a. Da sakrije svoju sabotažu naoružavanja Armije RBH, on je govorio da neće produžiti UNPROFOR-u boravak u novembru 1995. kada UNPROFOR-u istekne mandat. Tako je odgodio odlazak UNPROFOR-a, a time i naoružavanje Armije RBiH za 5 mjeseci. U međuvremenu je Armija RBiH počela pobjeđivati zahvaljujući Iranskim tajnim isporukama oružja Petom korpusu, ali je Izetbegović na brzinu dogovorio da Srbima pripada 49% BiH, i to je u Septembru 1995. i potpisao, čime je rat priveo kraju, spašavajući Srbe od totalnog poraza. Pojeo vuk magarca, što bi naš narod rekao. (Detaljnije o Izetbegovićevom sabotiranju američkih pokušaja da naoružaju Armiju RBiH pročitajte u paragrafu: "Zašto Amerikanci nikada nisu uspjeli naoružati Armiju RBiH")

Zašto sam se kod **Izetbegovića** toliko založio protiv pregovora pokušaću obrazložiti u sljedećim poglavljima.

8.2. Internacionalno pravo ili pregovori?

Svaki spor između sukobljenih strana može se rješavati na dva načina. Prvi način je normativni. To znači, prema normama važećeg prava na nadležnim institucijama ustanovljava se ko je krivac i ko žrtva. Potom se žrtva obeštećuje, a krivac kažnjava. U slučaju rata u BiH nadležna institucija je Savjet sigurnosti, a Bosna i Hercegovina je zvanično žrtva agresije Srbije, Crne Gore i JNA. Naime, to je bio zaključak rezolucija 752. i 757. Vijeća sigurnosti UN iz 1992. **Drugi način rješavanja sporova je dogovorni. Ako sukobljene strane nađu zajednički interes da spor ne rješavaju normativno nego se umjesto toga odluče na dogovor, onda eventualni sporazum u pisanoj formi zajedno potpisuju. Potpisan sporazum postaje osnova rješavanja svakog budućeg eventualnog spora između sukobljenih stranaka. Početak sporazumijevanja zaustavlja normativni postupak kažnjavanja agresora i zaštite žrtve.** Upravo pristankom na dogovorni način rješavanja krize Bosna i Hercegovina je napravila presudnu grešku.

Alija Izetbegović je pristao da pregovara s agresorom već na samom početku rata. Sjetimo se da je odmah poslije priznanja Republike Bosne i Hercegovine od strane USA 7. aprila 1992 predsjednik **George Bush** već 15. aprila 1992 dao ultimatum JNA, koja je od strane Savjeta sigurnosti već bila proglašena za agresora na BiH, da se do 1. maja 1992. povuče iz BiH. Čak je i Američka šesta flota ušla u Jadransko more kao priprema za intervenciju. Tada **Alija Izetbegović** hitno, 24. aprila 1992 odlazi u Skopje na pregovore sa generalima JNA. On je tada postigao neki "sporazum" 26. Aprila 1992. sa šefom generalštaba JNA, **Blagojem Adžićem** i potpredsjednikom Srbije **Brankom Kostićem**, čiji je jedini efekat bio da je vezao ruke **Bushu** da nešto vojno učini za Bosnu i Hercegovinu. Naime, da bi formalno udovoljili ultimatumu Srbi su preimenovali JNA u "Vojsku bosanskih Srba" i obećali da će demobilisati sve vojnike koji nisu državljani Bosne i Hercegovine (što niko nije mogao provjeriti). Izetbegović je na tim pregovorima još dogovorio da se jedinice te novoimenovane vojske ne moraju povući iz BiH, nego samo "na srpske teritorije u BiH"?! Budući da po Ustavu Republike BiH nije bilo nikakvih ekskluzivno etničkih teritorija, to je značilo da Srbi mogu uzeti šta god hoće i proglasititi to "srpskom teritorijom".

To je bilo očigledno izigravanje Bush-ovog ultimatuma, ali je ipak na taj način ultimatum uspješno sabotiran, jer kako se može SAD tući za BiH

kada su se BiH i JNA fino sporazumile? Kada je ultimatum propao, više nije bilo potrebe da se bilo šta dalje radi oko "sporazuma", tako da taj usmeni sporazum nikada nije ni potpisan. Dakle, taj Izetbegovićev odlazak u Skopje je imao samo jednu funkciju, da sabotira Busho-ov ultimatum, koji je mogao spasiti Republiku BiH odmah na početku rata i spasiti tolike živote u BiH.

Zahtjev iz Bush-ovog ultimatuma je ponovljen u Rezoluciji Savjeta sigurnosti 752 od 15. maja 1992, vidi zahtjev 4. na linku http://unscr.com/en/resolutions/752.

Međutim, tada su već počeli novi Izetbegovićevi pregovori, i ponovo nije bilo uslova za intervenciju.

Tada je **Bush** odmah shvatio ko je **Izetbegović** i pokušao da se distancira od problema Bosne i Hercegovine. **Bush** je shvatio da će **Izetbegović** krenuti putem "sporazumijevanja" i da će pravno jednostavna situacija u kojoj imamo očiglednu žrtvu i očiglednog agresora uskoro biti mrtvi čvor bezbrojnih sporazuma kojega više ni pravnici, a pogotovo političari, neće moći razmrsiti.

Zbog tog **Bushovog** distanciranja ljudi su skloni da karakterišu **Busha** kao neprijatelja Bosne i Hercegovine. Međutim, istina o **Bushu** je da on nije ni prijatelj ni neprijatelj Bosne i Hercegovine. On je naprosto najodgovorniji svjetski državnik koji je za dosljednu primjenu internacionalnog prava, tj. povelje UN i pridruženih pravnih akata, tj. internacionalnih konvencija, bilateralnih i multilateralnih ugovora između država, a to je za Bosnu i Hercegovinu bio jedini pravi put. On je dao Evropljanima mandat da jugoslovensku krizu rješavaju primjenom pravnih normi. Time što je na riječima distancirao SAD od jugoslovenske krize on je vješto udaljio i tradicionalne srpske saveznike Ruse i time omogućio da proradi Novi svjetski poredak tj. internacionalno pravo, i da BiH bude priznata. Mada je govorio kako je kriza u bivšoj Jugoslaviji evropski problem, **Bush** je natjerao **Tuđmana** da prizna Bosnu i Hercegovinu, a dao je i ultimatum generalima JNA. Čim je **Bush** shvatio da **Izetbegović** s terena međunarodnog (tj. internacionalnog) prava, terena koji Bosni jedini odgovara, vodi Bosnu na teren direktnog "sporazumijevanja", sa do zuba naoružanim Srbima, shvatio je da bi Bosna mogla postati živi pijesak za svakoga ko joj hoće pomoći. Tu leže uzroci njegovog kasnijeg smanjenog angažiranja oko Bosne.

Alija Izetbegović je pristao da pregovara s **Karadžićem** o "ustavnom preuređenju Bosne i Hercegovine" već u decembru 1992. Tim gestom su učinjene tri krupne greške, tačnije, izdaje interesa Bosne i Hercegovine. Pristanak na pregovore je jedna greška. Pristanak da **Karadžić** bude druga strana u tim pregovorima je druga krupna greška. Pristanak da se pregovara o Ustavu BiH je treća, najkrupnija izdaja interesa BiH. Navedimo sada ukratko štetne posljedice svake od učinjenih "grešaka", tačnije, veleizdaja.

8.3. Pristanak na pregovore

Pristankom na pregovore je proces kažnjavanja agresora bio zaustavljen. Ne mogu se dvije strane u sporu istovremeno sporazumijevati i suditi. Sjetimo se da su rezolucijom 752. i 757. iz 1992. Savjeta bezbjednosti Srbija i Crna Gora bile okarakterisane kao agresori i da je zahtijevano povlačenenje JNA iz BiH. Tada je bilo počelo kažnjavanje Srbije i Crne Gore, tj. "Jugoslavije". Uvedene su ekonomske sankcije, zatim ekonomska blokada. Zatim, krnja Jugoslavija nije priznata kao država, isključena je iz UN, isključena je iz svih evropskih institucija. **Izetbegovićevim** pristankom da se problem rješava dogovorno proces kažnjavanja agresora je zaustavljen. Nešto kasnije, prilikom jednog zastoja u pregovorima, uvedena je "no fly zone", što je dosta pomoglo Armiji BiH. Sve to dokazuje da "svijet" nije bio protiv BiH, nego je "svijet" pokušao da Bosnu i Hercegovinu zaštiti, počev od priznavanja pa do "no fly zone" i NATO-vog bombardovanja četnika u avgustu 1995. Svaki put je početak novih pregovora zaustavljao akciju "svijeta."

Pod riječju "svijet" ja podrazumijevam Ujedinjene nacije i ostale institucije međunarodnog prava. Da bi lakše uništavao Bosnu i Hercegovinu, **Alija Izetbegović** je posrednike u pregovorima nazivao "svijet", ljude kao npr. **Lord Carrington, Kutiljero, Lord Owen** itd. Ovi ljudi jesu predlagali podjele Bosne i Hercegovine, ali samo zato što su znali da **Izetbegović** pristaje na njih. Njihovi pravno uobličeni prijedlozi su nastajali na osnovu njihovih prethodnih razgovora sa Izetbegovićem, Karadžićem i Bobanom. Posrednici po definiciji samo traže rješenja na koja će dobrovoljno pristati obje strane. Na taj način, nazivajući posrednike u pregovorima "svijetom", **Alija Izetbegović** je svoju volju da uništi Republiku Bosnu i Hercegovinu i formira Republiku Srpsku lukavo podmetao "svijetu."

8.4. Pristanak da Karadžić bude partner u pregovorima

Tim gestom smo od jasne situacije iz rezolucije i 752, po kojoj je rat u BiH bio agresija JNA,, tj. krnje Jugoslavije, na suverenu državu BiH, pristali na srpsku kvalifikaciju da je posrijedi građanski rat između "bosanskih Srba, Muslimana i Hrvata". Time smo onemogućili našim prijateljima u UN da se u institucijama UN izbore za vojnu pomoć BiH kao žrtvi agresije. Naime, subjekti internacionalnog prava su države, a ne pokreti u okviru jedne države. UN se nemaju pravo miješati u građanski rat. To je jedan od osnovnih principa u Povelji Ujedinjenih Nacija. Promjenom kvalifikacije rata sa "agresija" na "građanski rat" ukinut je pravni osnov eventualnog vojnog angažiranja na strani Armije Republike BiH. Sjetimo se kakvih je krvavih građanskih ratova bilo, ali se UN nisu mogle umiješati. Sjetimo se miliona mrtvih u Kampučiji, ili Ugandi ili Ruandi.

S početka se na rat u BiH gledalo kao na sukob žrtve i agresora, što je nama odgovaralo jer je sav svijet bio na strani BiH kao žrtve. Strateški propagandni cilj Srba je bio da se to zaboravi i da se na sukob gleda kao na sukob islama i hrišćanstva. Oni su u tome potpuno uspjeli. Uzmimo za primjer samo jednu kartu vojnih operacija u BiH koja se pojavila u proljeće 1995. u detroitskim dnevnim novinama. Bosanski položaji su bili markirani polumjesecom i zvijezdom, a srpski krstom. Svjetski mediji su se sa JNA, prebacili na BSA, sto je engleska skraćenica od "Bosnian Serb Army". Isto tako "Bosnian Army", je preimenovana u "Muslim forces", a umjesto "Bosnian Government" i "Bosnian President" sve ćešće se govori "Muslim Government" i "Muslim president" jer su svi brojni srpski prijatelji i naši neprijatelji sa oduševljenjem primali te Izetbegovićeve poklone Srbima. Normalno je da je moćni hrišćanski Zapad počeo da se svrstava uz svoje hrišćane. Ta četnička pobjeda u propagandnom ratu je izvojevana onog trena kada je **Alija Izetbegović** pristao da se pregovori o budućnosti Bosne i Hercegovine vode s **Karadžićem i Bobanom.** Time je sebe s predsjednika Predsjedništva BiH sveo na "vođu muslimana" i prihvatio glavni srpski propagandni cilj da se na rat u BiH gleda kao na vjerski građanski rat. Oni koji žive na Zapadu znaju koliko su četnici dobili time. Antimuslimanska propaganda je odavno uzela maha na Zapadu i svako identifikovanje Armije RBiH s nekom vojskom koja se bori za islam je veoma otežavalo borbu prijatelja Bosne i Hercegovine da se naoruža Armija RBiH.

Osim toga, pristanak da se pregovara s **Karadžićem** je od ratnog zločinca **Karadžića** napravio diplomatu **Karadžića,** koji, zajedno s legalnim predsjednikom Predsjedništva, dogovara novi ustav Bosne i Hercegovine. Sjetimo se da je **Lawrence Eagleburger** obznanio uoči prvih ženevskih pregovora u decembru 1992. da američka administracija **Karadžića i Miloševića** smatra ratnim zločincima. Tada **Karadžić** bježi iz Ženeve (Geneva) u strahu da ne bude uhapšen. Taj gest **Bushove** administracije je bio jasan znak **Izetbegoviću** da ne pristaje na dalje pregovore. Ipak, 2. januara 1993. **Izetbegović** je otišao na pregovore sa **Karadžićem.** Time je **Karadžić,** a i njegov pokret, amnestiran za sve što je učinio. Time je **Karadžićevim** četnicima dat legitimitet da predstavljaju Srbe i taj legitimitet je oduzet srpskim članovima Predsjedništva i Skupštine Republike BiH. U istoriji je nezapamćena takva brzina legalizacije pobunjenika. Uzmimo za primjer Kurde, Baske, sjeverne Irce ili Korzikance. Decenije prolaze, a legalne vlasti Turske, Irana, Iraka ne priznaju pobunjeničkim vođama Kurda pravo da predstavljaju "svoj" narod. Pobunjeni Baski su samo teroristi i za Francuze i za Španjolce. **Izetbegović je** znao šta čini. Čak i obični, politički neuki Bošnjaci su svjesni težine toga gesta. Oni su se zgražali nad činjenicom da bi **Karadžićevi** ljudi kroz pregovore mogli postati visoki funkcioneri onog dijela Bosne i Hercegovine kojeg su etnički očistili od Bošnjaka i Hrvata i kojeg nazivaju "Republika Srpska".

Na kraju da kažem da je **Izetbegović** pristankom na pregovore sa čovjekom odgovornim za ubistva oko dvije stotine hiljada naših sinova i silovanje mnogih bosanskih kćeri pogazio dostojanstvo našega naroda. Dostojanstvo nije skolastičko pitanje. Nedostatkom nacionalnog dostojanstva "domorodaca" engleski kolonizatori su opravdavali porobljavanje drugih naroda. Možeš porobiti nekoga ko nema dostojanstva, jer nedostojanstvene ropstvo ne boli. Prikazati da kao nacija nemamo dostojanstva više je štetilo našoj suverenosti nego okupacija pola naše domovine na početku rata.

Dostojanstvo našeg naroda je prodavano i na druge načine. Navešću neke:

- Potpisivanjem svakog ponuđenog dokumenta;
- Pristajanjem na sve manje i manje;
- Jednostranim potpisivanjem mnogih sporazuma;
- Poštovanjem sporazuma koje druga strana neće da potpiše.

8.5. Pristanak da se pregovara o Ustavu Republike Bosne i Hercegovine

Pristanak da se pregovara o Ustavu BiH je treća i najkrupnija "greška". Državu karakterišu njen ustav i njene granice. Ustavom se država konstituiše, tj. nastaje. (U većini svjetskih jezika "ustav" se naziva "konstitucija".) Za dvije hiljade godina izučavanja države i prava ljudi su došli do spoznaje da je ustav sam život države. Zato u svim državama svijeta predsjednik polaže zakletvu da će štititi ustav i granice svoje domovine. Država koja pristaje da pregovara o svom ustavu čini istu grešku kao čovjek koji bi pregovarao o svom životu. Zamislite čovjeka koji bi pregovarao manirom: "Uzmite mi život; šta ću dobiti za uzvrat?" Zahvaljujući **Aliji Izetbegoviću** upravo tako "pregovara" Bosna i Hercegovina. Bosna i Hercegovina je pristala da se odrekne svoga ustava potpisujući svaki od dosad ponuđenih prijedloga svoje etničke podjele. Svaku novu "konstituciju" Bosne i Hercegovine nastalu u glavama tzv. mirovnih posrednika **Alija Izetbegović** je smjesta potpisivao, bacajući tako pod noge hiljadugodišnje tkanje istorije koje se zove Bosna i Hercegovina. Bilo da se radilo o predratnom **Kutiljerovom** planu s početka 1992. ili **Vance-Owen-ovom** planu iz marta 1993. ili **Owen-Stoltenbergovom** planu tri etničke države iz jula 1993. ili **Tuđman - Miloševićevom** planu "Unije" iz septembra 1993. ili o planu tzv. Kontakt grupe iz juna 1994. **Izetbegović** je dio plana koji se zove "Ustavni principi" uvijek potpisivao bez ikakavih problema. Za njega su problemi nastupali oko mapa. **Karadžić** je uvijek tražio dio Sarajeva, Bihać, širi koridor, enklave Srebrenicu i Žepu. Zbog straha za svoju vlast **Alija Izetbegović** nije mogao reći Bišćanima, Goraždanima, Sarajlijama, Brčacima, Srebreničanima koji su odbranili svoje domove, da treba da ih predaju četnicima. Zato su četnici uvijek odugovlačili sa svojim potpisom nadajući se da će i ove strateške tačke bez kojih nema Velike Srbije vojno osvojiti, a onda nema problema za **Alijin** potpis, kao što nije bilo problema da dobiju potpis da su Banja Luka, Prijedor, Ključ, Drvar, Šipovo, Bijeljina, Višegrad, Foča Zvornik i još mnogi gradovi države Bosne i Hercegovine postali "srpski gradovi". Prije tih izdajničkih potpisa **Izetbegović** obično drži rodoljubive govore u kojim između mnogih borbenih parola provuče i parolu tipa: "Naše je dokle je naša armija", kojom opravda svoje potpise kojima predaje do tada okupirane teritorije četnicima. Zato nisu nikakvo čudo izdaje Goražda, Bihaća, Sarajeva, Srebrenice, Žepe o kojim će biti više riječi kasnije, gdje je pokušavao da prevari branioce da pokleknu u odbrani, da npr. potpisu "sigurnosne zone" i predaju oružje, kao što mu je uspjelo u Srebrenici. Pregovori o ustavnim pitanjima Bosne i Hercegovine pokazali su još jednom praktično da su tačna teorijska znanja da su i sami pregovori s neprijateljem o ustavu smrtonosni za državu. Navedimo samo neke konkretne posljedice pregovora o Bosni i Hercegovini koji to potvrđuju.

65

9

Posljedice pregovora o Ustavu Republike BiH

9.1. Otvaranje pitanja priznanja

Otpočinjanjem pregovora s Karadžićem i Bobanom ponovo je otvoreno pitanje: "Šta s Bosnom i Hercegovinom?" To pitanje je bilo povoljno riješeno za sve lojalne građane Republike BiH, u prvom redu za Bošnjake, internacionalnim priznanjem države Bosne i Hercegovine. Otvarajući diskusiju o ustavnim pitanjima **Alija Izetbegović** je praktično poništio priznanje Bosne i Hercegovine. To još nije zvanično rečeno, ali se svi internacionalni faktori ponašaju kao da Bosna i Hercegovina kao suverena država više ne postoji i kao da je **Izetbegović** samo vođa "muslimana", što je njemu i bio cilj. Zbog takvog ponašanja američke administracije tj. Vlade, na saslušanju pred spoljno-političkim odborom američkog Senata 30. juna 1994. senator **Joseph Biden** je upitao državnog sekretara **Christophera:** "Kako je moguće da on i predsjednik **Clinton** učestvuju u podjeli suverene i internacionalno priznate države, članice Ujedinjenih nacija, Bosne i Hercegovine?" Na to je **Christopher** odgovorio: "Nije tačno da on i američka administracija dijele Bosnu, jer Amerika i međunarodna zajednica na to nemaju pravo. **Alija Izetbegović** i predstavnici Vlade Bosne i Hercegovine su prihvatili podjelu Bosne i Hercegovine na mirovnim pregovorima koji su prije nekoliko mjeseci održani u Ženevi (Geneva)." Na to je senator **Biden** oštro reagovao i rekao da je on nedavno bio u Sarajevu i Bosni, i da on pouzdano zna da su Bosanci spremni da se bore za slobodu svake stope preostalih 70% teritorija pod neprijateljskom okupacijom, da se sreo s **Alijom Izetbegovićem** i s gosp. **Ganićem,** i da su mu obadvojica rekli da bosanski narod i Vlada ne prihvataju podjelu Bosne. Na to mu je **Christopher** sa osmijehom rekao da oni vjerovatno ne razgovaraju sa istim ljudima, ali da on zna da **Izetbegović** veoma blisko sarađuje s Kontaktnom grupom na izradi mapa kojima se Bosna dijeli po principu 51% Muslimanima i Hrvatima, a 49% Srbima. Dodao je još: "Bosanci su veoma kooperativni i mi zapravo jedino sa Srbima imamo problema." Nakon toga se gosp. **Biden** više nije javljao za riječ. (Citati prema TV kanalu C-SPAN2.)

Joseph Biden je naivno mislio da **Izetbegović**, kao i svaki drugi predsjednik države, želi da sačuva svoju državu. On nije znao da je **Izetbegović** potpisao **Lord-u Owen-u** u septembru 1993. u Ženevi (Geneva) da se rješenje rata u Bosni i Hercegovini treba tražiti u podjeli BiH na tri etničke *države*. Kao posljedica toga potpisa odmah je uslijedio "plan Unije" kojega je **Izetbegović** također potpisao, a Parlament BiH srećom odbio. Vjerovatno se sada pitate: "Kako je moguće da za taj **Izetbegovićev** potpis, kojim pristaje da se rješenje traži u podjeli BiH, nisu znali američki senatori koji igraju tako važnu odluku u ratu u Bosni i Hercegovini. Odgovor je sljedeći: Ko je stvarno **Izetbegović** i šta **Izetbegović** stvarno želi zna veoma malo ljudi u svijetu. To je jedna od najbolje čuvanih tajni u diplomatskim krugovima *Zapada*. **Christopher** je otkrio senatorima dio istine, ali tek kada je bio pritiješnjen. Slično se jednom dogodilo **Lord-u Owean-u** koji je pritiješnjen nezgodnim pitanjima novinara rekao što i **Christopher;** da Bosanci (čitaj: **Izetbegović**) žele tu podjelu. I to je sve što je do sada procurilo. Neprijatelji Bosne i Hercegovine znaju da bez **Izetbegovićevih** potpisa nema ništa od podjele Bosne i Hercegovine i stvaranja Velike Srbije. Zato njegovu tajnu čuvaju kao oči u glavi. Time oni u stvari čuvaju njegovu vlast u Bosni i Hercegovini i njegov ugled u muslimanskom svijetu odakle **Izetbegović** crpi svoju financijsku moć.

9.2. Uništavanje motivacije za borbu

Druga veoma važna posljedica pregovora o "preuređenju BiH", tj. o Ustavu BiH je pad motivacije (borbenog morala) kod Bošnjaka i porast motivacije kod četnika. Naime, priznanjem Bosne i Hercegovine Bošnjaci su dobili cilj za koji se vrijedi boriti nezavisnost svoje domovine koja je već od svijeta i priznata. To priznanje je garantovalo pobjedu u ratu koji je upravo počinjao. Znali su da međunarodno priznata država ne može nestati, da su granice suverenih država nepromjenljive, tj. da silom osvojene teritorije ne mogu biti priznate kao agresorove. S druge strane, ti isti *razlozi* su uništili borbeni moral četnika. To mi je najbolje dokazao matičar zvorničkog sela Kamenice, kojeg sam sreo u januaru 1993. u Tuzli. Kamenica je bošnjačko selo koje se od početka rata našlo u četničkom okruženju u istočnoj Bosni zajedno s mnogim drugim selima zvorničke i vlaseničke opštine, Cerskom, Konjević Poljem, Srebrenicom i Žepom. Od slobodne teritorije Kalesije i Tuzle odvajao ih je samo put Zvornik-Caparde-Šekovići. To je bila jedina četnička komunikacija u to vrijeme od Srbije do Romanije i Trebevića iznad Sarajeva. Padom te komunikacije Romanija i čitav sarajevski front bi se našao odsječen od Srbije. Zato su je četnici veoma budno čuvali. Zbog nedostatka vojnika oni su osposobili 5 km dugački željeznički tunel "Križevići" za auto saobraćaj da bi skratili front za tih 5 km. To je omogućavalo našim borcima komunikaciju s opkoljenom istočnom Bosnom pješačkim stazama preko brda iznad tunela. To je bila tajna od koje je tim ljudima zavisilo sve, od imanja do života njihovih najmilijih. Zato tu tajnu nije znao niko u Tuzli osim samih ljudi koji su išli tim stazama. Meni je bilo veoma drago što sam saznao da taj obruč nije "hermetički" zatvoren. Ja sam to saznao jer sam se sa nekim od tih ljudi upoznao još u periodu dok je JNA bila u Tuzli, kada su stekli povjerenje u mene, pa su mi prilikom ratnih dolazaka u Tuzlu otkrili tajnu kako prolaze kroz obruč.

U januaru 1993. došli su pomenutim stazama neki borci iz Kamenice u Tuzlu. S njima je bio i seoski matičar. Ja sam tada bio angažiran kao novinar u *Ratnoj tribini,* novini boraca iz Zvornika, pa me glavni urednik **Hasan Hadžić** pozvao da razgovaramo s kameničkim matičarem da bi napravili reportažu. Kamenički matičar je bio veoma interesantan sagovornik, jer je vodio veoma precizan dnevnik o opkoljenoj Kamenici. Razgovor s njim mi je objasnio zašto Armija Bosne i Hercegovine pobjeđuje, mada je i gola i bosa i gladna i bez municije. Naime, svi ti faktori rata su beznačajni u poređenju s motivacijom, tj. borbenim moralom. Motivacija je odlučujući faktor rata. Razlog tome je što je čovjeku vlastiti život neizmjerno važan i neće ga ugrožavati ako zaista ne mora i ako nema dovoljno veliki i ostvarivi cilj. Tako se događalo, prema pričanju matičara iz Kamenice, da višestruko brojniji Srbi koji imaju municije u izobilju bježe od naših Kameničana koji imaju samo po 5 metaka u fišeklijama. To je zato što su Kameničani branili svoje familije i svoja imanja. Braneći imanja oni su branili svoj život jer bez tih imanja oni ne mogu preživjeti kao dostojanstvena ljudska bića. S druge strane Srbi su imali svoje familije na sigurnom i znali su da uzalud ginu jer je Republika Bosna i Hercegovina bila priznata, a Armija BiH svaki dan sve jača.

Međutim, kada je **Alija Izetbegović** potpisao **Vance-Owenov** plan u New Yorku u martu 1993. i kada su četnici vidjeli da im **Izetbegović** priznaje da je srpska zemlja ono što su vojno osvojili, njihov moral je naglo porastao. S druge strane **Izetbegovićev** potpis na **Vance-Owenov** plan je opasno narušio moral u Armiji Republike BiH. Odjednom borci iz Doboja nisu htjeli da idu na Doboj, "da uzalud ginu kada je Doboj svakako pripao nama (Bošnjacima)". Isto tako Bošnjaci iz Banja Luke koje sam sreo u BiH Ambasadi u Zagrebu su mi rekli da ne žele da se bore u Armiji BiH jer je potpisano da Banja Luka pripada Srbima, čime su oni izgubili svoje kuće i sve što imaju, te nemaju se zašto boriti.

Ta promjena u motivaciji naših i četničkih boraca se vrlo brzo odrazila i na bojnom polju. Već u aprilu 1993. ogromna slobodna teritorija Podrinja, od Kamenice kod Zvornika do Srebrenice, pala je u ruke naglo motivisanim četnicima.

Po planu Kontakt grupe Srebrenica ostaje opkoljena. Srebreničani znaju da tu nema perspektive. Zašto bi se onda borili za Srebrenicu i uzalud ginuli? To je ono pitanje koje uništava moral i koje su četnici sebi postavljali kada je Bosna bila priznata, a koje je **Alija Izetbegović** veoma vještom politikom uspio prebaciti među naše borce.

9.3. "Demilitarizacija Sarajeva" - Izdaja Goražda

Isto kao i **Busha, Izetbegović** je uspio i **Clintona** da navede da promijeni svoju bosansku politiku. I **Clinton** je s puno entuzijazma krenuo da pomogne Bosni i Hercegovini. Sjećamo se koliki je bijes **Lorda Owena,** Francuza, Engleza i Rusa bio prema **Clintonovoj** administraciji zato što je odbijala da vrši pritisak na Bosnu i Hercegovinu da prihvati nepovoljan mirovni sporazum, tzv. plan Unije, kojeg je **Izetbegović** bio prihvatio, a Skupština BiH odbila. Tada, krajem 1993. i početkom 1994., **Christopher** je više puta ponavljao da se na Bosnu ne može vršiti pritisak, a na Srbiju može. Sjetimo se pritiska srpskih prijatelja Engleza, Rusa, Francuza na **Clintona** da se ne baca hrana iz aviona u opkoljene bosanske enklave. **Clinton** je ipak odlučio da se enklave snabdijevaju iz zraka. To je značilo da četnici više ne mogu ucjenjivati enklave. Kasnije je **Alija Izetbegović** sa četnicima i UNPROFOR-om "dogovorio" da se hrana dostavlja kopnenim putem umjesto avionima NATO-a, tako da je prestalo bacanje američke pomoći padobranima. Ponovo su četnici mogli ucjenjivati državu Bosnu i Hercegovinu propuštanjem konvoja hrane za enklave. Sve do ultimatuma NATO-a poslije masakra na Markalama u februaru 1994. osjećala se **Clintonova** podrška Bosni i Hercegovini. Masakr 69 ljudi na pijaci u Sarajevu je poslužio **Clintonu** da dade ultimatum Srbima. Međutim, umjesto da tada četnike prepusti da se nose s američkim ultimatumom tj. s NATO-om **Izetbegović** četnicima još jednom, po ko zna koji put, na isti način priskače u pomoć. Počinje pregovore sa četnicima i tako njihovim advokatima Englezima, Francuzima i Rusima daje argument da je "mirovni proces uznapredovao te da se niko treći nema pravo vojno miješati i ugrožavati mirovni proces između zaraćenih strana". Osim toga, postiže i sporazum po kojem i naša strana, koja nije bila pod ultimatumom NATO-a, predaje oružje odbrane Sarajeva UNPROFOR-u isto kao i četnici, koji jesu bili pod ultimatumom NATO-a. Po tom sporazumu, poznatom u Sarajevu kao "Aerodromski sporazuam" definišu se linije razgraničenja između "sukobljenih strana" u Sarajevu i na te linije dolaze vojnici UN-a. Tim sporazumom je postignuto samo to da vojnici UN-a čuvaju Srbima osvojene dijelove Sarajeva. Četnici su mogli osloboditi velike vojne efektive za druga ratišta, pa je odmah Goražde zapalo u vojnu krizu. Sarajlije su taj **Izetbegovićev** sporazum okarakterisali riječima: "Sarajevu je smrtna kazna zamijenjena s doživotnom robijom.". Kao potpisnica tog pravosnažnog sporazuma Armija BiH više nije smjela oslobađati Sarajevo.

Primjetimo ovdje, da je taj sporazum izuzetno potpisao lično Izetbegović. Naime, Izetbegović je uvijek druge gurao da potpisuju njegove izdajničke sporazume, tako da bi naivni narod i borci psovali potpisnike, i da bi Izetbegovićev ugled i autoritet ostao sačuvan. Sjetimo se kako je gurnuo Zulfikarpašića i Filipovića da potpišu "Historijski sporazum Muslimana i Srba" 1992., ili Sefera Halilovića da potpiše "sigurnosne zone Srebrenica i Žepa"1993. kojim su naši borci u tim zonama razoružani, što je bio prvi korak do kasnijeg genocida. Sjetimo se također da je Izetbegović poslao Šaćirbegovića da potpiše ženevske sporazume o "Osnovnim principima" u septembru 1995. čime je zaustavljena Dudakovićeva ofanziva. Muhamed Šaćirbegović je relativno mlad i neiskusan čovjek, Amerikanac koji nema pojma o Bosni, niti zna šta se događa na terenu i koji je istinski omjer snaga na ratištu, te je bio apsolutno poslušan, i zato najčešća žrtva Izetbegovićevih manipulacija, i njegovo oružje u uništavanju Republike BiH.

Kada govorimo o "Aerodromskom sporazumu" Izetbegović je pokušao ponovo gurnuti svoga političkog protivnika Generala Sefera Halilovića u novu izdaju Republike BiH, ali Sefer Halilović je ovaj put znao sa kim ima posla te je odbio da potpiše "Aerodromski sporazum". Izetbegović ga nije mogao kazniti za neposlušnost jer je znao da bi svaka diskusija i publicitet mogao otkriti narodu istinu o tom sporazumu kojim je sabotiran Clintonov ultimatum. On je sve radio tiho, ne dižući veliku prašinu, jer se plašio publiciteta u kojem bi istina mogla isplivati na površinu. Međutim, ovaj put je Izetbegović bio istjeran na čistinu i morao je lično da potpiše tu izdaju Sarajeva i BiH.

Ubrzo su uslijedile posljedice toga sporazuma. Sjećamo se da je **Michael Rose,** komandant UNPROFOR-a za BiH u augustu 1994. zaprijetio da bi NATO mogao bombardovati Armiju BiH ako bude narušavala zonu zabrane teškog oružja od 20 kilometara oko Sarajeva, te da se Armija BiH morala povući sa Špicaste stijene i Igmana u novembru 1994., jer je morala poštovati sporazum. Dakle, umjesto da četnici budu suočeni s NATO-om oni su dobili jedan povoljan sporazum. Kada je vidio šta je **Izetbegović** učinio od njegovog ultimatuma i **Clinton** napokon shvata da **Izetbegović** ne želi cjelovitu Bosnu i Hercegovinu. Slično kao **Bush, i Clinton** poslije svoga neuspjelog ultimatuma pravi zaokret, tj. diže ruke od cjelovite BiH. Naime, do USA izbora u 1996. **Clinton** je morao riješiti bosansku krizu jer je to obećao u predizbornoj kampanji. Da nije bilo **Izetbegovićevog** pristanka da se Bosna i Hercegovina dogovorno dijeli, jedini put rješenja krize bi bio zaštita suverene države Bosne i Hercegovine, žrtve agresije. Ovako, **Izetbegović** je dao **Clinton-u** do znanja da je najjednostavniji i najbrži put do mira dogovorna podjela Bosne i Hercegovine. Zato sada i Amerikanci "guraju" u tom pravcu. Podjela Bosne i Hercegovine neće pokvariti moralnu sliku **Clinton-a** pred američkim biračima jer on ne čini ništa nezakonito. Naime, po internacionalnom pravu podjela države je moguća ako se tako dogovori legalna vlast te države.

10

NEKE OD IZETBEGOVIČEVIH

KONTROVERZNIH IZJAVA

Ranije sam spominjao kako oprezno zapadni diplomati skrivaju ko je stvarno **Izetbegović** i šta on stvarno hoće. Međutim, najviše dokaza da želi podjelu Bosne i Hercegovine dao je sam **Izetbegović**. U tom cilju navedimo neke **Izetbegovićeve** "misli".

U "Islamskoj deklaraciji" koju je 1970-ih izdala neskrivena četnička izdavačka kuća "Srpska reč" iz Beograda **Izetbegović** piše: "Pakistan je generalna proba uvođenja islamskog poretka u suvremenim uvjetima i na današnjem stupnju razvoja."

Ova **Izetbegovićeva** "misao" treba vidjeti u kontekstu tadašnjih "razmišljanja" tajne opozicije "komunizmu", a u stvari opozicije Republici BiH. Jer, kada je "komunizam" u pitanju Srbima je najviše smetalo to što je postojala Republika BiH, koja se poslije 1974 sve više emancipirala kao samostalan subjekt u jugoslovenskoj federaciji, i emancipacija Bošnjaka kao posebnog naroda (pod imenom Muslimani). Izetbegovićeva izjava o Pakistanu kao generalnoj probi koincidira s **Karadžićevim** planom rješavanja krize u Bosni i Hercegovini. Sjećamo se da je **Karadžić** od samog stupanja na političku scenu BiH 1990. neskriveno tražio da se stanovništvo u Bosni i Hercegovini preseljava da bi se formirale etnički čiste: srpske, hrvatske i muslimanske regije u BiH. Glavni **Karadžićev** argument je bilo formiranje Indije i Pakistana poslije Drugog svjetskog rata tzv. razmjenom stanovništva. Gornji citat iz "Islamske deklaracije" govori da je **Izetbegović** bio na istom zadatku mada je mudro šutio, znajući da to Bošnjaci ne žele. Znajući ko je stvarno **Izetbegović, Karadžić** i SDS su ga podržavali na izborima u novembru 1990. **Karadžić** je pred same izbore prijetio Bošnjacima: "Ako bude izabran **Duraković** biće rata, a ako bude izabran **Izetbegović** dogovorićemo se." Ustvari **Karadžiću** je trebao **Izetbegović** samo da bi uspješnije vodio rat, tj. da bi imao nekoga na drugoj strani ko će mu potpisivati i legalizovati silom okupirano. Najveća tragedija je to što su vještom **Izetbegovićevom** manipulacijom mnogi Bošnjaci glasali za svoje džełate. Naime, i **Izetbegovićeva** SDA je podržala izborne liste SDS-a. Tako su sami Bošnjaci olakšali SDS-u budući pokolj kao što im sada kroz Izetbegovićeve potpise olakšavaju uništenje Bosne i Hercegovine.

Evo još jednog citata iz "Islamske deklaracije".

"...Mi bismo htjeli razlikovati Židove od Cionista, ali samo ako i sami Židovi nađu snage da povuku ovu razliku. Nadamo se da im vojne pobjede, koje su zabilježili protiv zavađenih arapskih režima (ne protiv Arapa i ne protiv Muslimana) neće pomutiti razum. Nadamo se da će eliminisati konfrontaciju koju su sami stvorili, kako bi se otvorio put zajedničkom životu na tlu Palestine. Ako oni ipak nastave putem na koji ih gura njihova oholost, što za sada izgleda vjerovatnije, za islamski pokret i sve Muslimane u svijetu postoji samo jedno rješenje: **nastaviti borbu, proširivati je i produživati je iz dana u dan, iz godine u godinu, bez obzira na žrtve i vrijeme koliko bi ona mogla potrajati sve dok oni ne budu prisiljeni vratiti svaki pedalj otete zemlje. Bilo kakvo pogađanje ili kompromisi, koji mogu dovesti u pitanje ova elementarna prava naše braće u Palestini predstavlja izdajstvo, koje može razoriti i sam moralni sistem na kojem počiva naš svijet,** (naglasio M.B.)

Iz ovoga citata se vidi da je **Izetbegović** veoma dobro znao koliko su jednoj državi ili narodu štetni pregovori o vitalnim pitanjima, mnogo prije nego je sam počeo pregovarati s **Karadžićem.** Nedvojbeno da **Izetbegović** ne pravi "greške" protiv države Bosne i Hercegovine iz neznanja.

Tokom rata u Hrvatskoj Izetbegović poručuje Bošnjacima: "Ovo nije naš rat."

U martu 1992. u vrijeme srpskih barikada u Sarajevu Izetbegović kaže: "Spavajte mirno, rata neće biti."

U aprilu 1992. kada je JNA zauzela repetitore, spalila selo Ravno, ratovala na Kupresu i Bosanskom Brodu, donosila municiju i oružje "Arkanovcima" u Bijeljini i dobila **Bushov** ultimatum da se povuče iz BiH, Alija Izetbegović izjavljuje: "JNA nije agresor u Bosni i Hercegovini."

U septembru 1992. **Alija Izetbegović** prihvata Londonsku konferenciju o Bosni i Hercegovini, na kojoj se ponovo trebaju otvoriti pitanja koja su već riješena priznanjem Bosne i Hercegovine, "argumentacijom": "Bolje godinu dana pregovarati nego jedan dan ratovati." Svjedoci smo da pregovori nisu zaustavili, nego su samo pojačali rat, jer su **Izetbegovićevi** potpisi četnicima stvorili viziju uspješnog završetka rata i tako im povećali motivaciju.

U martu 1993. poslije njegovog potpisa **Vance-Owenovog** plana kojim se destabilizira i dijeli država BiH **Izetbegović** izjavljuje u Skupštini BiH: "U dilemi da li da spašavam narod ili državu odlučio sam se da spašavam narod".

Svaki srednjoškolac zna da je država osnovno sredstvo odbrane naroda. Bez državnih institucija, armije i milicije, nema ni zaštite naroda. Bez države nema ni mobilizacije u armiju, ni proizvodnje, ni zdravstva, tj. nema ni odbrane naroda. Ustvari najbolji način da se uništi narod je da mu se prvo uništi država. U Septembru 1993. poslije potpisa na **Tuđman-Miloševićev** plan unije tri države, **Izetbegović** izjavljuje: "Bosna i Hercegovina će privremeno biti podijeljena." U novembru iste godine izjavljuje: "Bosna i Hercegovina će se jednoga dana ujediniti kao što se ujedinila Njemačka." Time **Izetbegović** poredi Bosnu i Hercegovinu s agresorskom Njemačkom koja se ujedinila kada su sazreli uvjeti, samo zato što Zapadna Njemačka nikada nije prihvatila (potpisala) podjelu.

Također poslije potpisa "plana Unije tri Bosne" u ljeto 1993. **Izetbegović** bestidno izjavljuje: "Važno je da smo sačuvali državu." Unija država po definiciji nije država, ali takva infantilna laž pali kod njegovih sljedbenika, jer je već tada **Izetbegović** iz vlasti i SDA uspio izbaciti gotovo sve intelektualce i dovesti ljude koji ništa ne pitaju, nego bezpogovorno slušaju.

U svojoj knjizi "Čudo bosanskog otpora" **Alija Izetbegović** objašnjava kako vidi jedinstvenu Bosnu i Hercegovinu poslije njegovog potpisa "plana Unije" kojim se BiH dijeli na tri države. Kaže: "Postoje dva puta, dvije faze borbe za cjelovitu Bosnu. Prva je vojna faza i ona je sada u toku. Postavlja se pitanje: kada bi mogao da se završi rat? Po mom mišljenju mogao bi se zaustaviti kada se vojnim ili političkim putem oslobode krajevi u kojima muslimanki narod ima većinu. Prije toga ne bi mogao i mislim da treba da se borimo dok to ne bude postignuto. Bez obzira na cijenu. Fašizam ne može opstati. Mi ne možemo dozvoliti da Višegrad, Zvornik, Prijedor, Brčko, Kozarac, da ne nabrajam dalje, ostanu pod okupacijom Srpske vojske i da Srbi od toga grade nekakvu svoju republiku. Mi to ne možemo dozvoliti. Prema tome, ako vrate naša područja, onda bi moglo biti govora o tome da se rat zaustavi. Time bi počela druga faza, faza političke borbe za integraciju Bosne i Hercegovine. U čemu se ona sastoji? Mi bi u oslobođenom dijelu trebali da izgradimo demokratsku zemlju... I kada bi ova naša vojska danas sutra ušla, na primjer, u Drvar, vi te ljude ne možete osvijestiti silom... Mi ćemo, ako Bog da, ako dođe do mira, pokušati ovdje da stvorimo jednu uzornu republiku... Možda bi mogli tim putem, a to je proces koji će trajati dvadeset-trideset godina, da reintegriramo Bosnu."

Dakle, **Izetbegović** bestidno laže. Prvo, on otvoreno kaže da ima namjeru oslobađati jedino krajeve gdje su Muslimani bili većina, što je po definiciji podjela Bosne i Hercegovine. Sjetimo se da je na mitingu u Velikoj Kladuši pred stotinama hiljada Bošnjaka rekao kako će ratovati za jedinstvenu Bosnu i Hercegovinu i da su ga Bošnjaci u tome podržali. Lažima da se bori za jedinstvenu BiH on je dobio i izbore. Drugo, u svim "mirovnim planovima" koje je potpisivao i prije i poslije ove izjave, Izetbegović je dao Republici Srpskoj Višegrad, Zvornik, Brčko, Foču, Rogaticu, Stolac i još mnoge druge gradove s "muslimankom" većinom. Treće, **Izetbegović** zna da jednom podijeljena Bosna i Hercegovina na etničke teritorije više nikada neće biti skupljena u jedinstvenu državu. Bože, kako ga nije stid tako lagati? Kako takav lažov smije izustiti ime Božje? Kako Bošnjaci mogu slijediti takvog čovjeka, koji im uz to radi o glavi? Međutim, **Izetbegović** nije samo lažov. On je i bolesno ambiciozan čovjek. On želi apsolutnu vlast. Njemu je laž sredstvo da ostvari tu svoju ambiciju.

U dvadesetom stoljeću se pojavilo nekoliko vjerskih sekti u kojima su se pojedinci uspijevali nametnuti kao "sveci" koji su imali apsolutnu vlast nad podanicima. Neki od tih lidera su tražili i samoubistva svojih podanika da bi utažili svoju žeđ za vlašću nad ljudima. Bilo je i masovnih samoubistava čitavih sekti po želji njihovog "sveca". **Izetbegović** je pokušao kreirati svoju vlast po uzoru na takve "svece". Poznato je da je ilegalni reis-ul-ulema, **Mustafa ef. Cerić** propovijedao u Zagrebačkoj džamiji da je **Alija Izetbegović** onaj izgubljeni trinaesti prijatelj **Muhameda a.s.** Sjetimo se, **Izetbegović** je ilegalno proširio svoja državna ovlaštenja i na vjeru da bi postavio **Cerića** za reisa-ul-ulema. Za uzvrat **Cerić** koristi vjeru za promociju vođe.

U junu 1994. Izetbegović je ubijedio Skupštinu BiH da prihvati plan Kontakt grupe, kojim se Bosna i Hercegovina dijeli u omjeru 51% "Federaciji BiH" prema 49% "Republici Srpskoj", kao jedan taktički potez. Rekao je: "Plan ćemo prihvatiti jer će ga Srbi odbiti." Kada su taj plan, koji je bio ponuđen u formi "uzmi ili ostavi", Srbi stvarno odbili, on je došao na zasjedanje Generalne skupštine UN i 27. septembra 1994. tražio da se "arms embargo" Bosni i Hercegovini ne skida sljedećih 6 mjeseci, nego da UN natjeraju Srbe da prihvate plan Kontakt grupe. Tim istupom je zaustavio Kongres Sjedinjenih Američkih Država koji je već bio dvotrećinskom većinom izglasao da USA trebaju naoružati Armiju RBiH. Osim toga, plan Kontakt grupe, tj. podjela u omjeru 51% naprama 49%, je tako umjesto "taktičkog poteza" postao sudbina Bosne i Hercegovine.

Poslije potpisa plana Kontakt grupe **Izetbegović** se obraća aktivu SDA stranke riječima: **"Karadžićevo** prihvatanje plana Kontakt grupe kao osnove za dalje pregovore je uslov za produženje primirja u BiH i jedan od uslova za postizanje mira. Naš cilj ostaje cjelovita, demokratska BiH. Federalni ustroj je moguć i poželjan, ali kao federacija kantona, a ne nacionalnih teritorija. **Ovo posljednje bi podsticalo dalju tendenciju etničkog čišćenja.** Naš cilj je demokratska država, višenacionalna i višepartijska. Ovo opredjeljenje daje našem političkom modelu izrazitu prednost, pred očigledno retrogradnim, jednonacionalnim, jednovjerskim, jednopartijskim konceptom **Karadžićevog** SDS-a, ili **Bobanovog** HVO-a. Naš demokratski koncept uvjet je naše političke pa i vojne pobjede u ovom ratu. Bez tog koncepta nema cjelovite Bosne."

Bosanski patrioti se pitaju kako je moguće uskladiti prethodne **Izetbegovićeve** "zahtjeve"? Naime, sami kreatori plana Kontakt grupe ga nazivaju planom "podjele Bosne i Hercegovine na dva entiteta u omjeru 51% prema 49%, nacionalno definirana, čija bi se labava veza tek nekada u budućnosti mogla dogovoriti". Nedavno, u proljeće 1995. je, primjerice, član Kontaktne skupine **Michael Steiner** izjavio: "Primjenom plana imaju se u BiH napraviti dva entiteta Federaciju BiH i entitet bosanskih Srba od kojih bi jednoga dana valjalo napraviti nekakvu uniju."

Posebno je važno ovdje uočiti da je **Izetbegović** svjestan da podjela BiH na nacionalne teritorije "potiče tendenciju etničkog čišćenja". To je potpuno tačno jer smo svjedoci da su poslije svakog **Izetbegovićevog** potpisa "mirovnih planova" četnici intenzivirali protjerivanje Bošnjaka i Hrvata iz Banja Luke, Bijeljine, Janje i još mnogih okupiranih mjesta. Dakle, **Alija Izetbegović** je svjesno učestvovao u tome potpisujući razne podjele BiH na nacionalne entitete. Pri tome se formira jednonacionalni srpski entitet dok one teritorije gdje **Izetbegović** ima kontrolu i dalje zadržavaju multietnički karakter. To je jedna od ključnih indicija da **Izetbegović** ne pravi islamsku državu, nego srpsku državu. On je na kraju i osnovao Republiku Srpsku, a ne neku "Islamsku državu". U budućnosti će se uloga **Alije Izetbegovića** preispitati. Ove njegove riječi će biti dokaz da je on sudjelovao u "etničkom čišćenju" Bošnjaka, ne kao naivna budala, nego s predumišljajem. Gornje **Izetbegovićeve** riječi pokazuju da je on bio svjestan da njegovi potpisi na podjelu Bosna i Hercegovine pospješuju genocid, ili kako on kaže "etničko čišćenje".

Kada smo već kod pojma "etničko čišćenje" da objasnimo kako je i zašto taj ružni pojam nastao. Naime, u međunarodnom pravu postoji sasvim jasan pojam "genocid", za zločin što su ga četnici učinili Bošnjacima. Četnici su izmislili pojam "etničko čišćenje", da bi bili "odgovorni" za nešto što nije definisano kao kažnjivo. Za genocid su mogli biti kažnjeni, a za "etničko čišćenje" ne mogu, jer takav zločin još nije opisan kao kažnjiv u pravnim dokumentima. Ko će, ako ne predsjednik Predsjedništva BiH upotrebljavati ispravnu terminologiju koja tereti zločince. Međutim, kao što vidimo, **Izetbegović** radije koristi srpski termin "etničko čišćenje" nego ispravni termin "genocid".

Izetbegović dalje kaže: "Neprihvatljivi su zahtjevi da mi neprijatelju u svemu odgovaramo ravnom mjerom kako to naš narod kaže. Zašto? Prvi razlog i razlika je principijelne naravi. Mi smo demokrate, oni su fašisti. Druga razlika je što oni hoće cijepanje Bosne, i za sebe traže jedan dio tako razbijene Bosne, a mi hoćemo cjelovitu Bosnu u međunarodno priznatim granicama. (...) Uostalom mi smo država, oni su paradržave. Naša Armija je vojska, a ono njihovo su paravojske, i to je razlika, imajmo to u vidu".

U isto vrijeme dok to govori članovima svoje stranke SDA njegov izaslanik **Ejup Ganić** potpisuje **Krešimiru Zubaku** u Bonnu sporazum kojim je potvrđeno da Federacija treba ojačati, a da institucije HZ Herceg-Bosne i Republike Bosne i Hercegovine trebaju odumrijeti. Dakle, tamo gdje je važno, u međunarodno pravosnažnim ugovorima **Izetbegović** i njegova vlast potpisuju odumiranje institucija Republike BiH i osnivanje "Republike Srpske". **Izetbegović** njima daje ono što traže "crno na bijelo", dok Bosancima priča bajke. Njima potpisi, a nama šuplja priča.

Veoma vještu manipulaciju pristalica cjelovite Bosne i Hercegovine su izveli **Izetbegović** i **Silajdžić** sa Washingtonskim sporazumom. Tim sporazumom su oni postigli dva cilja. a) Washingtonskim sporazum su Bošnjaci i Hrvati dali na znjanje svijetu da i oni žele da se otcijepe iz Republike BiH. Time su autromatski stvorili prostor za legalizaciju ranije nelegalne Republike srpske. b) Tim sporazumom su Izetbegović i Silajdžić spasili **Tuđmanovu** vlast u Hrvatskoj. Naime, **Tuđmanova** politika podjele BiH, budući da je pogubna i za Hrvatsku, bila je u Hrvatskoj poražena uoči sklapanja Washingtonskog sporazuma. Javni istupi **Mesića i Manolića,** tj. drugog i trećeg čovjeka HDZ-a, doveli su hrvatske djelitelje Bosne pred pad. Washingtonskim sporazumom **Izetbegović** je hrvatskim djeliteljima Bosne dao u obećanu buduću konfederaciju pola Bosne čime su oni izvojevali pobjedu u Hrvatskoj nad istinskim hrvatskim rodoljubima **Manolićem i Mesićem. Tuđman,** koji je nepotrebno zaratio s Bosancima, izgubio je rat i bio na putu da izgubi vlast, iznenada je dobio dobru pogodbu i bio spašen. Dobivajući pola Bosne i Hercegovine u konfederaciju s Hrvatskom **Tuđman** je ispao sposoban političar koji zna šta radi. Tako je **Izetbegović** pomogao onim snagama u Hrvatskoj koje su na strani podjele BiH.

11

Bosanski kongres

Kao reakcija na otvorenu izdaju države Bosne i Hercegovine grupa Bošnjaka iz SAD formirala je organizaciju koja se nazvala "Bosanski kongres". Sve je počelo kada su se **prof. dr. Vahid Sendijarević i Stjepan Balog,** požrtvovni aktivisti humanitarci iz "Bosnia Relief Commitv", ljudi koji su poslali desetine kontejnera robe u Bosnu i objavili desetine peticija i apela za spas Bosne i Hercegovine američkim zvaničnicima i novinama, u jednoj prepisci s **Izetbegovićem** uvjerili da je on inicijator podjele Bosne i Hercegovine. Posebno "plodan" aktivista je bio **Stjepan Balog.** Prije i poslije osnivanja Bosanskog kongresa, **Balog** je objavio desetine pisama u *New York Times-u, Washington Post-u* i novinama sličnog ranga. Znatan je broj njegovih članaka objavljen u *Zajedničaru,* najtiražnijoj novini iseljenika iz Hrvatske. **Stjepan Balog** je za svoj humanitarni rad za Bosnu i Hercegovinu dobio i najvišu nagradu države Michigan. Iz jednog **Balogovog** apela razvila se sljedeća prepiska s **Izetbegovićem** koja je **Sendijarevića i Baloga** uvjerila da s **Izetbegovićem** na čelu Bosna i Hercegovina nema perspektive da preživi.

11.1. Balogova i Sendijarevićeva prepiska sa Izetbegovićem

U otvorenom pismu **Izetbegoviću,** poslije **Izetbegovićevog** potpisa "plana Unije", gosp. **Stjepan Balog** između ostalog kaže:

> Ako Vam je ipak cilj podjela Bosne, onda se nadam da ste razmislili o svim posljedicama toga čina. Da li hoćete da budete zapamćeni kao prvi i zadnji predsjednik Bosne, i njen grobar? Nakon stotina godina postojanja Bosne i bosanskog naroda,

nakon dvije stotine tisuća koji su pobijeni u ovom ratu, nakon dva miliona protjeranih sa svojih ognjišta, silovanih i mučenih, Vi ćete sada njima reći: to što je bilo je ništa? Kada budete potpisivali kraj Bosne, znajte da Vas neće gledati samo TV kamere i novinari, nego stotine tisuća duša pobijenih Bosanaca koje ćete natjerati da u svojoj smrti ostanu bez domovine. Ako su patnje bosanskog naroda tolike da se više ne može, ako bosanska vojska više nema snage i mogućnosti da se bori, nije sramota biti poražen u ratu od neprijatelja mnogo puta jačeg kojeg još uz to podržava i takozvani civilizovani Zapad. Ali potpisati podjelu nemate pravo. Vaš je zadatak da sačuvate Bosnu, a ne da je sahranite. Ako nemate snage gledati narod kako pati onda stanite na stranu i pružite priliku drugima da se bore za Bosnu.

Kao Hrvat nisam nimalo ponosan na ulogu hrvatske Vlade u dokončanju Bosne. Ali ako Vi stavite svoj potpis na podjelu Bosne, onda nećete biti ništa bolji od onih Hrvata koji su izdali i svoj i bosanski narod. Nećete biti ništa bolji ni od onih Srba koji sve čine da vide Vaš kraj, kraj Vašeg naroda.

Poštovani gospodine Izetbegoviću, Bosna ne pripada samo Muslimanima, nego svim Bosancima bilo koje vjere koji je vole i brane od neprijatelja. Oni koji vole Bosnu ne dijele je oni ginu pod njenom zastavom.

S poštovanjem Vaš

Stjepan Balog

Warren, Michigan, USA.

Izetbegovićev odgovor navodim u cijelosti.

Poštovani g. Balog,

Zahvaljujem Vam na Vašem pismu od 30. 11. 1993. Nisam se još "pomirio sa sudbinom", ali ne znam koliko je to uopće važno. Tolstoj je napisao 1000 stranica svoga slavnoga romana da bi dokazao (ili bar pokazao) da ljudi ne upravljaju istorijom.

Vrlo često se događa potpuno suprotno od onoga što ljudi hoće i nastoje. Ono što se događa u Bosni u tom smislu jeste sudbina.

Dvije premise su odredile tu sudbinu. Prva: nema Bosne bez Srba i Hrvata, i druga: Srbi i Hrvati neće Bosnu. Zaključak ćete sami izvući.

Sa prvom premisom ćete se sigurno složiti, sa drugom vjerovatno nećete, jer zašto biste inače pisali ono pismo.

Srbi me nisu iznenadili, Hrvati jesu. Tu politiku nikada neću razumjeti. Čitavo vrijeme su radili u korist vlastite štete, a tako što nisam mogao predvidjeti. Ubistvo ponekad možete spriječiti, samoubistvo obično ne možete, a Hrvati su upravo pokušali ovo posljednje i konačno su uspjeli.

Sada je ostalo da mi u eventualnom budućem obraćanju (naravno, ako želite) objasnite kako se cjelovita Bosna može napraviti bez Srba i Hrvata. Ja tu vještinu ne znam.

Mogu pretpostaviti da ćete mi govoriti o časnim izuzecima, a ja ću Vam, evo unaprijed odgovoriti da se države ne prave od izuzetaka, makar bili i časni, nego od naroda, koji ne moraju biti vrlo časni, mogu biti sasvim obični.

Ako ja ne stavim potpis na nekakav mir, vrlo je vjerovatno da će Bosna biti okupirana. Neki smatraju da je okupacija bolja od potpisa i kao primjer navode baltičke zemlje koje su nakon više od 50 godina uskrsle (jer nije bilo tog famoznog potpisa).

Upoređenje sa Baltičkim zemljama je potpuno neprimjereno. Baltičke zemlje jesu bile okupirane, ali njihovi narodi su preživjeli. Moj narod ne bi preživio okupaciju, ne 50 godina, nego ni 50 dana. Bio bi potpuno zbrisan zajedno sa svojim džamijama i svim znakovima postojanja. Zato baltički primjer za Bosnu ne vrijedi. Nažalost činjenice su takve.

Ovo nikako ne znači da za jedinstvenu i cjelovitu Bosnu nema više nikakve nade. U ovom trenutku to jeste utopija, ali utopija u koju se vjeruje i za koju se bori ponekad prestaje biti utopija. I to se događa.

Hvala Vam za Vašu ljubav za Bosnu. Sa poštovanjem Vaš

Alija Izetbegović.
Sarajevo, 6. 12.1993.

Istog dana **Stjepan Balog** odgovara **Izetbegoviću.** Između ostalog kaže:

Jedan od mojih ciljeva što Vam pišem je da se sačuva jedinstvena Bosna koja će onda biti garancija jedinstvene Hrvatske. U Vašem pismu me pitate:

"...kako se cjelovita Bosna može napraviti bez Srba i Hrvata..." A ja se pitam, šta je alternativa cjelovitoj Bosni i da li bosanski narod ima drugi put nego oružanu borbu? Ko Vama garantira da će bilo kakav sporazum o podjeli Bosne biti sproveden u život i da će bosanski narod u tom slučaju biti sačuvan? ...U slučaju Bosne, za međunarodnu zajednicu je prihvatljiva promjena granica upotrebom sile i stvaranje etničkih država metodama genocida i etničkog čišćenja. Da li Vi očekujete da će ista međunarodna zajednica štititi granice neke muslimanske državice u Evropi. Kako god obećanja međunarodne zajednice nisu bila ispunjena u Hrvatskoj neće biti ispunjena ni u Bosni. Sjetite se američkih Indijanaca. Nakon svake borbe koju su izgubili potpisali su "mir" koji je trajao dok bijelci opet nisu odlučili da otmu još malo zemlje, i onda opet jedna borba, pa "mir", pa borba, pa "mir" dok Indijanci nisu konačno izgubili sve. Za ljubav Bosne, za spas Hrvatske, nemojte olakšati posao svojim neprijateljima u Ženevi (Geneva). Vaš potpis bi samo dao legitimitet etničkom čišćenju i genocidu nad Muslimanima., a nipošto ga ne bi zaustavio. Da li se itko više sjeća muslimana iz Beograda, Šabca, Valjeva, Vranja i Užica.

Mi znamo da ste Vi i Vaša vlada više puta pokušali uspostaviti kontakte sa Hrvatskom. Vi treba da znate da ima sve više onih Hrvata koji vide spas Hrvatske u spasu Bosne. Vi niste sami u ovome ratu. Mi koji volimo Hrvatsku smo svjesni da se nećemo riješiti srpskoga agresora bez vojničke pobjede sa Bosnom kao saveznicom.

Iako uspostava odnosa sa hrvatskom Vladom izgleda nemoguća u ovom trenutku ustrajnost Vas i Vašega naroda u borbi za suverenu Bosnu će prinuditi i hrvatsku Vladu da shvati da bez suverene Bosne u njenim međunarodno priznatim granicama nema niti suvereniteta Hrvatske u njenim međunarodno priznatim granicama.

Ja Vas molim da ne idete na pregovore sa platformom o podjeli Bosne. Prihvaćanjem razgovora o podjeli Bosne eliminirate sve one Hrvate i Srbe koji žele da žive u jedinstvenoj domovini Bosni, a ne radi se o časnim izuzecima. Nemojte nipošto ući u pregovore sa pretpostavkom da je podjela Bosne neminovna. Kada su Afganistanci uspjeli protjerati Ruse, kada je jedan general u Somaliji koji kontrolira samo dio jednog grada zaustavio američku silu, kada Palestinci nakon 40 godina uspijevaju izboriti svoju domovinu, zašto onda Bosanci ne bi mogli izvojevati pobjedu protiv okupatora.

Srdačan pozdrav, s poštovanjem Vaš,
Stjepan Balog.

U pismu **Izetbegoviću prof. dr. Vahid Sendijarević** između ostalog kaže:

"... Složiću se sa vama da je većina Srba i Hrvata izmanipulisana, ali ono što gospodin **Balog** ne može znati, a to je da Vi niste ništa učinili da pridobijete bosanske Srbe i Hrvate da se bore za suverenu Bosnu. Vi sve činite da eliminišete i Muslimane koji se bore za građansku Bosnu u njenim granicama i koji se bore da sačuvaju multinacionalni identitet svoje domovine. Gospodin **Balog,** siguran sam, nije pratio Vašu predizbornu kampanju u kojoj pozivate na homogenizaciju Muslimana, a ne homogenizaciju bosanskog naroda pred već tada jasnom prijetnjom iz Beograda. U Vašem programu nema mjesta čak ni za Muslimane građanske orijentacije, pa se onda čudite kako Srbi i Hrvati neće da brane Vašu Bosnu."

Iz ovih pisama se jasno vidi da budući članovi Bosanskog kongresa tada još uvijek smatraju da se na **Izetbegovića** može uticati, pa ga savjetuju. Međutim, ubrzo su shvatili da **Izetbegović** sve što mu se govori već zna, ali da on hoće drukčije, tj. da on hoće podjelu Bosne i Hercegovine. Tada nastaje "Optužnica Bosanskog kongresa" koja je odjeknula kao bomba među Bošnjacima. Mnogi Bošnjaci su znali potpisnike "Optužnice" i znali su da nisu izdajnici. "Optužnica" je toliko pogodila **Izetbegovića** da su se u njegovoj zaštiti angažovala čak i SRNA (Srpska novinska agencija). U "Optužnici" se **Izetbegović** kritikuje zato što pregovara sa četnicima i dijeli Bosnu i Hercegovinu. Međutim, na srpskim sredstvima informisanja, potpuno suprotno tome, hvale se potpisnici "Optužnice" kao "muslimanski intelektualci koji kritikuju **Izetbegovića** što **neće** da se dogovori sa Srbima". Prema SRNI ispada da "razumni intelektualci kritikuju ekstremistu **Izetbegovića**". Znajući da će Bošnjaci biti protiv onih koje SRNA hvali, a za one koje SRNA napada, svojom "podrškom" Bosanskom kongresu SRNA ustvari daje podršku **Izetbegoviću**. Takva SRNA-ina podrška **Izetbegoviću** je najbolji dokaz da on realizuje velikosrpski projekat.

Navodim kompletan tekst "Optužnice".

11.2. Optužnica Bosanskog kongresa protiv Izetbegovića za veleizdaju Republike BiH

Bosanski kongres, Sjedinjene Američke Države 04. maja 1994. godine

GRAĐANIMA BOSNE I HERCEGOVINE U DOMOVINI I INOSTRANSTVU

Bosanski kongres, organizacija Bošnjaka iz dijaspore i prijatelja bosanskog naroda, osjeća svojom obavezom i dužnošću da pokrene sljedeću

OPTUŽNICU PROTIV ALIJE IZETBEGOVIĆA
ZA VELEIZDAJU NARODA I REPUBLIKE
BOSNE I HERCEGOVINE

1. Bosanski narod je u informativnoj blokadi od početka rata, u čijoj realizaciji učestvuju i sredstva informisanja u Sarajevu pod kontrolom **Alije Izetbegovića,** i nisu mu dostupne informacije o ciljevima i toku pregovora koje **Alija Izetbegović** vodi sa predstavnicima zločinačke Republike Srpske i predstavnicima zločinačke Herceg-Bosne. **Alija Izetbegović** je vrlo vješto stvorio uvjerenje kod naroda, koji je potpuno odsječen od

vanjskog svijeta, da pregovorima vara neprijatelje države Bosne i Hercegovine. Zapravo, jedini koji je prevaren je bosanski narod i država Bosna i Hercegovina. Prevareni su i Hrvati i Srbi koji se bore i ginu pod zastavom Armije Bosne i Hercegovine da bi odbranili višenacionalnu i demokratsku domovinu Bosnu i Hercegovinu za koju su se izjasnili na Referendumu o njenoj nezavisnosti. Ciljevi **Alije Izetbegovića** se u potpunosti poklapaju sa ciljevima onih koji su kreirali Republiku Srpsku i Herceg-Bosnu, a to je podjela teritorije Bosne i Hercegovine između Velike Hrvatske i Velike Srbije.

2. Nije li indikativno da je **Karadžić** najvatreniji zagovornik stvaranja muslimanske države i da u potpunosti podržava takozvanu Federaciju Muslimana i Hrvata, i konfederativno udruživanje nove tvorevine u Veliku Hrvatsku. Stvaranjem Federacije Muslimana i Hrvata Alija Izetbegović je legalizovao postojanje Republike Srpske u isorijskim granicama Republike Bosne i Hercegovine i time doveo u pitanje državnost međunarodno priznate države Bosne i Hercegovine i njen Ustav. Stvaranjem Federacije Muslimana i Hrvata, **Alija Izetbegović** je potvrdio tezu neprijatelja države Bosne i Hercegovine da Republika Bosna i Hercegovina i ne postoji, nego da postoje nove nacionalne države na teritoriji bivše Republike Bosne i Hercegovine. Nije li **Alija Izetbegović** onaj ko je pod predsjedničkom zakletvom preuzeo obavezu da će braniti Ustav i suverenitet Bosne i Hercegovine. U cilju stvaranja "muslimanske" državice u okviru konfederacije sa Hrvatskom (čitaj stvaranje Velike Hrvatske), **Alija Izetbegović** je doveo u pitanje opstanak Bosne i Hercegovine i opstanak njenog bošnjačkog naroda.

3. Korak po korak **Alija Izetbegović** realizuje podjelu Bosne i Hercegovine pretvarajući slobodne teritorije Bosne i Hercegovine u sigurnosne zone, potpisujući primirja kojima se oduzima pravo Armiji Bosne i Hercegovine i njenom narodu na borbu za povezivanje sa ostalim slobodnim teritorijama do konačnog oslobođenja domovine. Na većini frontova su dogovorena takva primirja, a posljednje je na brčanskom frontu od 03. maja 1994. Na osnovu primirja na brčanskom frontu, snage Ujedinjenih naroda će obezbjeđivati sigurnost koridora Republici Srpskoj od Beograda do Banja Luke i Knina. U svim slučajevima gdje je dogovoreno primirje snage Ujedinjenih nacija razdvajaju

zaraćene strane na liniji fronta, a u nekim i razoružavaju Armiju Bosne i Hercegovine. U toku rata, Armija Bosne i Hercegovine je jedina koja je bila prisiljena na nepovratnu predaju naoružanja snagama Ujedinjenih nacija na određenim bojištima (primjeri Žepe, Srebrenice i najnoviji primjer Goražda).

4. **Alija Izetbegović** vrlo dobro zna da snage Ujedinjenih nacija već preko dvadeset godina razdvajaju grčke i turske snage na Kipru. Mada podjela Kipra nikada nije međunarodno priznata, niko više ne dovodi u pitanje suverenitet turske države na dijelu teritorije bivše Kiparske Republike. Njegov cilj je da zamrzne zatečeno stanje na linijama razdvajanja do vremena kada će bosanski narod i svijet prihvatiti podjelu Bosne i Hercagovine kao konačno rješenje za "bivšu Republiku Bosnu i Hercegovinu".

5. **Alija Izetbegović** vrlo dobro zna da po međunarodnim zakonima nije moguće mijenjati granice suverene države silom, nego samo dogovorom. Zbog toga je pristanak da se pregovara o podjeli Bosne i Hercegovine veoma ojačao motivaciju okupatora. Sjetimo se koliku teritoriju su kontrolisali Armija i narod Bosne i Hercegovine prije pregovora, u januaru 1993. godine, i koliko teritorija je palo u neprijateljske ruke od tada. Početak pregovora u januaru 1993. godine okupatoru je povratio izgubljeni moral. Tada su shvatili da ne ginu uzalud i da će im sam **Izetbegović** priznati osvojeno.

6. Prihvatajući **Karadžića i Bobana** kao predstavnike bosanskih Srba i Hrvata, **Alija Izetbegović** je pristao na agresorovu "istinu" da je u Bosni na djelu građanski rat, a ne agresija protiv suverene države Bosne i Hercegovine. Sjetimo se daje u ljeto 1992. godine rezolucija 752. Savjeta sigurnosti Ujedinjenih nacija decidno ustanovila da su Srbija i Crna Gora agresori, a Bosna i Hercegovina žrtva agresije. Pregovori su omogućili reviziju te ocjene rata u Bosni i Hercegovini i zaustavili proces kažnjavanja agresora, koji je počeo ekonomskim sankcijama, ekonomskom blokadom, te isključenjem "Jugoslavije" iz Ujedinjenih nacija i KEBS-a, itd.

7. Kao rezultat dijeljenja Bosne i Hercegovine, **Alija Izetbegović** je postigao da se više ne govori o agresiji na Bosnu

i Hercegovinu, Armiji Bosne i Hercegovine nego o građanskom ratu, muslimanskoj vladi, muslimanskoj vojsci, itd. Mnoge su države bivale okupirane, ali to nije bio razlog da ih se ukine (primjer Francuske u Drugom svjetskom ratu, primjer država Istočne Evrope i drugih zemalja pod Sovjetskim Savezom, itd.). Zašto se to samo Bosni i Hercegovini događa? Zato što je svaka diskusija o ustavu i granicama države smrtni udarac državi. Ne pregovara se o takvim svetinjama kao što su ustav i granice, a na poštivanje tih svetinja državnike obavezuje i zakletva data prilikom inauguracije. **Alija Izetbegović je** bio dužan štititi, a ne trgovati s ustavom i granicama Bosne i Hercegovine.

8. Nije tačno da mi moramo pregovarati. Niko nas neće i ne može kazniti ako nećemo da pregovaramo sa okupatorima naše domovine, jer žrtva ima pravo da ne prihvati izmirenje sa svojini krvnikom i da zahtijeva njegovo kažnjavanje. Ne može žrtva postati krivac samo zato što neće da pregovara sa svojim krvnikom. Sa laži da "pregovarati moramo, jer ćemo u suprotnom mi biti krivi za nastavak rata" **Alija Izetbegović** je pokušao prevariti svoj narod i uz pomoć pregovora realizovati svoj cilj o stvaranju "muslimanske" državice na tlu Bosne i Hercegovine, po cijenu njene podjele između Velike Hrvatske i Velike Srbije.

9. Armija je dužna da štiti Ustav i teritoriju Bosne i Hercegovine u njenim istorijskim i međunarodno priznatim granicama. Stoga Armija nije dužna poštovati dogovore političara koji vode do rušenja Ustavnog uređenja i cjelovitosti Bosne i Hercegovine.

10. Zbog Bosne, zbog stotina hiljada poginulih u odbrani naše domovine, zbog bosanskog dostojanstva i dostojanstva naše djece, i djece naše djece, **Alija Izetbegović** mora biti izveden pred sud naroda za zločin veleizdaje.

Predsjedništvo Bosanskog kongresa

dr. Vahid Sendijarević   **dr. Muhamed Borogovac**
Associate Research Professor   Instructor
University of Detroit Mercy   Emmanuel College
Detroit, Michigan   Boston, Massachusetts
Tel. (248) 828-3193   Tel. (617) 363-9834

FAX: (248) 828-3069

Sven Rustempašić, dipl ing.   **Stjepan Balog**

Seatle, Washington   Warren, Michigan

Peti potpisnik nije mogao izdržati propagandu **Izetbegovićevih** medija i poltrona ličnog **Izetbegovićevog** predstavnika u SAD **Nedžiba Šaćirbegovića.** On je zamolio da njegovo ime više ne stavljamo na "Optužnicu", ne zato što je promijenio mišljenje, nego "zato što je to uzaludan posao budući da je Bosna već podijeljena". Zato njegovo ime ovom prilikom nisam ni stavio.

11.3. Ko su zaista "Mladi muslimani" Alija Izetbegović i Neđib Šaćirbegović

Uže porodice **Izetbegović i Šaćirbegović** su ključni činioci BiH politike za koje je Bosanski kongres siguran da znaju šta se istinski događa u Bosni i Hercegovini, oni koji znaju da je cilj njihovog političkog angažiranja od samoga početka bila podjela Bosne i Hercegovine. Nisu oni udovoljavali svijetu nego se "svijet" (tačnije, posrednici u pregovorima **Owen, Stoltenberg** i Kontaktna grupa) prilagodio njima, istina veoma rado. Ogromna većina ostalih Bošnjaka odanih **Izetbegoviću** su izmanipulisani veoma vještim manipulatorima **Alijom Izetbegovićem i Nedžibom Šaćirbegovićem.** "Bošnjaci" ala **Besim Velić** su se stavili u funkciju progonjenja članova Bosanskog kongresa. **Besim Velić** je niži činovnik iz Californije, prosrpski orijentisan, koji je od **Alije** dobio zadatak da osnuje novinu *Bošnjak* koja će tobože pisati protiv **Alije.** Plan je bio da se na taj način Alijin čovjek stavi na čelo bošnjačke opozicije u SAD.

Izetbegović to stalno radi, formira sebi opoziciju da bi je mogao kontrolisati. Služili su se raznim metodama u borbi protiv ugleda Bosanskog kongresa, najčešće ogovaranjem i laganjem po **Izetbegovićevoj** štampi. Bosanski kongres je sve nadživio. Znali smo da mali ljudi, tj. sitne šićarđije, nekritički slijede vođu i ulizuju se vlasti, pa se nismo puno iznenadili.

Postavlja se pitanje: Kako su **Izetbegović i Šaćirbegović** mogli tako uspješno manipulisati Bošnjacima? Jedan dio odgovora sam već dao: zato što mali ljudi slijede vođu i ulizuju se vlasti. Međutim, ima još nešto što im je omogućilo da prevare i intelektualce. Naime, **Alija Izetbegović i Nedžib Šaćirbegović** su bili zatvoreni kao Mladi muslimani poslije Drugog svjetskog rata. To je ovoj dvojici dalo oreol žrtava komunističkog terora i obezbijedilo povjerenje Bošnjaka. Međutim, ta "stavka" u njihovoj biografiji ne garantuje da su oni stvarno bili članovi te grupe omladinaca, i da su oni zaista "veliki muslimani" kakvim se prikazuju. A evo zašto.

Poslijeratni srpski komunisti u odnosu prema Muslimanima nisu bili mnogo drukčiji od današnjih četnika oko Srebrenice i Žepe. Kao što četnici danas neselektivno ubijaju sve muškarce Bošnjake koji im padnu u ruke, tako su srpski udbaši u hajci na Mlade muslimane neselektivno hapsili muslimanske omladince, bez obzira da li su odani islamu ili ne. Iskusni Udbini agenti su na kasnijim saslušanjima lahko prepoznavali ko je stvarno nacionalno ili vjerski svjestan i takvi najčešće ili nisu *izlazili živi iz* njihovih zatvora ili bi odležali dugogodišnje robije: od 10 i više godina. Sve ostale su pokušali vrbovati da rade za Udbu. Ti događaji su mi poznati jer mi ih je pričao moj amidža, **Ahmet Borogovac,** geometar iz Zvornika, koji je i sam bio uhapšen kao Mladi musliman. On se nije bavio politikom i on je dokaz da su četnici preobučeni u partizane tada hapsili koga stignu od Muslimana. Bošnjačkoj emigraciji na Zapadu su poznata imena **ing. Avde Sidrana,** arhitekte **Alije Karamehmedovića i Husrefa Bašagića** koji su pristali da rade za UDB-u da bi izašli iz zatvora, ali su potom, uz veliki rizik po vlastiti život, uspjeli pobjeći iz zemlje da ne bi okaljali obraz. Koliko njih nije uspjelo pobjeći iz zemlje? Koliko njih je nastavilo raditi za UDB-u? Naravno nećemo ih tražiti među onima koji su likvidirani na robiji, niti među onima koji su, kao npr. **Teufik Velagić, Alija Bečić, Hamzalija Hundur,** odležali preko 10 godina. Zašto su neki ležali preko 10 godina, a neki puštani poslije 1 - 3 godine? Možda je slučajno, a možda i nije, da su i **Alija Izetbegović i Nedžib Šaćirbegović** "veliki muslimani" koji su pušteni poslije kraće robije. Kada se o ovome razmišlja treba imati na umu da su bosanski patrioti na čelu s **Hamdijom Pozdercem** mnogo godina kasnije 1983. ponovo "namjestili" **Izetbegoviću** zatvor. Veoma je interesantna činjenica da **Izetbegoviev** ministar unutrašnjih poslova **Alija Delimustafić,** kojega kao špijuna Udbe karakterišu i general **Sefer Halilović i dr. Nijaz Duraković,** skriva od javnosti šta je s arhivom o Mladim Muslimanima. Evo šta o tome kaže **dr. Nijaz Duraković** u *Ljiljanu* od 9. avgusta 1995. Citiram:

"**...Muhamed Abadžić je** bio direktor *Oslobođenja i* jedne prilike mi kaže: Najveća enigma su Mladi Muslimani, ko su, šta su bili njihovi ciljevi i da li bi ti mogao napisati knjigu o njima? Još mije rekao da smo svi mi djeca u toj problematici. Upitao me je da li bi, eto ja "za velike pare" napisao jednu takvu knjigu? Može, odgovorio sam znajući da arhivu o njima i svim tim nesretnim procesima drži Udbe, čiji je šef tada bio **Duško Zgonjanin.** A kako su dali **Dervišu Sušiću** da napiše onaj nesretni "Parergon", tako što je koristio arhive Udbe, rekao sam mu neka se i meni da arhiva pa da to napišem. Mi smo tada dogovorili sve i krenuli u posao, ali odjednom, vrlo misteriozno, propada cijeli projekat, jer se na svemu tome angažirala Udba i sve zatvorila. I danas je to za mene najveća tajna: arhiva je misteriozno nestala. Da li negdje još postoji, ne znam. To bi trebalo pitati **Aliju Delimustafića,** jer mislim da ju je on naslijedio. Da li je uništena u onim ključnim momentima? Mislim da su tu prsti KOS-a i svih tajnih službi kojima je bio cilj razaranje naše države."

Vjerovatno je da skrivajući arhivu o Mladim muslimanima Udba štiti neke svoje ljude. Kada se uzme u obzir činjenica da su jedini od Mladih Muslimana koji imaju funkcije i uticaj u BiH **Alija Izetbegović i Nedžib Šaćirbegović**, nameće se pitanje: Da možda Udba ne štiti ovu dvojicu?

Veoma je interesantno i sumnjivo da je Alija Izetbegović odlezao svoju kratku, navodnu zatvorsku kaznu u isto vrijeme dok je služio tada obavezni trogodišnji vojni rok u JNA.

Interesantna je i koincidencija da su dvojica visoko obrazovanih Mladih Muslimana, Hasan Biber i Halid Kajtaz otkriveni od strane Jugoslovenskc policije tek 1949, tek pošto ih je Izetbegović kao Mladi musliman pronašao i kontaktirao po njegovom povratku u Sarajevo, poslije istovremenog služenja JNA i navodne zatvorske kazne kao Mladi musliman. Njih dvojica su za razliku od **Izetbegovića** brzo osuđeni na smrt i pogubljeni. Sjetimo se da će mnogo godina kasnije bosanski patrioti iz vremena Hamdije Pozerca osuditi Izetbegovića na 14 godina zatvora zbog "udruživanja radi rušenja Ustavnog poretka Republike BiH".

Ubrzo, nakon Optužnice, Bosanskom kongresu su se riječima podrške počeli javljati mnogi građani Bosne i Hercegovine. S druge strane, počeli su na nas napadi u štampi kontrolisanoj od strane **Alije Izetbegovića** *Ljiljanu* i *Bošnjaku*. Budući da **Alija Izetbegović** zna da u argumentovanoj polemici s Bosanskim kongresom nema šanse, naši odgovori na napade iz *Ljiljana* i *Bošnjaka* nisu nikada objavljeni u tim novinama. Mi smo ih objavili *na BosNetu*.

11.4. Aktivnosti Bosanskog kongresa

Bosanski kongres se ne bori za vlast niti za probitak bilo kojeg svoga člana. Zato u Bosanskom kongresu nema taktiziranja, nezamjeranja i podilaženja. To mogu potvrditi svi oni iz BiH vlasti i opozicije sa kojima su neki od članova Bosanskog kongresa bili u kontaktu, kao što su npr. **Alija Izetbegović, Haris Silajdžić, Stjepan Kljuić, dr. Ejup Ganić, dr. Nijaz Duraković, Adil Zulfikarpašić, dr. Rusmir Mahmutčehajić, mr. Selim Bešlagić, dr. Muhamed Filipović, dr. Zlatko Lagumdžija, Krešimir Zubak, Sven Alkalaj, Nedžib Šaćirbegović, Ivica Mišić, dr. Ismet Grbo, dr. Šemso Tanković, Hilmo Neimarlija** itd. Dakle, Bosanski kongres se bori za Bosnu i Hercegovinu pisanom riječju koju distribuira pomoću Interneta kao i faksovima i novinama. Bosanski kongres je u jesen 1994. formirao listu elektronskih adresa i faksova svih američkih kongresmena i više stotina adresa američkih i islamskih časopisa, radio i TV stanica i distribuirao istinu o ratu u Bosni i Hercegovini. U našem poslu širenja istine je mnogo pomogao Prof. Francis Boyle, profesor Internacionalnog prava na univerzitetu u američke države Ilinois (University of Illinois), koji je napisao mnoge analize o poptisanim sporazumima, a koje smo mi onda distribuirali u svijetu i Bosni. Mnogo nam je pomogao i **Craig Hamilton** iz Bostona, prijatelj

Bosne i Hercegovine i saradnik Bosanskog kongresa, koji je mnoge tekstove dotjerivao na "nativ" Engleski. U posljednje vrijeme Bosanskom kongresu veoma mnogo pomaže Washington office for Bosnia. Ovom prilikom se zahvaljujemo rukovodiocima Washington office-a Andrewu Eiva i DeDe Fuller. Evo jednog od članaka Bosanskog kongresa objavljenog na Intrenetovim konferencijama i mailing listama. Jedna takva lista je i *BosNet.*

10/31/1994.

BOSANSKI KONGRES

Pozdrav Bošnjacima,

Primili smo vašu poruku i upit o Bosanskom kongresu. Mi smo skupina bh. izbjeglica i Bošnjaka koji su izašli iz BiH i prije i za vrijeme agresije. Ima nas i ranjenika boraca i profesora na sveučilištima Sjedinjenih Američkih Država. Naša zajednička crta je da ne možemo prihvatiti podjelu naše domovine, da nećemo da mislimo da je to "faktičko stanje", da ne mislimo da "BiH neće moći biti onakva kakvom smo je SANJALI", jer je nismo sanjali nego smo je imali. Onaj koji nam to govori borio se protiv naše zemlje i naše kulture još prije ilegalnog dolaska na vlast i ulaska u koaliciju sa našim smrtnim neprijateljima. Dajući neprekidno viziju (i papire) dvjema kvazidržavama u BiH, borio se protiv same BiH u za njega neizbježnom savezništvu sa "svijetom", tj. dvjema evropskim državama (Engleskom i Francuskom) i njihovim **McKenzijima, Morijonima (Morillon), Owenima, Žipeima (Juppe)** i ostalim saveznicima Velike Srbije, sa jednim jedinim ciljem da i oni njemu omoguće i garantiraju njegov eksperiment sa "Malom Bosnom". Prvo smo mislili da je mudar kada je potpisao osnovna načela podjele BiH u Lisabonu, zatim smo bili zaokupljeni genocidom nad nama i mislili smo da postoji neki poseban razlog da ubice Bošnjaka prihvati za pregovarače. Mislili smo da postoje neke skrivene istine koje mi ne znamo kada je potpisivao "provincije", "Uniju" i plan Kontakt grupe. I cijelo vrijeme smo vjerovali da se o BiH pregovara, umjesto da se insistira na pravdi i kažnjavanju agresora, jer za to postoji argumentacija koju mi ne znamo, a naš mudri vođa istu prećutkuje da ja naši neprijatelji ne saznaju.

Bosanski kongres je sastavljen i od ljudi koji su svojim očima vidjeli karte podjele BiH na predsjedničkom stolu prije već u martu 1992; koji su pred kartom BiH na "stručnim" konsultacijama od Predsjednika Republike BiH pitani "pokažite mi gdje je ovdje naša muslimanska zemlja"; koji su radili u institucijama paralelne države u Mandaličinoj ulici u Zagrebu, a koje (**Izetbegovićeve** institucije iz Mandaličine) se nisu borile protiv četnika nego protiv legalnih institucija države BiH. Neki od nas su sjedili na molitvama u džamijama gdje su nam govorili da nije važno kolika je država, važno je da je ona duhovno velika. Čitali smo

Izetbegovićeve govore kao direktive kojima se traži da mislimo da smo svoju Bosnu sanjali, a da njegov san (tj. ono što mu ostavljaju **Milošević i Tuđman)** treba da nazovemo Bosnom. Što je najgore konačno smo se suočili sa istinom veleizdaje na jednoj strani i nevjerovatnom informativnom blokadom Sarajeva i institucija BiH sa druge strane. Dva puta završeni projekti info-satelitske-tv deblokade Sarajeva onemogućeni su u samom Predsjedništvu. I optužnica protiv **McKenzija** je tamo zaustavljena. Čudili smo se zašto se aerodromskim pregovorima ultimatumi NATO-a pretvaraju u dogovore "zaraćenih strana" koje garantira UN i britanski oficir Michael Rosc. Shvatili smo zašto se četnicima daje još šest mjeseci da prihvate pola Bosne, da bi neki **Alija** imao pravo da svoje morbidne teorije proba na 30-ak preostalih procenata BiH i da se zato otvoreno suprotstavio Kongresu Sjedinjenih Država u već donesenoj odluci o ukinuću Američkog embarga na oružje. Shvatili smo konačno da odgovor na pitanje kada će prestati nevjerovatna blokada institucija države BiH ne leži na Zapadu, nije zato kriv **Michael Rose,** ili američki "šejtan" i da je laž izjava našeg predsjednika: "Podjelu mi nismo htjeli podjelu su nam nametnuli."

Tačne su izjave **Christophera** američkim kongresmenima i **Owena** *CNN-u* da **"sve tri strane u BiH žele podjelu države".**

Za blokadu Sarajeva i ubistvo Bosne treba da budu krivi sami Bošnjaci i zato su blokirani sve do trenutka dok to ne prihvate. A da se ne bi saznalo kako je nemoguće postalo moguće, uspostavljen je čvrst savez Engleza i Francuza s "mudrim" **Alijom Izetbegovićem.** Tako **Izetbegović** ne mora ulaziti u direktni savez sa četnicima kao što je to bilo kada je pred rat sa **Karadžićem** radio na podjeli gradova na srpske i muslimanske čaršije. Međutim **Karadžić** (ali i Boban) ušli su u savez sa strukturama iz predhodnog sistema i formirali u srpski i hrvatski nacionalni front. S druge strane, **Izetbegović** je muslimane i profesionalce izolirao i krvoločnost Srba iskoristio da ih uništi, a UNPROFOR da sarajevske institucije nauke kulture i vlasti potpuno onemogući. Nakon dogovora sa **Bobanom** da njegovi ljudi uđu u Predsjedništvo umjesto **Kljuića, Izetbegović** uzima za uzvrat još jedan mandat. Taj mandat i svi sljedeći su prevara "mudrog" vođe nad vlastitim narodom. Sve odluke o podjeli BiH u kojima je garant bio **Izetbegović,** zajedno sa **Karadžićem** su ilegalne i ne smiju biti dovršene u Skupštini BiH. Onog dana kada **A. Izetbegović** završi svoj posao u BiH prestat će povijest Bosne, a Englezi će slati oružje muslimanskim milicijama i frakcijama do konačnog međusobnog uništenja svih Bošnjaka.

Najveće **Izetbegovićevo** oružje je to što nam uspješno protura stereotip da su Englezi protiv islama. Englezi nisu protiv islama koliko su protiv ambicije Bošnjaka da imaju državu. Opasnost za njihove interese nikad nije bila u džamiji nego u tome da se Muslimani dokopaju sekularne države. Pa i sam četnik **Vuk Drašković** je rekao za Bošnjake: "Ja bi im džamije gradio, ali država je nešto sasvim drugo." Englezi su tu školu završili još kada su stali na stranu arapskih šerijatskih vođa u borbi protiv turske parlamentarne ideje. Bili su i sada su na strani onoga ko propovijeda "država glupost, nacija luksuz" ili "važan je narod, a ne država". To su riječi **Alije Izetbegovića,** čovjeka kojemu se sami Englezi dive kada izjavljuje da "svijet" želi podjelu Bosne.

Bosanski patrioti, nadamo se da ćete svojim radom deblokirati makar mali dio sarajevskih novinara, javnih radnika, političara, ali i vojnika i rodoljuba. Svim onim koji misle da u **Izetbegovićevim** postupcima postoji skrivena mudrost kao i onim koji ne mogu da vjeruju da postoji u jednom čovjeku takva vrsta fatalne bezosjećajnosti poručujemo: "Nakon uvida u političku scenu nas koji smo van blokade postaje jasno na koga se oslanjaju svi neprijatelji Bosne i kreatori bošnjačke tragedije."

Puno sreće želimo i našima i kod Kupresa i kod Krupe i Tešnja i Igmana i Konjica. Poručujemo vam da ne mislite da je iza toga skriveno oružje i politika **Alije Izetbegovića.** To se sam život brani i to uspješnije što je dalje od **Alijine** strategije demilitarizacije BiH. Ovih pobjeda ne bi bilo da Peti korpus nije otkazao već postignute dogovore o demilitarizaciji bihaćke "sigurnosne" zone. Za Sarajevo i Igman to ne vrijedi. Tamo je **Izetbegović** prihvatio podjelu grada i regije pod okriljem UN-a koje nikada neće dozvoliti narušavanje granica silom nego samo dogovorom. O tome jasno govori slijedeća izjava UNPROFOR-a vezana za demilitarizovanu zonu na Igmanu uspostavljenu Aerodromskim sporazumom poslije Clintonovog ultimatum Srbima: "The United Nations can not allow either side to violate agreements such as the one establishing the demilitarized zone." (Prevod: "Ujedinjene nacije neće nikada dozvoliti nijednoj strani da krši dogovore kao što je dogovor o uspostavljanju demilitarizovane zone.")

Dragi Bošnjaci i prijatelji Bosne i Hercegovine, pozivamo vas da se javljate na Intrenet E-mail adresu Bosnaskog kongresa *Bosanski_Kongres@nkrbih.com* i da posjetite našu web stranicu *http://www.republic-bosnia-herzegovina.com/* .

Molimo da na ovu adresu šaljete vaše radove, vijesti, informacije i sve ostalo o Bosni i Hercegovini što:

- može pomoći očuvanju njenog državnog i ustavnog kontinuiteta,
- nepromjenjivosti granica (ni ratom ni dogovorom),
- neupitnosti njene državne teorije zasnovane na univerzalnim istinama zajedničke svjetske civilizacije,
- deblokiranju institucija države, nauke, kulture i umjetnosti u R. BiH,
- suprotstavljanju institucijama formiranim u svrhu podjele teritorije R. BiH.

Slobodno osnivajte ćelije Bosanskog kongresa, samo nas predhodno informišite o tome.

Musadik Borogovac, Bosanski kongres USA

12

ZAŠTO AMERIKA NIKADA NIJE NAORUŽALA ARMIJU REPUBLIKE BiH

Na web stranici Američkog kongresa ***http://thomas.loc.gov*** , lako je pronaći sve zakone i odluke o Bosni i Hercegovini i brojeve glasova kojim su usvajani za vrijeme rata u Bosni 1992-1993-tj. tokom 103. i 104. saziva Kongresa USA. Potrebno je da u formular za pretraživanje na toj stranci u kvadrat "Congress" izaberete 103 i 103, u kvadrate Sponsor/Cosponsor" izaberete sponzore i kosponzore u listama senatora i kongresmena koje će vam se otvoriti u tim kvadratima. Zatim u kvadratić "Legislation and law numbers" izaberite broj odgovarajućeg zakona, itd. I onda kliknite na „Search" („Pretražuj"). Slijedi spisak informacija po kojima se mogu vršiti pretraživanja za sve doli nabrojane zakone kojima su pravosnažno u kongresu donošene odluke da se naoruža Armija Republike, BiH, a koje je redom Alija Izetbegović sabotirao, tako što je kretao u nove pregovore o "miru u Bosni", te je Clinton uvijek imao pravo da stavi veto, da zaustavi naoružavanje Armije RBiH.

Slijede izvodi sa osnovnim informacijama oba doma Kongresa, Predstavničkom domu, i Senatu (House of the Representatives, and Senate) o skidanju američkog embraga Armiji Republike BiH, i između njih kratki prevodi osnovnih činjenica. (Imajmo na umu da Amerikanci kada pišu datume uvijek stavljaju prvo mjesec, pa dan, pa godinu. Dakle, 1/4/1995 znači 4. januar 1995, što sam ja svugdje u ovom članku i preveo.)

Iz slijedećeg izvoda ćete vidjeti da je 5/12/1994 (12. maja 1994) izglasana u Senatu Bob Dole-ova Rezolucija sa 50 : 49 glasova "za" i "protiv", po kojoj "Sjedinjene američke države ukidaju svoj embargo na oružje Vladi Bosne i Hercegovine". Broj kosponzora je bio 33. Broj glasanja 111. Slijedi citat u originalu na Engleskom.

54. S.AMDT.1695 to S.2042 To provide for the termination of the United States arms embargo of the Government of Bosnia and Herzegovina.

Sponsor: Sen Dole, Robert J. [KS] (introduced 5/10/1994) (predstaljena 10. maja 1994) Cosponsors: 33, Latest Major Action: 5/12/1994 (12. maja 1994) Senate amendment agreed to. Status: Amendment SP 1695 agreed to in Senate by Yea-Nay Vote. 50-49. Record Vote No: 111.

https://www.senate.gov/legislative/LIS/roll_call_lists/ roll_call_vote_cfm.cfm?congress=103&session=2&vote=00111

Iz slijedećeg izvoda vidite da je ubrzo zatim rezolucija o naoružavanju Bosne i Hercegovine od strane USA prošla u drugom domu Kongresa (House) 6/9/1994 (tj. 9. juna 1994.) i da je tada odobreno 200 miliona US Dolara koje predsjednik USA može odmah dati za naoružavanje Armije BiH "kada to Bosanska vlada zatraži". Slijedi citat u original na Engleskom.

26. H.AMDT.611 to H.R.4301 Amendment requires the President to unilaterally lift the arms embargo on Bosnia and gives the President the discretion to provide up to $200 million in defense articles and services to the Bosnian government upon its request for such aid.

Sponsor: Rep McCloskey, Frank [IN-8] (introduced 6/9/1994) (9. June 1994) Cosponsors: (none) Latest Major Action: 6/9/1994 House amendment agreed to. Status: On agreeing to the McCloskey amendment (A025) Agreed to by recorded vote: 244 - 178 (Roll no. 222).

Nažalost, Bosanska Vlada nije zatražila naoružavanje Armije RBiH, ali budući da se nastavlja agresija, senatori ponovo stavljaju BiH na dnevni red. Sada ima još više glasova za naoružavanje BiH. Senat ponovo glasa 11. avgusta 1994., sada sa značajnom većinom od 56 : 44. Evo osnovne informacije o tome, u originalu na Engleskom:

64. S.AMDT.2524 to H.R.4650 To express the sense of Congress concerning the international efforts to end the conflict in Bosnia and Hercegovina and to establish a process to end the arms embargo on the Government of Bosnia and Hercegovina.

Sponsor: Sen Nunn, Sam [GA] introduced 8/10/1994, (predstavljena 10 avgusta 1994) Cosponsors: 4 Latest Major Action: 8/11/1994 (11. avgusta 1994). Senate amendment agreed to. Status: Amendment SP 2524 agreed to in Senate by Yea-Nay Vote. 56-44. Record Vote No: 279.

U tom trenutku, SAD su još bile u prilici da pomognu građanima Republike Bosne i Hercegovine da sačuvaju svoju jedinstvenu domovinu, a u Kongresu SAD-a je postojala snažna volja da to učine, da budu na pravoj strani istorije. Samo je jedan čovjek to mogao zaustaviti - bosanski predsjednik Izetbegović, ako odbije ponuđeni poklon. I upravo se to dogodilo: Izetbegović je došao u SAD, na zasjedanje Generalne skupštine UN-a 27. septembra 1994. godine i zatražio od UN-a da UNPROFOR ostane i slijedećih šest mjeseci, znači da se odgodi skidanje američkog embarga na oružje Bosni za šest mjesci, pogledajte link:

https://undocs.org/en/%20A%20/%2049%20/%20PV.7, strana 8.

Taj Izetbegovićev potez je predstavljen Bosancima, koji su bili pod informativnom blokadom režimskih medija, kao mudar potez koji će dovesti do mira. Očito da je to bila samo još jedna obmana. **Imajmo na umu da će se genocid u Srebrenici dogoditi 11. jula 1995., punu godinu nakon Izetbegovićevog odbijanja da naoruža Armiju Republike BiH američkim oružjem.** Nikad se prije nije dogodilo da napadnuta zemlja odbije oružje od svojih prijatelja.

Naravno, mnogi evropski i američki mediji su objavili vijest o Izetbegovićevom „odgađanju" naoružavanja Armije RBiH - nažalost, ne dovodeći u pitanje besmislene Izetbegovićeve izgovore za tako krajnje neobičan potez. Na primjer, u istom govoru u UN-u Izetbegović je tvrdio da naoružavanje Bosanaca može naljutiti Srbe i da se oni zato mogu osvetiti njihovim moćnim oružjem. Svi znamo da su Srbi od samoga početka rata maksimalno koristili svoja oružja, jer oni su željeli da što prije završe rat u kojem su i oni žestoko patili zbog sankcija, blokada, osuda iz svijeta, i pogotovo zato što su i oni sve više ginuli na ratištima. U stvari, situacija na ratištu je bila takva da je Armija RBiH, čak i bez odgovarajućeg oružja, ili držala svoje položaje ili je napredovala, jer Bošnjaci nisu imali drugog izbora nego da brane gole živote svojih najbližih. Svakim danom je Armija RBiH postajala jača. Na primjer, Armija RBiH je imala oko dvostruko više vojnika od Srba. Samo su neprekidni pregovori i parcijalna primirja sprječavali da se razbuktaju borbe i da Armija Republike Bosne i Hercegovine iskoristi tu svoju prednost i izbaci četnike iz Bosne i Hercegovine.

Kako se rat nastavio, američki Kongres se vratio pitanju naoružavanja Armije RBiH u januaru 1995. Dakle, ima još šest mjeseci do genocida u Srebrenici. Evo osnovnih činjenica o novoj rezoluciji, na koju je Clinton stavio veto zato što su "Bosanci ponovo izabrali mirovni proces radije nego naoružavanje":

S.21 Naslov: Nacrt zakona o ukidanju embarga na oružje Sjedinjenih Država koji se primjenjuje na Vladu Bosne i Hercegovine.

Sponzor: Sen Dole, Robert J. [KS] (predložen 4. januara 1995). Kosponzori 18, Prethodni povezani zakoni: H.RES.204, HR1172. Posljednja velika akcija: 11. avgusta 1995. je stavljen veto od strane predsjednika.

Tekst ovog Zakona može se naći na web stranici Kongresa SAD-a. Evo citata iz zaključka:

4. UKIDANJE EMBARGA NA ORUŽJE.

(a) UKIDANJE (embarga) - Predsjednik će ukinuti američki embargo na oružje Vladi Bosne i Hercegovine, ukoliko se učini slijedeće, nabrojano u pod-tački (b):

(b) (1) Vlada Sjedinjenih Država primi zahtjev od Vlade Bosne i Hercegovine za ukidanje embarga na oružje, i da u ostvarenju svojih suverenih prava kao nezavisna nacija podnese zahtjev Vijeću sigurnosti Ujedinjenih nacija za odlazak UNPROFOR-a iz Bosne i Hercegovine; ili

(2) dođe do odluka Vijeća sigurnosti Ujedinjenih nacija, ili do odluke zemalja iz kojih dolaze snage UNPROFOR-u da povuku svoje vojnike UNPROFOR iz Bosne i Hercegovine.

– kraj citata iz Zakona.

Ponovo Izetbegović nije zatražio da nam se isporuči već odobreno oružje, i kao sto znamo događa se Srebrenica. Odmah nakon genocida u Srebrenici, 26. jula 1995. godine, oba doma

Kongresa su dvotrećinskom većinom glasova usvojila prijedlog zakona S21 (Zakon o samoodbrani Bosne i Hercegovine), 331 glas za nacrt u Predstavničkom domu i 69 u Senatu, vidi link

http://www.senate.gov/legislative/LIS/roll_call_lists/ roll_call_vote_cfm.cfm?congress=104&session=1&vote=00331

ili, ako želite pogledajte jedan od članaka koji se tada pojavio u štampi, npr.

https://www.baltimoresun.com/news/bs-xpm-1995-07-27-1995208099-story.html

To je značilo da ovaj zakon ima dovoljan broj glasova tako da ni Clinton-ov veto ne može spriječiti američko naoružavanje Armije Bosne i Hercegovine, jer kongresmeni u ponovnom glasanju imaju pravo da ponište Clinton-ov eventualni veto. Clinton je zaista uložio veto 11. avgusta 1995. sa objašnjenjem, prema NY Times-u od 12. avgusta 1995, da se "nada da će novi udruženi diplomatski i vojni napori na Balkanu omogućiti dovoljno podrške u Kongresu, da će se održati veto". To mu je omogućio Alija Izetbegović koji je ponovo insistirao na "mirovnim pregovorima" umjesto na naoružavanju Armije RBiH, i koji je tada intenzivirao pregovore o "Planu kontakt grupe" tj. o podjeli 51% – 49%. Taj dogovor je i potpisan 8. septembra 1995 u Ženevi (Geneva). To je zaista omogućilo da se održi Clinton-ov veto. Uznapredovali pregovori i dogovoreni mir na vidiku su ubijedili kongresmene da ne ponove odmah glasanje kojim bi poništiti Clinton-ov veto.

Konačni udarac američkim pokušajima naoružavanja Armije RBiH dogodio se kada je Izetbegović došao u UN, i na zasjedanju Generalne skupštine UN 24. oktobra 1995. godine potpuno poništio veliki napor koji su bosanski prijatelji u američkom Kongresu poduzeli u dugoj političkoj borbi da naoružaju Bosance. Izetbegović je u tom svom govoru, predstavljajući se na riječima kao bosanski patriota, izbjegao da ispostavi zahtjev za naoružavanje Armije RBiH, i da zatraži povlačenje UNPROFOR-a koji svakako nije ispunio svoju funkciju čuvanja sigurnosnih zona. Upravo suprotno, on je tražio da ostane UNPROFOR, tako da uslovi iz pod-tačke (b) rezolucije Senata S21, ne budu ispunjeni, tj. da Amerika ne može naoružati Armiju RBiH. Time je trajno sahranio S.21. tj. Zakon o ukidanju (američkog) embarga Vladi BiH.

Ovaj put je na Generalnoj skupštini UN-a Izetbegović ispravno kazao da Bosanci ionako pobjeđuju u ratu, da bi zaključio da naoružavanje nije ni potrebno. Primjetimo da je taj argument u suprotnosti s njegovim obraćanjem Generalnoj skupštini UN-a od 27. septembra 1994. kada je predstavio Srbe toliko snažnim da se plašio njihove osvete ako bi Bosanci prihvatili američko oružje. Ovaj put je rekao: "Pristupamo ovoj mirovnoj inicijativi koju su poduzele Sjedinjene Države i njen predsjednik (Plan kontakt grupe, M.B.), s velikim povjerenjem i s puno nade. Našem narodu je potreban i želimo mir. Nismo započeli ovaj rat, i iako pobjeđujemo, nismo sanjali da budemo pobjednici u ratu. Uvijek smo radili na postizanju mira i želimo da budemo pobjednici u miru."

Znači, Izetbegović nas jednom prikazuje slabijim, i to mu služi kao razlog da nas ne treba naoružati, a drugi put nas prikazuje jačim od Srba, i sada mu je to razlog da nas ne treba naoružati?!

Pored toga, Izetbegović sada traži od Amerikanaca da razoružaju Srbe, a ne da naoružaju Armiju Republike BiH. On kaže:

> **"Da bi se postigao mir - i još više – da bi se održao, potrebno je uspostaviti ravnotežu u naoružanju. Taj balans se može uspostaviti na višem ili nižem nivou. Prednost dajemo drugom, pa zahtijevamo smanjenje srpskog teškog naoružanja."** (Vidi „Izjava predsjednika Alije Izetbegovića, Posebni prigodni sastanak Generalne skupštine povodom pedesete godišnjice Ujedinjenih nacija, 24. oktobra 1995.", link: *https://undocs.org/en/A/50/PV.39*, stranica 14)

Svi znaju koliko je komplikovana procedura usvajanja zakona u američkom Kongresu. Ipak, Alija Izetbegović je odjednom samo odbacio dugo čekani rezultat upornog rada naših prijatelja u američkom Kongresu da naoružaju Armiju suverene države BiH, žrtve agresije; i umjesto toga zatražio da urade sasvim drugi i eksponencijalno teži zadatak, da oni razoružaju Srbe, gdje bi Amerikanci morali slati vojnike da ginu za nas. Bob Dole, McCloskey, Lugar, Lieberman, Biden i mnogi drugi izvojevali su veliku pobjedu u političkoj bitci za Bosnu, tek da bi vidjeli da su ispali naivni i shvatili da su Clinton i Christopher bili u pravu kad su im govorili da čelnici Republike BiH, Izetbegović, Silajdžić i Ganić sarađuju sa Srbima u podjeli zemlje.

Nakon tog debakla, i naši prijatelji u američkom Kongresu odustali su od borbe za jedinstvenu Republiku Bosnu i Hercegovinu i pustili Clinton-ovu administraciju da traži mir koji je već bio na dohvat ruke, ali po Izetbegovićevim željama, a to je u stvari bilo upravo ono što su i Srbi željeli - podjela Bosne.

Na kraju, kroz govor senatorke Olympia-e Snowe, podsjetimo na neke argumente američkih kongresmena i senatora u njihovoj neuspješnoj borbi da naoružaju Armiju Republike BiH.

Kako smo gore objasnili, nakon genocida u Srebrenici, američki Kongres je odlučno krenuo u političku akciju da naoruža Armiju RBiH. U toj akciji, posebno je bilo interesantno izlaganje senatorke Olympia J. Snowe iz savezne države Main. Ona je objasnila da, zapravo, **embargo na oružje UN-a** prema Bosni i

Hercegovini nikada nije postojao, već se taj embargo odnosio samo na bivšu Jugoslaviju kao politički entitet, a ne kao na geografski region. To je razlog što su se Slovenija i Hrvatska slobodno naoružale te ni naoružavanje Bosanaca ne bi bilo u suprotnosti ni sa kakvim embargom na oružje

http://www.c-span.org/video/?66260-1/senate-session&start=12244

Zato Amerikanci nisu sprječavali iranske isporuke oružja Petom korpusu koje su išle mimo Izetbegovićeve Vlade. Nažalost, bosansko rukovodstvo se nije ponašalo kao slovenačko i hrvatsko i nije htjelo naoružati Bosnu i Hercegovinu. Umjesto toga oni su odlučili da ponavljaju bosanskom narodu i svijetu laž da je Bosna pod embargom na oružje. To je bio njihov izgovor da ne naoružavaju Armiju Republike BiH, čime su omogućili da se genocid dogodi.

Do američke intervencije konačno je došlo u oktobru 1995. Na žalost, tada je bilo prekasno da se spasi Republika Bosna i Hercegovina, jer je Izetbegovićev izaslanik, Muhamed Šaćirbegović već 26. septembra 1995. godine u Ženevi, priznao Republiku Srpsku na 49 posto teritorije Bosne i Hercegovine. Okolnosti pod kojima je on na brzinu potpisao taj dokument su opisane u poglavlju "13.5 Srbi su poraženi na bojnom polju". Dakle, Izetbegović se nije protivio američkoj intervenciji u tom trenutku, jer tom intervencijom je samo utvrđen pazar i kao rezultat toga pazara zaustavljena je pobjedonosna Armija Republike BiH ispred Banjaluke i Prijedora da bi se sačuvala formula 51% - 49%. Zato, čim je Armija RBiH oslobodila 51 posto teritorije BiH, Amerikanci su rekli: "Stanite, morate poštovati dogovor koji je potpisala vaša vlada."

13

KRAJ RATA

13.1. Izdaja Bihaća

Rat u Bosni i Hercegovini nije Srbima donio vojničku pobjedu. Mada su iznenada napali na nenaoružane Bošnjake, oni ipak nisu uspjeli zauzeti širi koridor kod Brčkog, Goražde, Bihaćki željeznički čvor i veći dio Sarajeva, bez čega nisu mogli zamisliti Veliku Srbiju. Bez bihaćkog željezničkog čvora nema dobre veze sa srpskom paradržavom Krajinom u Hrvatskoj. **Izetbegović** nije mogao potpisati da je Bihać srpski, jer su ljudi u Bihaću odbranili svoja ognjišta, pa bi izdaja bila očigledna. Zato je u decembru 1994. u jeku najveće srpske ofanzive na Bihać posredovanjem **Jimmy-a Carter-a Izetbegović** dogovorio primirje sa "bosanskim Srbima" na teritoriji cijele Bosne i Hercegovine. Srbi iz Hrvatske nisu htjeli potpisati to primirje, tako da su oni imali pravo napadati Bihać. U praksi to je značilo da i četnici iz Bosne i Srbije također mogu napadati na Bihać, jer niko nije kontrolisao lične dokumente napadača na Bihać. To je stvarno dovelo do strahovite ofanzive na Bihać. Jedinice Armije BiH na Majevici, Ozrenu, Treskavici itd. su poštovale primirje dok su četnici sa njihovih ratišta išli na Bihać. Tih dana Bihać je umirao pod četničkim granatama i pod blokadom dok je Bosna umirala od stida zbog izdaje. **Alija Izetbegović** se nadao da će Bihać pasti i da će tako biti ispunjena još jedna velikosrpska želja, tj. uklonjena još jedna prepreka do **Karadžićevog** "mirovnog" potpisa. Kada je Bihaću bilo najteže, uključila se i "međunarodna zajednica" svojim "spasonosnim" prijedlozima. Predlagali su da se Bihać demilitarizira, da bude „sigurnosna zona" po uzoru na Srebrenicu, da bi ga Srbi poštedili. Naravno, **Izetbegović** se složio sa takvim "spasonosnim" prijedlogom. Međutim, general **Atif Dudaković,** komandant Petog korpusa Armije BiH je odbio da potpiše sporazum izjavljujući da je "sigurnosna zona samo tamo gdje je Armija BiH". Time je Bihać, za razliku od Srebrenice i Žepe, koji su vjerovali **Izetbegovićevoj** diplomatiji, spašen.

Na kraju evo i publikovanog dokaza da su srpski vojnici iz cijele BiH zaista išli u napad na Bihać, što je svako mogao pretpostaviti, samo eto tobože **Alija Izetbegović** nije, pa je potpisao primirje na ostalim frontovima u BiH dok je trajala ofanziva Srba na Bihać.

U *Ljiljanu* br. 96 od 16. novembra 1994. na strani 18, od četnika koji su zarobljeni u akciji od 28. oktobra 1994. kod Kalinovika saznajemo: "Naglo pražnjenje (četničkih) magacina dogodilo se kada je 200 dobrovoljaca 1. gardijske i 300 Kalinovčana otišlo na bihaćko ratište." Dakle, četnici su prorijedili ostale frontove da bi skoncentrisali vojsku na Bihaću. Zašto naši nemaju naredbu da udare na svim tako prorijeđenim četničkim linijama i tako pomognu Bihaću? Kako su četnici znali da naši neće udariti, pa su se usudili ostaviti gotovo nebranjena mnogobrojna srpska naselja, kao npr. Kalinovik?! Zašto **Alija** predlaže za Bihać rješenje kao u Srebrenici i Sarajevu, što bi značilo da Bihać legalno ostaje opkoljen četnicima do daljnjeg. Kako Sarajlije ne smiju zauzeti Špicastu stijenu i Igman, tako ni Bišćani ne bi smjeli krenuti u povezivanje sa ostalim korpusima. Srećom, **Dudaković** nije pristao na razoružanje, tj. nije pristao na sudbinu Srebrenice.

I dogodilo se da je Bihać postao srpski Staljingrad. Na Bihaću su Srbi iz Hrvatske "slomili zube" i shvatili da će zauvijek ostati daleko od Srbije, bez dobre komunikacije. Izginuli su, a ništa nisu postigli. Potpuno su izgubili borbeni moral, te su tako demoralisani ubrzo postali lagan plijen kada je Hrvatska vojska krenula u ofanzivu Oluja, kojom je oslobodjena Hrvatska.

13.2. Pad Srebrenice

Ranije smo vidjeli kako su se pregovori nepovoljno odrazili na moral boraca Podrinja i porast morala četnika. Međutim, sam pad motivacije boraca Podrinja nije bio dovoljan da ih se potpuno porazi. Tri četnička korpusa, Užički, Valjevski i Nikšički su bila angažovana u napadu na slobodno Podrinje, na početku rata, u aprilu 1993. Zauzeti su Kamenica, Cerska, Konjević Polje, ali ne i Srebrenica i Žepa. Velika bošnjačka vojska se slila u Srebrenici i Žepi. Srbi tada nisu mogli zauzeti Srebrenicu i Žepu. Da su mogli oni bi to i učinili. Tada je to bio manji grijeh prema međunarodnoj zajednici jer to još nisu bile "sigurnosne zone". Osim toga, Srbi su znali da ne mogu vječito držati tri korpusa oko Srebrenice i Žepe. Znali su da će se Bošnjaci ponovo razmiliti po cijeloj istočnoj Bosni čim se ti korpusi raziđu. (To im se kasnije dogodilo s Bihaćem.) Jedini način da *zadrže* istočnu Bosnu bio je da postignu primirje u Srebrenici i Žepi koje će im čuvati osvojene teritorije umjesto četničkih korpusa. **Alija Izetbegović** je pristao na to. Pristao je na razoružanje Srebrenice i Žepe. Time je velika Bošnjačka vojska praktično demobilisana, a tri četnička korpusa su krenula na

Goražde, Trnovo i Igman. Naš naivni narod je mislio da je **Alija** prevario četnike jer "mi UNPROFOR-u nismo predali većinu oružja". Ustvari **Alija Izetbegović** je prevario Bošnjake jer zbog njegovih sporazuma sa četnicima Podrinjci nisu imali pravo krenuti iz Srebrenice oslobađati svoja sela kada su četnički korpusi otišla dalje na Goražde, Trnovo i Igman. Tako su **Izetbegović** i četnici pomoću političkog lukavstva, a ne vojno, uspjeli neutralisati Bošnjake iz Podrinja. Da su Podrinjci imali **Dudakovića** umjesto **Nasera Orića** sada bi Srebrenica bila drugi Bihać. Naime, sjetimo se kako je u sličnoj situaciji u decembru 1994., kada su tri četnička korpusa poveli veliku ofanzivu na Bihać i došli 700 metara od bolnice, **Dudaković** odbio demilitarizaciju Bihaća riječima: "Sigurnosna zona je samo tamo gdje je Armija BiH." Kada su kasnije udarni četnički korpusi otišli na druga ratišta Bišćani su povratili sve teritorije. Ovim ne želim da krivim **Nasera Orića** za izdaju. On je mlad i za politiku neiskusan čovjek i poveo se za vlašću, te je gradio karijeru, a zaboravio na osnovni zadatak, odbranu grada kojem je bio komandant. Tako je postao lagana žrtva manipulacije. Za izdaju je kriv je onaj ko je bio zadužen da se bavi politikom. Srebreničani će jednoga dana biti svjedoci optužnice kada se bude sudilo **Aliji Izetbegoviću** za veleizdaju.

Kako se dogodio finalni čin pada Podrinja, tj. pad Srebrenice 11. jula 1995.? Na mitingu u Bostonu organizovanom u znak protesta zbog pada Srebrenice bivši službenik u Predsjedništvu BiH, gospodin sa inicijalima B. K. mi je kazao da su najbolje jedinice iz Srebrenice pod komandom **Nasera Orića** prije pada Srebrenice izašle na tuzlansko ratište. Pukovnik Armije BiH **Šefćet Bibuljica** mi je to potvrdio i dodao da su sa Srebrenicom saobraćali helikopteri Armije BiH i da su za godinu i šest mjeseci mogli dostaviti dovoljno municije da se Srebrenica odbrani. Mojoj sestri je poslije pada Srebrenice priznao i Izetbegovićev "savjetnik" **Kemo Muftić,** da je **Naser Orić** ranije izveden iz Srebrenice. Takvim potezima rukovodstva BiH je očigledno odbrana Srebrenice obezglavljena. Postavlja se pitanje: "Zašto ta poroznost četničkih položaja nije iskorištena za dobavljanje dovoljno municije za odbranu, umjesto što je iskorištena da se odbrana Srebrenice obezglavi?

Neki Srebreničani su otišli i na Sarajevsko ratište kada im je **Izetbegović** pompezno naredio deblokadu Sarajeva 15. juna 1995. Mnogi vojni komentatori su se u vezi s tom **Izetbegovićevom** komandom pitali zašto je on javno oglasio tu akciju? Ni NATO pakt ne ide u akciju bez iznenađenja. Jasno je bilo da obavještavanje četnika o početku akcije deblokade Sarajeva vodi sigurnom neuspjehu akcije. Zato su se mnogi pitali šta li je **Izetbegovićev** tajni plan kojega je htio postići tom pompeznom "deblokadom" Sarajeva? Sada im se može odgovoriti. **Izetbegovićev** tajni plan je bio pad Srebrenice i Žepe i to mu je pošlo za rukom. **Izetbegović** se nada da će padom Srebrenice i Žepe Bosna i Hercegovina zaista postati bivša, da će Republika Srpska dobiti koliko toliko kompaktan oblik, da će Bošnjaci shvatiti da ne mogu više ići do Drine. Pri tome nam **Milošević i Izetbegović** tobože nude državu tzv. Malu ili Muslimansku Bosnu, dok uništavaju međunarodno priznatu državu Republiku Bosnu i Hercegovinu. Mala "muslimanska" Bosna sklepana iz nekoliko nepovezanih enklava dugoročno ne može preživjeti. Dakle, Bošnjaci trebaju imati na umu da im **Milošević i Izetbegović** ništa ni ne nude, osim potpunog uništenja.

13.3. Izdaja Žepe

Na konferenciji za štampu održanoj 21. jula 1995. u Sarajevu novinari su pitali glasnogovornika UNPROFOR-a **Alexandera Ivanka:** "Zašto UN govore samo o pomoći Goraždu koje još nije napadnuto, a ne spominju pomoć Žepi koja se već nekoliko dana brani?" **Ivanko** je jasno i glasno rekao: "UN su zvanično obaviještene od predsjednika bosanskohercegovačkog Predsjedništva da je Žepa pala. Dakle, ne možemo ništa učiniti da spasimo od pada Žepu koja je zvanično pala."

Dan ranije **Alija Izetbegović** je na TV BiH izjavljivao da Žepa nije pala i da su samo glasine da je Žepa pala. Postavlja se pitanje: "Zašto je **Alija Izetbegović** zvanično obavijestio UN da je Žepa pala i tako zaustavio svaku eventualnu pomoć?" Žepa je uistinu pala tek nekoliko dana kasnije, što su prikazale sve TV mreže u Americi.

Također 21. jula 1994. u trenutcima najveće agonije Žepe i masovnih ubistava Bošnjaka iz Srebrenice na stadionu u Bratuncu, onih istih Bošnjaka koje je on u maju 1993. ubijedio da predaju teško oružje **Alija Izetbegović je** došao u posjetu Tuzli koja je bila puna tek pristiglih Srebreničanki. Kada je izašao pred narod razdragano je digao ruke u zrak očekujući ovacije, kao da je postigao veliku pobjedu. Tu reakciju su prenijele sve TV agencije u svijetu. Ustvari, padom Srebrenice **Izetbegović** i jeste postigao veliku pobjedu i na trenutak se prepustio svojim iskrenim osjećanjima.

Srebreničani smatraju **Izetbegovića** direktno odgovornim za tragediju Srebrenice, vidi link o Naseru Oriću na strani xxv ove knjige.

13.4. Političke posljedice pada Srebrenice i Žepe

Poslije pada Srebrenice i Žepe, u Kongresu Sjedinjenih Država je ponovo pokrenuta akcija, najenergičnija do tada, da Sjedinjene Američke Države naoružaju Bosnu i Hercegovinu. Zadržimo se malo na tim događajima.

Kad god bi četnici počinili užasne zločine protiv Bošnjaka pošteni ljudi u Kongresu Sjedinjenih Država bi aktuelizirali skidanje američkog "arms embarga" Bosni i Hercegovini. Tada bi neprijatelji Bosne i Hercegovine uvijek organizovali neku alternativnu ponudu Bošnjacima u vidu mirovnih pregovora ili zaštićenih zona. **Izetbegović** bi uvijek prihvatao tu alternativnu ponudu i tako bi i naši prijatelji u Americi mislili da je to bolje za Bosnu i Hercegovinu od samoga skidanja američkog "arms embarga", budući da je to bio izbor Bosanske Vlade. Izetbegović je defintivno uništio skidanje američkog "arms embarga" tako što je na Generalnoj skupštini UN-a od 24 . oktobra 1995. tražio da se **"vojna ravnoteža uspostavi na nižem nivou, razoružavanjem "bosanskih Srba", radije nego na višem, naoružavanjem "Muslimana".**

Evo malo više detalja o tim događajima. Poslije pada Srebrenice američki kongresmeni su tražili skidanje "arms embarga" dok su oni koji su direktno učestvovali u pregovorima o planu kontakt grupe, uključujući **Clinton**-a bili protiv toga, budući da je „mir blizu" i obećavajući da se neće ponoviti pad sigurnosnih zona Goražde, Bihać, Tuzla i Sarajevo, jer će ubuduće NATO žestoko reagovati. Ponovo je **Izetbegović** posredstvom svog čovjeka, Ministra inostranih poslova **Šaćirbegovića** javio kongresmenima da su Bosanci za **Clinton**-ovu alternativu. Međutim, Predsjednik Vlade BiH **Silajdžić** je uputio tada pisma u oba doma Kongresa, i Senatu i House of Representatives u kojima nedvosmisleno kaže da Bosna i Hercegovina hoće da joj se skine američki "arms embargo". (Budući da znamo da je **Silajdžić** uvijek, prije i kasnije, bio izdajnik, nije nam jasno da li je to bio neki iskreni napad griže savjesti poslije genocida u Srebrenici, ili neka njegova i **Izetbegovićeva** nova igra.) Tada je skidanje američkog "arms embarga" izglasano dvotrećinskom većinom, tako da ga ni **Clinton** više nije mogao zaustaviti. To su bili zvjezdani trenuci bosanskih patriota u SAD. Vidjelo se da je ogromna većina američkog naroda na strani pravde. Nekoliko dana poslije glasanja u Kongresu, i te dvotrećinske pobjede, **Haris Silajdžić** je bio prinuđen da podnese ostavku na premijersko mjesto.

Skidanje "arms embarga" više nije mogao zaustaviti **Clinton,** ali su ga zaustavili **Izetbegović i Šaćirbegović.** Prvo je **Šaćirbegović** potpisao u Ženevi (Geneva) od 8. septembra dokument nazvan „Osnovni principi mira u Bosni i Hercegovini" kojim je priznata Republika Srpska. Time je napravljen veliki korak ka "miru" (čitaj: ka podjeli Bosne) tako da je skidanje embarga postalo bespredmetno.

Odmah poslije Saćirbegovićevog potpisa od 8. septembra, Izetbegović i Silajdžić pokušavaju u Sarajevu da dobiju suglasnost predsjedništva BiH za Ženevski dogovor. Međutim, oni ne dobijaju tu suglasnost od Predsjedništva BiH.

Istovremeno, na ratištima u Bosni pada srpska odbrana. Ljulja se „Republika srpska" pod naletima Dudakovićevog Petog korpusa. Najviši funkcioner Republike srpske Nikola Koljević panično traži pomoć riječima: "Ukoliko se ofanziva ne zaustavi za 36 sati možete očekivati potpuni slom Republike srpske." Tada Izetbegović i Silajdžić, mada nisu dobili suglasnost Predsjedništva Republike BiH, hitno šalju Šaćirbegovića da u Ženevi (Geneva), 26. septembra 1995. pravosnažno potpiše Ženevski sporazum, po kojem se Bosna i Hercegovina dijeli u omjeru 51% Federaciji BiH i 49% Republici Srpskoj. Time su oni, uime Republike BiH, izdali dokument Republici Srpskoj na osnovu kojega su Amerikanci nekoliko dana kasnije zaustavili Armiju RBiH u napredovanju ka Banja Luci, čim je Armija oslobodila kvotu od 51% BiH, budući de je Bosna i Hercegovina morala poštovati potpisane sporazume iz Ženeve (Geneva). Pokušavajući da spriječi takav katastrofalan razvoj događaja, Prof. Francis A. Boyle već 11. septembra šalje BiH političarima, narodu i Skupštini Republike BiH pravnu analizu ženevskih „Osnovnih principa" potpisanih 8. septembra 1995. Sjetimo se, **Izetbegović** je još 1993. otpustio prof. Boylea sa pozicije agenta Republike BiH na Internacionalnom sudu pravde u Hagu mada je prof. Boyle podnio Tužbu protiv krnje Jugoslvije za genocid i ubjedljivo dobio prva dva ročišta u 1993. na istom sudu. Veliko je pitanje koliko ljudi je vidjelo ovu analizu pod uslovima informativne i političke blokade Bosne i Hercegovine od strane Izetbegovićevog režima, u kojem su služili kadrovi naslijeđeni od jugoslovenskih tajnih službi u BiH.

Poruka prof. Boyle-a Skupštini Republike BiH povodom "američke inicijative"

MEMORANDUM Parlamentu Republike Bosne Hercegovine

Šalje: **Prof. Francis Boyle,**

Profesor međunarodnog prava
University of Illinois, USA
Predmet: Dogovor o osnovnim principima, sačinjen u Genevi, 8. septembra 1995.
Datum: 11. septembar, 1995.

Dragi prijatelji,

Zamoljen sam da komentiram Dogovor o osnovnim principima, sačinjen u Genevi 8. septembra 1995. Ukratko rečeno, izvršenje ovog Dogovora će podijeliti Republiku Bosnu i Hercegovinu na dvije de facto zasebne države i definitivno spriječiti povratak oko jednog miliona ljudi kućama koje će ostati pod okupacijom srpskih agresorskih snaga na neograničeno vrijeme. Eventualno, poslije nekoliko godina, teritorije date bosanskim Srbima u ovom Dogovoru, biće priključene krnjoj Jugoslaviji da bi se stvorila Velika Srbija. Pod tim okolnostima, ne vidim kako bi takozvana Federacija BiH opstala kao neovisna država. Ona bi bila pridružena Republici Hrvatskoj, da se stvori Velika Hrvatska. Iz ovih razloga, savjetujem Vam da odbijete ovaj Sporazum. - Kraj citata.

U dokumentu dalje slijedi detaljna analiza po tačkama Sporazuma, kojom se dokazuje opravdanost gornjih tvrdnji Prof. Boylea.

Izetbegović je definitivno ukinuo svaku šansu da nas Amerikanci naoružaju kada je na Generalnoj skupštini UN 24. oktobra 1995. otvoreno tražio da se Bosni i Hercegovini ne skida "arms embargo", kako smo objasnili u Glavi 12.

Ako se vratimo na **Izetbegovićevo** pismo **Stjepanu Balogu,** vidjećemo da on tamo kaže da "samoubicu ne možete spriječiti da se ubije." Ovdje je **Izetbegović** tu mudrost primijenio na Bosnu i Hercegovinu po ko zna koji put, znajući da njega kao predsjednika suverene države ni Američki kongres ne može zaustaviti da nanosi samoubilačke udarce Bosni i Hercegovini.

Interesantno je spomenuti da je i **Franjo Tuđman** dodijelio odlikovanja: *kraljice Jelene* **Aliji Izetbegoviću,** a *Zrinskoga* **Muhamedu Šaćirbegoviću!?**

https://www.youtube.com/watch?v=wy45UhKedZw&fbclid=IwAR03dY7YRF0

Primanje tih odlikovanja od strane **Izetbegovića i Šaćirbegovića** odmah poslije masakra u Srebrenici, a dok još traje masakr u Žepi je zaista skandalozno. Zamislite, dok tragedija Bošnjaka dostiže kulminaciju, velikim dijelom krivicom njih dvojice, oni slave i primaju odlikovanja od predsjednika jedne od agresorskih država. Da li će Bošnjaci ikada shvatiti koliko ih **Izetbegović** prezire kada im može tako šta činiti?

13.5. Srbi su poraženi na bojnom polju

Početkom avgusta 1995. nova četnička ofanziva na Bihać, koja je za Srbe završila kao Staljingrad, te odbijanje krajiških Srba da potpišu plan Z-4, po kojem su dobijali veoma široke ovlasti "Republike srpske Krajine" u okviru Hrvatske, i kojega je **Tuđman** već bio potpisao(?!), je poslužila hrvatskim generalima kao povod da Hrvatska vojska krene u oslobađanje "Krajine". Ovdje primijetimo da je **Tuđman** iz samo njemu poznatih razloga tim potpisom poklanjao više od četvrtine Hrvatske tada vojno mnogo slabijim krajinskim Srbima. Međutim, kada su krajinski Srbi odbili da potpisu plan Z-4, onda ni **Tuđman** nije mogao više zadržavati hrvatske generale koji su žudili da oslobode Hrvatsku, jer bi njegovo dalje odbijanje da oslobodi Hrvatsku izazvalo sumnje u njegovu lojalnost Hrvatskoj, koje su već postojale zbog njegovog ranijeg poklanjanja Srbima Posavskog koridora od Srbije do Krajine.

Dok je 50 četničkih tenkova iz "Krajine" bilo angažirano na osvajanju bihaćke enklave u sukob se uključila Hrvatska. U rekordnom roku Hrvatska je mobilisala oko sto hiljada vojnika i napala na srpsku paradržavu Krajinu, osim dijela koji se nalazi u istočnoj Slavoniji i Baranji. U sudaru s dobro naoružanim muškarcima četnici nisu bili tako hrabri kao s nenaoružanim civilima Srebrenice i Žepe. Pred Hrvatskom vojskom nisu izdržali ni 5 dana. Ipak pad Knina nije bila rekordno brza kapitulacija "hrabrih srpskih junaka". Rekordna je bila kapitulacija Zapadne Slavonije, za samo tri dana, nešto ranije u maju 1995. Serija munjevitih srpskih poraza je nastavljena i u Bosni i Hercegovini. Demoralisani Srbi su krajem septembra i početkom oktobra 1995. izgubili ogromnu teritoriju Bosanske Krajine od Bihaća i Bosanskog Novog do Jajca i Donjeg Vakufa. Na Ozrenu je pala Vozuća i spojili su se Drugi i Treći korpus. Put za Doboj je bio otvoren. Prvi korpus je zavladao prostranstvom Treskavice i nedostajalo je samo 10 km da se spoji sa Goraždem. Tada Republika Srpska priznaje kapitulaciju i **Koljević** dramatično poručuje: "Ako se nešto hitno ne učini za 36 sati će srpska komponenta u Bosni i Hercegovini doživjeti slom."

https://www.facebook.com/ArmijaaRBiH/videos/609021342880681

Četnici su bili potpuno razbijeni, a srpske izbjeglice su svojim traktorima bez goriva zakrčili Posavski koridor, tako da im ni pomoć iz Srbije nije mogla stići. Na stranu to što u kratkom vremenu Srbija nije ni mogla mobilisati i poslati veću armiju u daleku Bosansku Krajinu. Osim toga, ta bi Armija bila krupan cilj za bošnjačku i hrvatsku artiljeriju na uskom Posavskom koridoru. Sloboda je bila na vidiku.

Međutim, tada **Izetbegović** hitno, kako smo ranije opisali, šalje **Šaćirbegovića** u Ženevu, koji 26. septembra potpisuje uime RBiH dokument, poznat pod nazivom "Osnovni principi", kojim se konstituiše Republika Srpska na 49% teritorije RBiH. Primirje će biti potpisano 10. oktobra, kada je Armija RBiH već bila oslobodila preko 51% teritorije, koliko je u "Osnovnim principima" bilo ostavljeno za "Federaciju Bošnjaka i Hrvata". Za dva dana, 12. oktobra Izetbegović uspijeva i borbe zaustaviti šaljući iz Sarajeva u Krajinu poslušnog generala **Vahida Karavelića**. Time je Srpski poraz pretočio u pobjedu, a našu pobjedu nagradio podjelom i nestankom Bosne i Hercegovine. To će biti ovjekovječeno u Daytonu. U BiH delegaciji nema nikoga ko je za cjelovitu Bosnu i Hercegovinu.

13.6. Metodologija prevare

Sva navedena i još mnoga argumentirana reagiranja nisu pokolebala **Izetbegovića** da nastavi svoj posao razgradnje BiH. Nije ga pokolebalo ni to što je do dana početka primirja 12. oktobra 1995., oslobođeno znatno više od 51% Bosne i Hercegovine (UN kažu 53%) i što su četnici u potpunom rasulu. Svakodnevno su oslobađani bosanski gradovi i general **Dudaković** je napredovao i prema samoj Banja Luci. Ipak **Izetbegović** je pristao na primirje kojim zaustavlja naše napredovanje i spašava formulu 49% prema 51%. **Omar Šaćirbegović**, mlađi sin **Nedžiba Šaćirbegovića**, za *New York Times* od 29. septembra 1995. u članku **Chrisa Hedgesa** o Bosni na strani A3 izjavljuje kako je "bosanska Vlada spremna da se odrekne teritorija koje je osvojila u posljednje vrijeme ako se bosanski Srbi odreknu Goražda i Sarajeva." (Primijetimo da je Armija Republike BiH već držala Sarajevo i Goražde, i to od početka rata.) Nemojte se iznenaditi što iskusni novinari *New York Times-a* to pitaju mladog studenta **Omara Šaćirbegovića** iz Washingtona, koji ne zna ni govoriti bosanski, a ne nekoga iz legalnog Predsjedništva BiH. To je baš zato što su iskusni i što su shvatili ko u Bosni stvarno ima vlast: **Izetbegovići + Šaćirbegovići.**

Ova izjava otkriva i zašto bosanska Vlada protestuje kod Hrvatske što želi da vrati bosanske izbjeglice u novooslobođena područja BiH. Ako bi se izbjeglice vratile u novooslobođena područja, onda bi bilo teže ta područja vratiti Srbima.

Zatim, iz te izjave se vidi da bi naši političari davali teritorije koje naša Armija već drži za teritorije koje naša armija također drži (Goražde i Sarajevo). Znači, dovoljno je bilo da se u nekom prijedlogu, kojega mi ne moramo prihvatiti, predloži da Goražde bude u Republici Srpskoj, da bi naši nastavili tretirati Goražde kao da je istinski u srpskim rukama?! Osim toga, klika **Izetbegovići - Šaćirbegovići** je "spremna da se odrekne teritorija koje je osvojila u posljednje vrijeme", a to znači teritorije koje vežu Bihać s ostatkom BiH i da tako od Bihaća ponovo naprave izolovano bošnjačko ostrvo - rezervat, tj. da za pregovaračkim stolom ponište pobjede Petog korpusa sa kraja rata kao da ih nije ni bilo, dok Srbima bez ikakvih protiv-zahtjeva daju koridor do Krajine?!

Nekada je **Izetbegović** Bošnjake ubjeđivao kako treba prihvatiti 51% BiH jer će tako biti vraćeno 15% teritorija. Sada, kada su neposlušni **Dudakovićevi** Krajišnici oslobodili i više od tih 15% teritorija, on nema boljeg argumenta za zaustavljanje Armije RBiH nego da Bošnjacima prijeti ruskom atomskom bombom. Naime, u više intervjua i članaka, a jedan je članak objavljen u časopisu američkih Muslimana *The Minaret,* oktobarsko izdanje, Vol. 17. #7, on kaže da bi Republika Srpska mogla pozvati u rat svoju saveznicu Rusiju koja ima atomsku bombu ako se rat nastavi. Ovaj članak je izuzetno značajan. U tom članku, on se potpuno otkriva. On daje sve moguće argumente za podjelu Bosne i Hercegovine, koje neću ponavljati jer smo ih više puta slušali od **Karadžića.** U tom članku **Izetbegović** otkriva koliko je njemu stalo do rješenja kojim on četnicima ostavlja državu na 49% BiH teritorije. Ustvari, on ne dijeli Bosnu i Hercegovinu da bi osnovao islamsku državu, nego je dijeli da bi osnovao srpsku državu na 49% teritorije BiH, što je na kraju i postigao, dok je njegov navodni Islamizam bio samo prevara, dimna zavjesa, da se ne dosjetimo da je on samo Srbin. On je samo jedan od mnogobrojnih Bosanaca koji su nekada za vrijeme Jugoslvije bili asimilirani u srpstvo. Ako je Jugoslavija bila u nečemu uspješna, to je bila u asimilaciji Bošnjaka u Jugoslavene, tj. u Srbe.

Izetbegović demonskom pokvarenošću vara Bošnjake. U tome je nevjerovatno spretan. Ukratko ću navesti samo neke trikove, na primjeru posljednjih pregovora iniciranih tzv. američkom inicijativom.

Jedan od stalnih trikova mu je da uoči pregovora daje bezkompromisne patriotske izjave da bi stekao povjerenje Bošnjaka, da eventualnim kritičarima veže ruke pred pregovore. Tako je npr. prije potpisa u Genevi od 8. septembra govorio kako ćemo tražiti jedinstvenu Bosnu i Hercegovinu u kojoj će biti i Brčko. Tobože, on četnicima ne da ni koridor. Međutim, on u Genevi priznaje novu državu, Republiku Srpski, kao što smo mogli pročitati u analizi profesora **Boylea,** a da nije dobio baš ništa za uzvrat. To znači da **Izetbegović** ništa nije ni tražio. Da je on nešto tražio, i da mu Srbi nisu htjeli dati, **Izetbegović** je mogao uskratiti svoje priznanje Republici Srpskoj.

Ne dajmo se zavarati **Šaćirbegovićevim** prisustvom u Genevi kada su se potpasivali "Osnovni principi" i kriviti njega za to. Sve je do detalja već bilo dogovoreno s **Izetbegovićem** još u augustu 1995. u američkoj ambasadi u Ankari, čak i ime "Republika Srpska", prema mnogobrojnim svjedočenjima, uključujući i Holbrookeove interviewe. To što je na potpisivanja njegovih izdaja slao **Šaćirbegovića** je lukavstvo koje ima za cilj da zamaskira pravu ulogu Izetbegovića i da neupućeni krive **Šaćirbegovića. Izetbegović** je stvarno dragocjen za naše neprijatelje pa ga i ovako štite, dozvoljavaju mu ovakve igre sa potpisima na najvažnije dokumente kojima se osniva nova država RS.

Napomenimo i to da Predsjedništvo Republike Bosne i Hercegovine nije dalo saglasnost **Šaćirbegoviću** da prizna Republiku Srpsku u Genevi ni 8. ni 16. septembra 1995. i da je on to učinio samo na zahtjev **Izetbegovića.** To je veoma važan podatak koji kreiranje Republike Srpske čini nezakonitim što budućim generacijama građana Bosne i Hercegovine daje mogućnost da osporavaju postojanje Republike Srpske. Ima još veoma mnogo razloga koji proces kreiranja Republike Srpske čine neustavnim prema tada važećem ustavu, a to je Ustav Republike BiH.

Ili na primjer, prije potpisa od 26. septembra 1995, **Izetbegović** je tri dana prije pregovora izjavio da "bosanska Vlada bojkotuje pregovore". Time je vezao ruke svim bosanskim patriotima koji su pokušavali da se organizuju i onemoguće učešće naše strane i novu izdaju. Međutim, navečer uoči 26. septembra je **Izetbegović** objavio da će bosanska Vlada ipak ići u Genevu?!

Izdaja države dogovorena tada se skriva nepristajanjem na primirje. Naivni Bošnjaci se tješe: "Dobro je još se ratuje. Još se Bosna oslobađa." Međutim, već poslije nekoliko dana govori se o primirju. Bošnjaci su ponovo uznemireni. Da bi otišao na pregovore o primirju **Izetbegović** izjavljuje kako će tražiti potpunu deblokadu Sarajeva, čak i željezničku, i demilitarizaciju Banja Luke. Međutim, za potpis na primirje, Sarajlije će dobiti samo struju i plin. Od voza u Sarajevu nije bilo ništa, a o demilitarizaciji Banja Luke da i ne govorimo. Bošnjaci su bijesni. Pljušte kritike. Tada **Izetbegović** odgađa primirje. Ponovo se Bošnjaci nadaju da je u pitanju samo **Izetbegovićeva** igra sa četnicima, mada ih sve više sumnja da on ustvari vara nas, a ne četnike. Sa samo dva dana zakašnjenja počinje primirje.

Koliko su četnici slabi govori podatak da su **Dudakovićevi** Krajišnici i HV za ta dva dana, tj. 11. i 12. oktobra, 1995. oslobodili Sanski Most, Mrkonjić Grad, hidroelektranu Bočac i veliki dio Manjače i došli na prilaze Prijedoru i

Bosanskom Novom. Međutim, ponovo se očajnim Bošnjacima ostavlja nada. Naime, zvaničnici u Sarajevu naglašavaju kako **Dudaković** ipak nastavlja da ratuje, da bi se Bošnjacima sugeriralo kako je **Izetebegović-Šaćirbegovićev** potpis samo jedan od potpisa koji će se kršiti kao i mnogi do tada. Ali, već poslije dva dana poslije potpisivanja primirja stižu posmatrači koji će nadgledati i kažnjavati onoga ko krši primirje. Amerikanci prijete **Dudakoviću** da obustavi sve operacije. Režimski mediji serviraju naivnim ljudima kako Amerikanci i "svijet" mrze Muslimane i zato zaustavljaju Armiju RBiH pred Banja Lukom. Narod koji je odrastao i školovao se u socijalizmu, gdje nije bilo pravne države, ne shvata da "svijet" traži od države Bosne i Hercegovine samo da poštuje međunarodno pravosnažne sporazume koje je naš predsjednik Predsjedništva dobrovoljno dogovorio i MIP **Šaćirbegović** potpisao, i da se tu ne radi o pukoj volji Amerikanaca koji "mrze" muslimane. Niko nema pravo zaustaviti Armiju R. BiH da oslobodi svaku stopu naše domovine. Međutim, međunarodni sporazumi koje **Izetbegović** potpisuje se moraju poštovati ma koliko oni bili nepovoljni za Bosnu i Hercegovinu.

Zato ponovo naglašavam: Jedina nada da se spase i Bosna i Hercegovina i Bošnjaci je da se zaustavi **Izetbegović** dok još nije završio svoj prljavi posao. Nema savršenog zločina. Svaki zločinac pravi greške. **Izetbegović** ih pravi obilato. Problem je što je u BiH on i na vlasti pa nema nikoga da ga pozove na odgovornost.

Poslije **Holbrookeovog** boravka u Sarajevu **Izetbegović** je rekao: "Poslije Beograda (misli na **Holbrookeov** sastanak sa **Miloševićem** u august 1995.**),** koji je bio dugi korak u pogrešnom smjeru, ovo je nešto kraći korak u dobrom smjeru. Ovom izjavom on pokušava da prevari Bošnjake da je **Holbrooke** taj koji pravi korake u dobrom ili lošem smjeru. Međutim, bez naših pristanaka nema **Holbrookeovih** "koraka u lošem smjeru". **Holbrooke je** samo posrednik u pregovorima. Odlučuju samo oni koji pristaju da potpisuju njegove prijedloge, tako da **Holbrooke** mora svoje prijedloge ravnati prema tome. Ako **Holbrooke** daje nepovoljne prijedloge za nas to je zato što zna da će ti prijedlozi ipak biti usvojeni s naše strane. On ne bi davao prijedloge za koje zna da neće biti usvojeni. Dakle, za nepovoljne **Holbrookeove** prijedloge odgovoran je **Izetbegović.**

Tom svojom izjavom Izetbegović je dao najbolji opis svoje taktike varanja Bošnjaka: **Dug korak u pogrešnom smjeru, pa onda kratak korak u dobrom smjeru, kojim amortizuje reakciju Bošnjaka.**

Poslije tri godine dugih i kratkih koraka država Bosna i Hercegovina se drži samo o koncu **Dudakovićevoj** eventualnoj neposlušnosti koja bi mogla pokvariti "mirovni proces".

Da ovdje napravim jednu digresiju. Poslije četničkog poraza u zapadnoj Slavoniji i četničkih osvetničkih zločina nad Hrvatima u Banja Luci, štrajkovao je glađu banjalučki biskup **Franjo Komarica**. Interesantno je da ni jedan muslimanski vjerski niti bošnjački državni vođa nije učinio tako nešto, mada su četnički zločini prema Hrvatima u Banja Luci, daleko manje monstruozni od četničkih zločina nad Bošnjacima. Naprotiv, **Alija Izetbegović** nije imao nikakvog problema da se rukuje sa **Miloševićem** u Daytonu početkom novembra 1995, dakle samo koji mjesec pošto su jedinice iz Srbije masakrirale oko sedam hiljada Bošnjaka u Srebrenici i Žepi. S druge strane **Bili Clinton** se nije htio tih dana rukovati s **Fidel Castrom,** mada **Castrova** armija nije masakrirala ni jednoga Amerikanca. I tako se čuva nacionalno dostojanstvo.

Rukovanjem s **Miloševićem Izetbegović** je pogazio dostojanstvo srebreničkih žrtava i naše nacionalno dostojanstvo. Narod bez nacionalnog dostojanstva ne može biti suveren narod. Srbi to dobro znaju i oni se u svakom trenutku ponašaju kao da su ravni Americi. Zna to i **Izetbegović.** On zna da je najbolji način da izgubimo suverenitet da se ponašamo kao nesuvereni. On je smišljeno navikavao Bošnjake na takvo ponašanje. Prvi put je to učinjeno u Foči pred rat, u ljeto 1991.

Sjetimo se te izdaje našeg dostojanstva. Bilo je predviđeno da se u znak oprosta za fočanske žrtve iz Drugog svjetskog rata, koje su mahom bile Bošnjaci, baci cvijeće u Drinu. Delegacija SDS-a nije došla i tim gestom su uvrijeđeni potomci hiljada poklanih Bošnjaka u Foči i Bošnjaci kao narod. **Alija Izetbegović,** čija je dužnost da vodi računa o nacionalnom dostojanstvu, je odlučio da se ceremonija održi kao da se ništa nije dogodilo. Tragikomično je izgledala ceremonija pomirenja dvije strane na kojoj se strana koja koje je počinila zločine nije ni pojavila, a druga strana, koja je bila žrtva fočanskih pokolja, nastavlja da se miri sa zločinačkom stranom koja ju bojkotuje?!

Alija Izetbegović je kasnije lansirao i dogovore koje potpisuje samo jedna strana. Tako nešto je nespojivo s ljudskim razumom. Naime, dvije strane se mogu sporazumjeti ili ne sporazumjeti. Ako se sporazume, potpisuju ugovor, a ako se ne sporazume, onda se raziđu bez ikakvog dokumenta. **Izetbegović** je izumio dokumente potpisane samo od jedne strane u pregovorima. Na sve mirovne planove. **Izetbegović** je stavljao svoj potpis, mada iste dokumente Srbi nisu potpisivali?! Neko će reći: "Kakva budala!" Međutim, takvi potpisi su imali jednu važnu ulogu da se akumuliraju ustupci Bosne i Hercegovine i da se svakim novim pregovorima ide sve dalje i dalje u razgradnji države Bosne i Hercegovine. **Alija Izetbegović** nije budala, **Alija Izetbegović je** smrtni neprijatelj Bošnjaka i njihove jedine države.

13.7. O Izetbegovićevim motivima

Ja mogu samo pouzdano tvrditi da **Izetbegović** ogromnom upornošću ustrajava na podjeli Bosne i Hercegovine i da njegovo ponašanje nije posljedica gluposti ili neznanja. Kada se sagleda njegova cjelokupna uloga u uništenju

Republike Bosne i Hercegovine, koja je samo djelomično opisana u ovoj knjizi, potpuno je izvjesno da je on bio trojanski konj "Srpske akademije nauka i umetnosti" u Bosni i Hercegovini. Postoje razne teorije šta su njegovi motivi. Neki, a to je još uvijek većina Bošnjaka, misle da on dijeli Bosnu i Hercegovinu da bi kreirao islamsku državicu. Ja sam veoma skeptičan prema toj hipotezi. Ima više razloga koji izazivaju sumnju. Nabrojaću neke:

1. **Izetbegović** suviše laže za jednog iskrenog vjernika.
2. Da je **Izetbegović** iskren musliman, on bi se nekada sažalio nad ubijenim Muslimanima naljutio na njihove ubice. Nasuprot tome, poslije svakoga masakra, kao da ništa nije bilo, on nastavlja pregovore sa odgovornim za masakre. Sjetimo se, na primjer, događaja s početka rata kada je **Izetbegović** bio "zarobljen" na sarajevskom aerodromu. Prije toga je Armija BiH bila opkolila kasarnu na Bistriku. Garnizon JNA nije imao drugog *izlaza* nego da se preda i ostavi oružje Armiji BiH, čime bi se Sarajlije značajno naoružali. Tako su se razoružavanjem garnizona JNA u svojim gradovima oslobodili Tuzlaci, Zeničani, Bišćani.... Međutim, tada **Izetbegović,** mada izričito upozoren od strane **Sefera Halilovića** da na svom povratku iz Lisabona (preko Rima) ne slijeće na sarajevski aerodrom, to ipak čini i dobrovoljno, zajedno sa rođenom kćerkom, dolazi četnicima u ruke. Sutradan biva razmijenjen za **Kukanjca,** plus svo osoblje i oružje iz opkoljene kasarne. Te noći četnici nisu poštovali dogovoreno primirje, a naši jesu zbog straha za **Izetbegovića,** pa smo izgubili Grbavicu l, umjesto da se Sarajevo oslobodilo. Poslije te epizode **Izetbegović** izjavljuje novinarima da je to bila "**jedina noć u kojoj nije mogao zaspati**". Razlog? "Odvojili su ga od kćerke." Ta izjava je objavljena u decembru 1995. u dokumentarnoj seriji od četiri nastavka **Christiane Amanpour** o raspadu Jugoslavije rađenoj za *Discovery Channel* i objavljenoj na svim značajnijim TV mrežama u svijetu. Sjetimo se da su do Izetbegovićevog dobrovoljnog "zarobljavanja" bili masakrirani Bijeljinci, Zvorničani, Brčaci, Bratunčani itd. Tada su već punom parom radili i koncentracioni logori, a u Bimeksovim kafilerijama u Brčkom su čak i mljeli Bošnjake, da sakriju tragove svojih zločina. Tada su radili i "ženski logori" kao što je npr. "Kod Sonje" u Vogošći, gdje su masovno bošnjačke majke, sestre i kćerke pretvarane u četničke i UNPROFOR-ove prostitutke. Interesantno da sve te strahote nisu, prema vlastitom priznanju, poremetile **Izetbegovićev** san do tada, mada je on kao predsjednik bio najodgovornija osoba što je narod nenaoružan izručio izvršiteljima genocida u ruke.

U vezi s događajima oko opkoljavanja kasarne na Bistriku postavlja se još jedno interesantno pitanje: Zašto **Izetbegović** sebe i svoju kćerku dobrovoljno predaje četnicima u ruke? Naime, dan uoči **Izetbegovićevog** slijetanja na sarajevski aerodrom on je bio opomenut da je aerodrom u četničkim rukama. Na izričit zahtjev ostalih članova Predsjedništva on je odletio iz Lisabona u Rim, a ne u Sarajevo. Međutim, kada su naši borci pod komandom ostalih članova Predsjedništva i **Sefera Halilovića** opkolili kasarnu na Bistriku i u njoj i komandanta **Kukanjca, Alija Izetbegović** dolijeće Srbima u ruke. Dakle, on dobrovoljno ulaže i sebe i svoju kćerku kao adute kojima će četnici ucjenjivati Armiju BiH da bi spasili kasarnu na Bistriku. To je jedan od krunskih dokaza koliko je čvrst savez **Izetbegovića** sa Srbima. **Izetbegović** je toliko siguran u Srbe da se ne

plaši ni kćerku im predati. Znajući da ga to povjerenje u Srbe raskrinkava kao srpskog agenta on daje naknadne izjave, kao što je ona iz *Discovery-a,* kako se tada tobože strahovito plašio za svoju kćerku. Da se plašio on je ne bi vodio četnicima u ruke. Ostao bi zajedno sa njom u Rimu dok se događaji oko kasarne na Bistriku ne završe. Ovaj događaj je prvi pokazao koliko je **Izetbegović** odan srpstvu i koliko daleko je spreman ići zbog srpstva. Logično je onda zašto nije ni dana prekinuo pregovore kada je ubijen **Turajlić** ili što je Srbima predao Srebrenicu i Žepu i po cijenu da na duši nosi hiljade masakriranih Bošnjaka iz istočne Bosne.

Sjetimo se agonije Srebrenice i Žepe i masovnih pokolja na kraju. **Izetbegović** je direktno kumovao gubitku tih gradova i pokoljima u njima jer ih je on razoružao i jer ih je on obezglavio izvlačeći **Nasera Orića** i ostale komandante prije četničkog napada. Znao je on da će četnici ubijati i dječake od sedam-osam godina i da će silovati njihove vršnjakinje zajedno sa majkama. Njemu, kao i svakom Srbinu, Velika Srbija je važnija.

Izetbegović je pokazao svoju ravnodušnost prema Muslimanima i Bošnjacima time što nije proglasio ni jedan dan žalosti zbog Srebrenice i Žepe. Da li je musliman i Bošnjak neko kome je toliko malo stalo do muslimana i Bošnjaka?

3. Kada smo već spomenuli ženski logor "Kod Sonje" sjetimo se da je tu "mušterija" bio i komandant UNPROFOR-a kanadski general **McKenzie.** Njemu su Srbi plaćali usluge tijelima bošnjačkih djevojčica, koje su kasnije, kao opasne svjedokinje, ubijane. To je dokazano i podignuta

je optužnica. Međutim, tu optužnicu zaustavlja **Izetbegović**. Kada je **Roy Gutman,** novinar *News Day-a* iz New Yorka, čovjek koji je dobio Pulitzerovu nagradu za novinarsko istraživanje genocida u Bosni, upitao **Izetbegovića** zašto je poštedio **McKenzia,** on je odgovorio: "Nama još treba UNPROFOR." Kao da bez **McKenzia** nema UNPROFOR-a. Da li jedan iskreni musliman tako olako ispušta iz ruku pravde silovatelja muslimanki?

4. Da je **Izetbegović** iskren musliman, on se ne bi toliko trudio da zaustavi Armiju BiH u njenom oslobodilačkom pohodu. Svaki musliman i Bošnjak zna koliko mu je stalo da se oslobodi neko selo ili brdo naše domovine Bosne i Hercegovine. S druge strane znamo koliko nam je teško kada nešto padne u ruke četnicima. **Izetbegovića** raspoloženje odaje. Sjetite se njegovog bezbrižnog izraza lica s početka rata i prvih pregovora u Genevi 1992. Sjetite se njegovog razdraganog širenja ruku u Tuzli poslije pada Srebrenice, što su sve TV mreže prenijele. S druge strane, sjetite se njegovih kiselih izjava armijskim novinarima iz Sarajeva ili ukora komandantima Armije RBiH kada je Armija BiH oslobodila Vlašić. Tada je doslovno rekao ljutito: "Drugi put puške o klin kada se pregovara". Armija je borbom oslobodila pola BiH, a on pregovorima nije nagovorio Srbe da se povuku ni sa jednoga kvadratnoga metra, a ipak su eto njegovi pregovori važniji.

5. Da je **Izetbegović** zaista "muslimanski fundamentalista" on bi to krio iz političkih razloga dok ne izvojuje pobjedu. Upravo suprotno, on vodi na Hadž 400 vojnika Armije BiH 1994. Glumeći islamskog fundamentalistu **Izetbegović** je dao ogromne propagandne mogućnosti Srbima. Ko živi na Zapadu zna kakav je politički hendikep nositi "image" islamskog fundamentaliste. Sjetimo se, dok nismo imali taj "image" čitav svijet nas je priznao i glasao za sankcije Srbiji i Crnoj Gori.

6. Zar bi musliman i Bošnjak mogao potpisati da su Banja Luka, Prijedor, Kozarac, Bosanki Novi, Derventa, Modriča, Bosanki Brod, Doboj, Bijeljena, Janja, Zvornik, Srebrenica, Žepa, Bratunac, Vlasenica, Cerska, Konjević Polje, Višegrad, Foča, Rogatica, Čajniče, Gacko, Trebinje. itd. srpski gradovi?

Zbog svega toga odbacujem hipotezu da **Izetbegović** sve ovo radi jer je veliki musliman. Mnogo je vjerovatnija teza da je on muslimanski Srbin, nešto kao i režiser **Emir Kusturica** ili reis-ul-ulema **Kemura,** ili reis-ul-ulema **Mujić** ili književnici **Meša Selimović i Husein Tahmiščić** ili političari kao **Omer Karabegović, Raif i Nijaz Dizdarević** itd.

Koliko muslimanski Srbin može biti odan srpstvu najbolje pokazuje porodica **Murisa Zametice** iz Sarajeva. **Muris Zametica** stvarno vjeruje da su Srbi izabran

113

narod, pa je tako vaspitao i sina **Omera Zameticu. Omer** je dogurao na Palama do položaja glasnogovornika **Radovana Karadžića.** Javnosti je poznat pod imenom **Jovan Zametica.** Ništa mu ne smeta što biološki potiče iz naroda kojeg je paljanski režim tako masakrirao u ovome ratu. Možda je interesantna činjenica da su **Muris Zametica i Alija Izetbegović** veoma bliski drugovi iz djetinjstva i mladosti. "Koliko sam ja samo baklava kod **Alije** pojeo, a i on kod mene" kaže **Muris Zametica** kada opisuje svoju bliskost sa **Alijom Izetbegovićem.** Primjer **Murisa i Omera Zametice,** kao i primjere **Dizdarevića, Kusturice, Kemure, Mujića** i drugih Srba sa muslimanskim imenima, takozvanih Posrbica, navodim samo zato da bi Bošnjacima pokazao koliko je snažno srpstvo muslimanskih Srba. Svi oni su jednako kao i pravi Srbi nemilosrdni prema Muslimanima, Albancima, Hrvatima, Slovencima Crnogorcima,....

Poznata je stvar da su konvertiti odaniji svom novom stadu nego oni koji su rođeni u njemu. Takvi su bili i Srbi koji su nekoć primali Islam, a takvi su i današnji "Muslimani" koji se asimiliraju u Srbe. Srbi su davno to shvatili i opisali poslovicom: "Gori je Poturica od Turčina". Kada vidim koliku energiju troši **Alija Izetbegović** da osnuje Republiku Srpsku na 49% Bosne i Hercegovine, meni je jasno da je on srpski Trojanski konj među nama, da je on nama podmetnut, kao što su nam bili podmetnuti i reisi-ul-uleme **Kemura i Mujić** i političari kao **Nijaz i Raif Dizdarević, Esad Horozić** i mnogi drugi, čije srpstvo više niko ne dovodi u sumnju mada kao i **Izetbegović** imaju muslimanska imena.

Uvijek su Srbi na vlast u BiH postavljali "Muslimane" koji su njima odgovarali. Kako smo mogli i pomisliti da će u odsutnom trenutku bosanske istorije Srbi pustiti da Bošnjake predstavlja istinski patriota? Kada je vuk poštedio janje?! Ako se pogleda historija borbe porobljenih narodu za slobodu, vidjeće se da se slično ponavlja otkako je svijeta i vijeka. Na primjer, kada god kolonijalni gospodar nije mogao više da suzbija želju porobljenog naroda za slobodom, pokušavao bi na vlasti u "oslobođenoj" koloniji ostaviti vladara koji će vladati u interesu kolonizatora. To je toliko raširena pojava da je dobila i ime neokolonijalizam. Veoma često je borba protiv takvih vladara trajala duže i bila komplikovanija i od same borbe za slobodu od kolonizatora. Borba za slobodu protiv okrutnih okupatora na bojnome polju porobljenim narodima je bila jednostavnija nego borba protiv lukavih izdajnika iz vlastitih redova. Današnji svijet je još pun raznih šeika, emira i kraljeva koji su na takav način došli na vlast. **Alija Izetbegović** je na žalost samo jedan u veoma dugom nizu ovakvih vladara.

Neki dokumenti su i u ovoj knjizi spomenuti. Ja bih izdvojio pismeni dokaz da se **Izetbegović** izjašnjavao kao Srbin. Preko toga su Bošnjaci suviše lahko prešli. Međutim, pišu se i druge knjige o najvećem zločincu u istoriji. Saznaće se za još mnogo kompromitujućeg materijala. Bosanski kongres posjeduje mnoge dokumente koji nisu mogli biti objavljeni u ovoj knjizi radi zaštite izvora i svjedoka. Svaki njegov potpis na podjelu Bosne i Hercegovine je kompromitujući materijal. Svaki njegov potpis će istoričari, pravnici i obični čitaoci analizirati, kao što je analizirao **prof. Francis Boyle** njegov "Dogovor osnovnih principa" iz Geneve od 8. i 26.1995. septembra. Za razliku od **Hitlera, Miloševića i Karadžića, Izetbegović** je svoj zločin učinio s predumišljajem protiv svog naroda, tj. ne kao protivnik nego kao čovjek kojem je narod vjerovao. Kao oruđe kojim je zločin počinjen poslužili su mu srpski nacionalisti, uvijek žedni bošnjačke krvi.

13.8. Armija i politika

Krajem aprila 1992. Tuzla se napunila izbjeglicama. Najviše je bilo Zvorničana. Kada je pala Kula Grad, posljednje uporište Zvorničana, ja sam upoznao trojicu boraca. Primio sam ih da stanuju kod mene i sprijateljio se sa njima. Posebno mi je bio drag osamnaestogodišnji **Mevko Omerović**. Njemu sam kasnije poklonio svog "škorpiona". Znao sam da se oni neće dugo zadržati kod mene. Čeznuli su da se vrate i bore za Zvornik. Ta borba je je tada bila jedini smisao njihovog života. Niko ne smije tim ljudima i svim ostalim protjeranim oduzeti pravo da se bore za svoju čaršiju i svoje domove. Njima ni na kraj pameti ne pada da je Zvornik srpski grad samo zato što su ga Srbi zauzeli oružjem. Oni znaju da je Zvornik njihov i da će istjerati pravdu jedino oružjem.

Trojica Zvorničana, su se prijavili u Armiju R BiH 16. maja 1992., dan nakon oslobađanja Tuzle, kada je Armija Republike BiH naoružala veći broj vojnika oružjem Teritorijalne odbrane kao i oružjem zaplijenjenim iz oslobođenih kasarni JNA poslije bitke na Brčanskoj Malti. Odmah su otišli na ratište u zvornička sela oko Sapne. Kasnije sam ih često sretao na odsustvima u Tuzli.

Stotinu puta je **Izetbegović** učinio veću nepravdu Zvorničanima kada je potpisao da je Zvornik srpski grad nego četnici koji su ih puškama istjerali iz njihovih kuća. Isto vrijedi za sve Podrinjce. Suočeni s mogučnosću izdaje oni su poručivali: "Neće njega vojska slušati ako izda."

Međutim, polahko, ali sigurno **Izetbegović** je nagrizao Armiju RBiH. Svaka vojska je zasnovana na snažnoj hijerarhiji. Zato je vojska vrlo ranjiva. Dovoljno je smijeniti nekoliko najviših oficira i imati snažan uticaj u Armiji. To se dogodilo i Armiji RBiH. Već u julu 1995. gotovo da nema ni jednog višeg oficira od onih koji su odbranili Bosnu i Hercegovinu 1992. Meni je najviše žao što su smijenjeni heroji odbrane kao što su general **Sefer Halilović,** prvi komandant Patriotske lige i Armije RBiH, general **Stjepan Šiber,** zaslužan za formiranje Armije RBiH i odbranu Sarajeva na početku rata, **Kerim Lučarević,** čovjek koji je odbranio Predsjedništvo i oslobodio brdo Mojmilo, tj. deblokirao sarajevsko predgrađe Dobrinju, general **Mustafa Hajrulahović Talijan,** komandant Prvog korpusa u vrijeme pobjeda na Pofalićima i Žuči, general **Hazim Šadić** (oslobodio Vijenac i odbranio Olovo), general **Arif Pašalić** (deblokirao Mostar), general **Ramiz Dreković** (prije **Dudakovića** uspješno branio Bihać), general Enver Zejnilagić koji je odbranio Gornji Vakuf od Hrvatske vojske itd. Dodajmo im i **Nasera**

Orića koji je izvučen iz Srebrenice kada joj je najviše trebao. Oni su bili ljudi koji su Bošnjacima vraćali nadu izjavama da "Armija neće dati podjelu Bosne i Hercegovine", dok je **Izetbegović** hodao po svijetu i potpisivao podjele države. Prije nego će smjeniti **Sefera Halilovića, Izetbegović** ga je kritikovao riječima: "Ima nekih ekstremista koji kažu da će rat biti gotov kada se "ljiljani" zavihore u Banja Luci i Grudama." Zamislite, za predsjednika Predsjedništva Bosne i Hercegovine ekstremista je onaj ko kaže da Armija Bosne i Hercegovine ima pravo da oslobodi svaku stopu svoje domovine, tj. da uspostavi ustavni poredak u cijeloj domovini.

Svoj patriotizam su mnogi pripadnici Armije skupo platili. **Sefera Halilovića** su pokušali ubiti podmetnutom bombom u stanu. On je slučajno ostao neozlijeđen, ali mu je u tom atentatu ubijena žena i ženin brat. **Kerim Lučarević** truhne po zatvorima zajedno sa četnicima samo zato što je želio jedinstvenu Bosnu i Hercegovinu, tj. onakvu za kakvu se na riječima zalagao i **Izetbegović** kada su mu trebali bošnjački glasovi da osvoji vlast. **Mustafa Hajrulahović** i **Enver Zejnilagić**, dvojica oficira iz generalštaba Armije RBiH koji su bili protivnici Daytonu, su iznenada umrli od srčanog udara, mada su bili mlađi ljudi, tek u četrdesetim!? Ostali patrioti su izgubili uticaj na odlučivanje u Armiji BiH.

U jednom intervjuu u *Ljiljanu* 1995. **Sefer Halilović** kaže: "Od početka ovoga rata neka nevidljiva ruka stalno vuče pogrešne poteze." On zna da su mnogi neprijatelji Bosne i Hercegovine bili angažovani kao **Izetbegovićevi** specijalni agenti ili savjetnici. U tom intervjuu on spominje **Aliju Delimustafića** predratnog ministra unutrašnjih poslova i vlasnika kompanije CENEX, zatim **Armina Poharu** i **Jasmina Jaganjca** kao neprijatelje Bosne i Hercegovine koje nam je podvalila neka "nevidljiva ruka". Isto tako, veoma je interesantno(čitaj "sumnjivo") da su Izetbegovićevi ključni savjetnici **Fikret Muslimović** i **Enver Mujezinović** bili visoki oficiri KOS-a, dakle ljudi od najvećeg povjerenja u agresorskoj JNA!? **Izetbegović** je i na čelo svih značajnijih medija u BiH postavio prosrpski orijentisane kadrove sa muslimanskim imenima. Na primjer, **Fahrudin Radončić** je još jedan agent KOS-a, a kojem je po dolasku u ratno Sarajevo Izetbegović povjerio veoma značajnu ulogu, osnivanje medijske imperije "Avaz".

Sjetimo se ovdje i specijalne jedinice "Ševe" koja se sastojala uglavnom od Srba. Makar troje od njih su bili šampioni Jugoslvije u streljaštvu, dok odjednom neobjašnjeno nisu postali specijalni čuvari najvećeg navodnog neprijatelja njihove domovine Jugoslavije i njihove armije, JNA!? Ostali pripadnici Ševa su bili provjereni agenti „Službe državne bezbednosti" (SDB). Ševe su bili izvršitelji likvidacija patriota po Sarajevu, kao što je već spomenuti atentat na Sefera Halilovića. Ta ubistva su režimski istražitelji pripisivali "srpskim snajperima" ili "srpskim granatama". Šteta da je **Sefer Halilović** tek kasnije prešao rubikon i optužio **Izetbegovića** da je nevidljiva ruka koja ruši Bosnu i Hercegovinu sam **Izetbegović**.

116

Sefer Halilović je zamijenjen **Rasimom Delićem,** čovjekom koji se tobože zalaže za jedinstvenu Bosnu i Hercegovinu, ali koji svoje govore završava rečenicom: "Armija je za jedinstvenu Bosnu i Hercegovinu, ali slušaće kako se političari dogovore." U toj rečenici je suštinska razlika između **Halilovića** i **Delića,** i objašnjenje zašto je **Halilović** zamijenjen **Delićem.**
Međutim, Armija je ipak progresivna snaga sastavljena od patriota i heroja. Komandanti kao što su generali **Atif Dudaković** (Peti korpus), **Mehmed Alagić** (Sedmi korpus) i svi ranije nabrojani su ljudi odani Bosni i Hercegovini. Jedina im je mana što nisu posumnjali da **Izetbegović** želi podjelu Bosne i Hercegovine. Da su se malo više bavili politikom možda su mogli spriječiti neke **Izetbegovićeve** pregovore i potpise koji su nanijeli ogromnu štetu Bosni i Hercegovini. Sjetimo se samo primirja od 12. oktobra 1995. koje je **Izetbegović** obezbijedio poslije **Koljevićevog** vapaja da će "srpska komponenta u Bosni i Hercegovini doživjeti slom za 36 sati, ako se nešto hitno na učini." To je bilo poslije totalnog kolapsa četnika u septembru 1995. kada su za nekoliko sedmica izgubili Drvar, Šipovo, Jajce, Kulen Vakuf, Donji Vakuf, Bosanski Petrovac, Bosansku Krupu, Ključ, Sanski Most, Mrkonjić Grad, banjalučku hidroelektranu Bočac, pola Ozrena, pola Manjače, velika područja na putu do Goražda. Totalno rasulo četnika je zaustavili su **Izetbegović** i njegov MIP **Šaćirbegović** priznanjem Republike Srpske i potpisivanjem primirja. Zašto ne poraziti agresora i ne osloboditi domovinu? Zašto pustiti agresoru da zadrži okupirano i opljačkano, i da izbjegne zasluženu kaznu? Poštediti četnički pokret od sloma, znači izvršiti samoubistvo naše domovine. Možda još nije kasno da Armija uzme stvar u svoje ruke i spasi Bosnu i Hercegovinu i samu Armiju RBiH, čije je razoružavanje potpisivao **Izetbegović** u svim dosadašnjim sporazumima.

117

Drugi dio

Prvo izdanje ove knjige je pisano u septembru 1995, dakle u vrijeme velikih pobjeda Armije Republike BiH, prije nego je Dayton preliminarno potpisan u novembru 1995. Knjigu smo brzo napisali na Bosanskom zato što smo bili u žurbi da bi došla do naroda dok nije sasvim kasno. Ovaj, **Drugi dio** se odnosi na Daytonski sporazum i događaje poslije Daytona. Sastoji se od kolekcije nekih važnih dokumenata koji nisu poznati široj javnosti zbog kontrole BiH štampe od strane režima, tj. zbog informativne blokade BiH koju je uveo velikosrpski projekt preko režima Alije Izetbegovića.

Kao što smo vidjeli, Izetbegović – Šaćirbegovićevi potpisi su srpski poraz na bojnom polju pretvorili u pobjedu za pregovaračkim stolom, a pobjedu bosanske armije nagradili sa podjelom i nestankom Republike Bosne i Hercegovine. To je bilo finalizirano u Daytonu u novom „Daytonskom ustavu" koji je sadržan u Annex-u 4 Daytonskog mirovnog sporazuma. U bosanskoj delegaciji nije bilo nikoga ko je branio jedinstvenu Bosnu i Hercegovinu, tj. internacionalno priznati Ustav Republike Bosne i Hercegovine. Narod je polagao nade da će Silajdžić učiniti nešto za Bosnu i Hercegovinu. Međutim, Silajdžić u Daytonu ne pruža nikakav otpor ukidanju Ustava Republike BiH i podjeli države. Malo mu je bilo neprijatno kada su davali Srebrenicu i Žepu. Prije toga je plakao na mitingu u Tuzli s upravo prognanim i povrijeđenim Srebreničanima kada ga je Izetbegović rušio s vlasti, ali nije plakao kada je Srebrenica davana Republici Srpskoj u Daytonu. Poznat mi je njegov stav u Daytonu jer smo sa njim razgovarali i dr. Vahid Sendijarević i Kasim Hadžović, iz New Jersey-a i ja. Moj razgovor sa njim je završio ovako: Na moje apele da ne potpisuju nestanak Armije BiH, njegov odgovor je bio: „Lako je vama odavde, iz Amerike biti za jedinstvenu Bosnu. Što se ne vratite u Bosnu? Onda bi drugačije pričali."

Ja sam mu odgovorio: "Moja trenutna odsutnost iz Bosne i Hercegovine je jeftin izgovor jednog predsjednika Vlade za izdaju domovine i potpis nestanka Bosne i Hercegovine, i to u trenutku kada naša Armija pobjeđuje." U trenutku sam primijetio da je slušalica spuštena. Izgleda da su političari u Bosni, budući da su se okružili ulizicama, izgubili smisao da slušaju bilo kakvu kritiku iz naroda o čijoj sudbini odlučuju.

Time što je u pravom momentu, poslije Srebrenice, poslao pisma američkom Kongresu i Senatu zahtijevajući skidanje američkog "arms embarga" on je stekao veliki kredit kod bosanskih patriota koji su bili veoma nezadovoljni podjelom domovine čije daytonsko finale se približavalo. Njegova popularnost je strahovito porasla jer su Bošnjaci od njega očekivali da se usprotivi Izetbegoviću i zaustavi podjelu. Međutim, Silajdžićeva savjest je bila kratkog vijeka. On je u Daytonu bio potpuno lojalan Izetbegoviću. Tako je ispalo da je on samo stao na čelo bosanskih patriota, a onda ništa nije uradio da sačuva Republiku BiH. On je na taj način praktično odigrao ulogu Izetbegovićevog trojanskog konja među bosanskim patriotima.

O post-daytonskoj Bosni i Hercegovini najbolje će govoriti izabrani dokumenti i analize koje navodim u hronološkom redu. U slijedećoj glavi je analiza prof. Boylea, profesora internacionalnog prava na University of Ilinois. Prof. Boyle je poslao ovu analizu poslanicama Skupštine Republike BiH, ali Izetbegovićevi ljudi je nisu proslijedili poslanicima.

14

Daytonski sporazum

MEMORANDUM

SALJE: PROFESOR FRANCIS A. BOYLE
PREDMET: DAJTONSKI SPORAZUM DATUM:
30. NOVEMBAR 1995.

DRAGI PRIJATELJI:

Uvod

1. Upravo sam prostudirao daytonske dokumente. Jasno je da će Bosna izgubiti 49% svoje teritorije u korist srpskih agresorskih snaga. Da bude još gore, 30% Bosne koje je sada slobodna teritorija pod kontrolom Vlade i Armije, će predati svoju nezavisnost u ruke NATO-a. NATO će postati okupaciona sila koja će potpuno kontrolisati teritoriju na kojoj je stacionirana. Još i mogu shvatiti da dajete 49% BiH koje ne kontrolišete. Međutim, potpuno je neshvatljivo zašto bi ste željeli da date 30% Bosne koje sada potpuno kontrolišete. U suštini, 30% BiH koje sada kontrolišete će postati zatvor pod kontrolom NATO-a. Nećete imati apsolutno nikakve nezavisnosti. Komandant NATO-a će imati apsolutnu diktatorsku vlast i vojnu silu koja će biti u stanju da nameće odluke. Predsjednik, Predsjedništvo i Vlada će postati ništa vise od marionetskog režima koji će izvršavati sta god im NATO kaže.

2. Dakle, poslije svih ovih godina, poslije svih vaših patnji, poslije svih vaših uspjeha, vi predajete 49% vaše teritorije Srbima, 20% Tuđmanu, a 30% NATO-u. Naravno, samo vi donosite tu odluku, nikako ja. Međutim, vaša Armija nije

poražena u bitci. Ona kontroliše 30% teritorije Bosne i Hercegovine. Potpuno je nerazumno da se vaša Armija preda kako je predviđeno prema uslovima Daytonskog sporazuma. Ovi zaključci postaju jasni poslije analize slijedećih elemenata Daytonskog sporazuma.

Direktni mirovni pregovori,
Wright-Peterson vazduhoplovna baza, Dayton, Ohio,
1.-21. Novembra 1995.

Opšti okvirni sporazum za mir u Bosni i Hercegovini

3. U Opštem okvirnom sporazumu se spominje "Federalna Republika Jugoslavija", a ne Federalna Republika Jugoslavija (Srbija i Crna Gora). Ovo je još jedna koncesija krnjoj Jugoslaviji koja praktično znaci da je FRJ zakoniti nasljednik bivše SFR Jugoslavije.

4. Već u Članu I se pominje "Bosna i Hercegovina" umjesto Republika Bosna i Hercegovina. Iz te terminologije proizlazi da će Republika Bosna i Hercegovina nestati da bi nastalo nešto sto se zove "Bosna i Hercegovina". Drugim riječima, Srbi će postići svoj cilj razbijanja Republike Bosne i Hercegovine i dobijanja zvaničnog priznanja Republike Srpske.

5. U Članu III eksplicitno se uvodi termin Republika Srpska. Ovo je bio drugi srpski cilj, zvanično priznanje Republike Srpske.

6. Član V. Čudno je i bez presedana da Republika Hrvatska i Federalna Republika Jugoslavija "potpuno podržavaju i pospješuju ispunjenje obaveza" iz novog Ustava Bosne i Hercegovine. Drugim riječima, Hrvatska i krnja Jugoslavija su postali garanti Ustava Bosne i Hercegovine. Ovo je slično slučaju Kipra, gdje su Turska, Britanija i Grčka bili garanti. Naravno, uslijedio je rat.

7. Član X kaže da Federalna Republika Jugoslavija i Bosna i Hercegovina "priznaju jedna drugu kao suverene, nezavisne države u njihovim internacionalnim granicama". Međutim, ova terminologija ne predstavlja zvanično diplomatsko priznanje. To može biti učinjeno jedino kada se dogovore dvije vlade i razmijene ambasadore. Ovo je potvrđeno slijedećim riječima, koje nalazimo u Članu X: "Dalji aspekti međusobnog priznanja će biti predmet budućih pregovora." Dakle, još nema zvanično uspostavljenih diplomatskih odnosa između Bosne i Hercegovine i Federalne Republike Jugoslavije. Ozbiljno sumnjam da će Milošević ikada razmijeniti ambasadore, tj. zvanično priznati, Bosnu i Hercegovinu, koja će se raspasti po ovim uslovima Daytonskog sporazuma.

8. Član XI. Činjenica da ovaj sporazum stupa na snagu odmah po potpisivanju pokazuje da je Holbrooke odlučio da ga progura odmah i onda ga predstavi kao svršen čin Skupštini Republike Bosne i Hercegovine.

Anexi:
Anex 1-A: Dogovor o vojnoj strani mirovnog ugovora.
Član I. Opšte obaveze.

9. Očito je da je ovaj dogovor pokusaj da se NATO tretira kao "dogovorena regionalna organizacija" u skladu sa Poglavljem 8 Povelje Ujedinjenih Nacija. Ali jasno je da NATO ovo nije. Zapravo, NATO je obrambeni savez organizovan pod Članom 51 te Povelje, koji je sadržan u Poglavlju 6. Po uslovima Povelje Ujedinjenih Nacija ili NATO Pakta NATO nema autoritet da se umiješa u neku vrstu međunarodne operacije nametanja mira kao sto je ovdje opisano.

10. Organizacija Ujedinjenih Nacija ima autoritet da napravi takvu operaciju čuvanja mira kao sto je UNPROFOR, ali NATO nema.

11. 2(a). "Ni jedan entitet ne smije zaprijetiti ili koristiti silu protiv drugog entiteta, i ni pod kojim uslovima naoružana sila jednog entiteta ne smije ući ili odsjesti na teritoriji drugog entiteta bez pristanka vlade te druge strane i Predsjedništva Bosne i Hercegovine." U drugim riječima, Bosanska Armija ne može napasti Armiju Republike Srpske ni pod kojim uslovima.

12. 3. "Oba Entiteta će biti jednako odgovorna za ispunjenje ovog...". Drugim riječima, Federacija Bosne i Hercegovine i Republika Srpska se tretiraju kao da su de fakto nezavisne države. Republika Bosna i Hercegovina se ovdje nigdje ne spominje.

Član II. Obustava neprijateljstava

Član III. Povlačenje stranih vojnih jedinica.

13. Izgleda kao da se ovdje zahtijeva povlačenje vojnih snaga Republike Hrvatske i krnje Jugoslavije. Međutim, ni Republika Hrvatska ni krnja Jugoslavija nisu potpisnici ovoga Anexa. Jedini potpisnici ovoga Anexa su Republika Bosna i Hercegovina, Federacija Bosna i Hercegovina i Republika Srpska. Osim toga, postoje druge posljedice ovog cina koje će biti prodiskutovane kasnije.

14. Ovdje je uspostavljena zona separacije između vojnih snaga koja je 4 km široka, po dva na obje strane od dogovorene linije prekida vatre. Samo IFOR-u je dozvoljen u ovoj dogovorenoj zoni separacije. Drugim riječima, ovo je de fakto podjela Republike Bosne i Hercegovine duž linije prekida vatre koju će IFOR policijski kontrolisati.

III. Faza II, strana 7

15. Ovdje dokument uvodi "graničnu liniju između entiteta". Dakle, jasno se govori o granici. Drugim riječima, oba entiteta se tretiraju kao da su de fakto države pa trebaju imati obilježenu graničnu liniju.

16. 4. Opšte, strana 8. Uočimo ovdje da će IFOR izvršiti demarkaciju granične linije između dva Entiteta. Dakle, još jednom, imate NATO/IFOR-ovo formalno obilježavanje granice, tj. imate kreiranje dvije de fakto nezavisne države.

V. Faza III, strana 9

17. 6. "...IFOR ima pravo i nadležnost da prisili uklanjanje, povlačenje ili preseljenje oružane sile i da naredi obustavu bilo koje aktivnosti na bilo kojoj lokaciji u Bosni i Hercegovini. Ostatak paragrafa 6 daje IFOR-u pravo da upotrijebi vojnu silu u tom cilju.

18. Uglavnom, dakle, IFOR će biti u vlasti nad cijelom državom, sa pravom da upotrijebi vojnu silu bilo gdje to zaželi. Teško je vidjeti da će ostati nešto od formalne nezavisnosti Federacije Bosne i Hercegovine, a da i ne govorimo o nezavisnosti Republike Bosne i Hercegovine.

Član VI. Razmještanje Snaga za provođenje sporazuma, strana 11.

Savjet Bezbjednosti UN može uspostaviti IFOR koji djeluje u skladu sa Poglavljem 7 Povelje UN, koje se bavi akcijama uspostavljanja mira. Međutim, NATO nema ni ovlaštenja niti kompetencija da to učini. To je samo odbrambeni pakt organizovan prema Članu 51., Glave 6. Povelje UN.

IFOR može biti pozvan da pomogne u provođenju slobodnih i fer izbora, da pomaže humanitarnim organizacijama, da radi sa izbjeglicama itd. (Strana 12.) Drugim riječima, izgleda da će IFOR biti uvučen da obezbijedi vojnu snagu neophodnu da se uradi bilo sta u Bosni i Hercegovini. (Ovo je direktno u kontradikciji sa onim sto Clinton govori javno o ograničenoj ulozi NATO-a).

21. 5. Uglavnom, IFOR-ov komandant može uraditi u Bosni i Hercegovini sta god zaželi. Paragraf 6. daje mu za pravo da upotrijebi i vojnu silu. Drugim riječima, cijela Bosna i Hercegovina će biti pod vlascu IFOR-a.

22. Strana 13. Dakle, IFOR će postati vojni okupator Bosne i Hercegovine, sa svim pravima, privilegijama i imunitetom. Komandant IFOR-a ima pravo da upotrijebi vojnu silu prema svom nahođenju.

23. Stoga, pod ovim uslovima, ne razumijem kako IFOR neće biti umiješan u tzv. izgradnju nacije Bosne i Hercegovine.

24. Dakle, pod uslovima ovoga sporazuma NATO će postati vojni okupator Bosne i Hercegovine. Zato će prema Haškim pravilima imati obavezu da održava zakon i red. Prema tome, bosanske vlasti odustaju od one nezavisnosti koju imaju na 30% teritorije koju sada kontrolišu, a osim toga, permanentno predaju kontrolu nad 49% Bosne i Hercegovine, dijelom nazvanim Republika Srpska. Pod ovim okolnostima, Predsjednik, Predsjedništvo i Skupština će postati samo lutke na koncu, režim koji će morati da radi sta god mu je naređeno od IFOR-a.

Član VIII. Uspostavljanja Zajedničke vojne komisije.

25. Izgleda da će zajednička vojna komisija postati de fakto vlada Bosne i Hercegovine. Uočimo međutim da će komisija funkcionisati ništa više nego samo kao konsultativno tijelo za IFOR-ovog komandanta. Prema tome, IFOR-ov komandant upravlja cijelom Bosnom po svim osnovama i svrhama.

Član XII. Konačni tumač sporazuma

26. Uglavnom, IFOR-ov komandant ima zakonsku vlast da uradi sto god želi. Dakle, u biti ovaj sporazum uspostavlja vojnu diktaturu u Bosni pod kontrolom IFOR-ovog komandanta.

Dodatak B Anexu 1-A: Sporazum između Republike Bosne i Hercegovine i Sjevernoatlantskog odbrambenog saveza (NATO) u vezi statusa NATO-a i njegovog osoblja.

27. Uglavnom, NATO osoblje će biti imuno u odnosu na pravni sistem Bosne i Hercegovine sta god da urade. Ova NATO operacija je zakon za sebe.

Anex 1-B. Sporazum o regionalnoj stabilnosti

30. Ovaj sporazum je između Republike Bosne i Hercegovine, Republike Hrvatske, Federalne Republike Jugoslavije, Federacije Bosne i Hercegovine i Republike Srpske.

Clan II (1)

31. Primjetimo da se ovdje govori samo o misiji vojnog približavanja između šefova vojnih snaga Federacije Bosne i Hercegovine i Republike Srpske. Drugim riječima, nestaje Armija Bosne i Hercegovine. Armije Federacije i Srpske se tretiraju kao armije de fakto nezavisnih država. Ne postoji zajednička komanda, samo koordinacija, koja se nikada neće ostvariti.

32. Član VI, strana 4. Odnosi naoružanja su potpuno nepravedni. Uglavnom, krnja Jugoslavija će imati 75% plus 10% na Republiku Srpsku. Ne vidim kako taj omjer može kreirati stabilan mir u Bosni ili na Balkanu.

Anex 2. Sporazum o graničnoj liniji između entiteta i srodni problemi

Član V. Arbitraža za područje Brčkog

33. Uglavnom, ovim se stavlja područje Bračkog na led za slijedeću godinu. Ponovo, cijela svrha Daytonskog sporazuma je da Clinton dobije nešto napismeno tako da će on moći staviti cijelo Bosansko pitanje na led za slijedeću godinu da bi nastavio sa svojom predsjedničkom kampanjom bez uticaja Bosne.

35. Također, mislim da sada nije vjerovatno da će Predsjednik Međunarodnog suda pravde naimenovati trećega sudiju dok Bosna već ima jedan slučaj u toku na Svjetskom slugu protiv Krnje Jugoslavije. Naravno, ako i kada Bosna bude prinuđena da povuče tu parnicu, onda će možda Predsjednik Suda biti voljan da izvrši tu obavezu. Ovdje bi trebali obezbijediti neku alternativu Predsjedniku Međunarodnog suda pravde.

Anex 3. Sporazum o izborima

36. Strana 2. Da budem iskren ja ne vidim kako se tamo mogu održati realni izbori za devet mjeseci od stupanja na snagu ovog Sporazuma pod sadašnjim uslovima. Taj zahtjev je smijurija. Sve sto Srbi treba da urade je da ništa ne mijenjaju. Ko će glasati u Republici Srpskoj pod ovim uslovima.

Član III. Privremena komisija za izbore.

37. Komisija treba da kazni "svaku osobu ili tijelo koje krši propise". Međutim, to ništa ne znači bez IFOR-ove prisile.

Član IV. Pravo učešća na izborima

38. "Do dana izbora, povratak izbjeglica bi trebalo da bude obavljen, tako da bi mnogi mogli suučestvovati lično na izborima u Bosni i Hercegovini." Ovo je smiješna rečenica. Kako je iko mogao uzeti je zdravo za gotovo.

39. Apsolutno nema načina da bilo ko organizuje demokratske izbore u Bosni u slijedećih deset mjeseci.

Anex 4. Ustav Bosne i Hercegovine

40. Ustav. Iz jezika upotrijebljenog ovdje čini se da se nastavlja postojanje Bosne kao međunarodnog subjekta kao i njeno članstvo u Orgaanizaciji Ujedinjenih Nacija. Naravno Srbi će biti u stanju da tvrde da "Republika Bosna i Hercegovina" vise ne postoji i da ovaj Sporazum eksplicitno priznaje Republiku Srpsku. Ali za razliku od ranijeg jezika, izgleda da ovaj jezik štiti pravno postojanje države i njeno UN članstvo. Prema jezik u prvom nacrtu kojeg je Holbrooke dao Izetbegoviću dne 5. Novembra 1995. Republika Bosna i Hercegovina bi odmah doživjela disoluciju kao država prema međunarodnom pravu. Toliko o njegovim dobrim namjerama. To je bilo isto toliko loše kao što je pokušao Owen da učini na Owen-Stoltenbergovim pregovorima.

Član III. Dužnosti i relacije između institucija Bosne i Hercegovine i entiteta.

41. Očigledno, sa ove liste je namjerno izostavljena Odbrana. Dakle, centralne institucije neće imati nikakvih kompetencija u pitanjima vezanim za odbranu Države. Stoga prema Paragrafu 3, koji slijedi, dva entiteta imaju odgovornosti za "odbranu". dakle, dva entiteta - Federacija i Srpska - će postati de facto nezavisne države.

42. Efektivno institucije sada postojeće Republike Bosne i Hercegovine će prestati da postoje, i ograničen broj institucija sa ograničenim ovlaštenjima će ih možda zamijeniti. Sve druge institucije moraju biti usuglašene sa Republikom Srpskom, sto se neće nikada dogoditi.

43. Član IV. Skupština. Tijelo koje predstavlja narod, Vijeće naroda, nikada neće proraditi jer će blok delagata iz Republike Srpske sam sebe isključiti prema instrukcijama sa Pala. Budući da paljanski Srbi mogu staviti veto na odluke Vijeća naroda, onda oni mogu staviti veto i na odluke cijele Skupštine.

44-45. Budući da paljasnski Srbi mogu narediti svojim delegatima da se isključe iz rada skupštine, to nikada neće biti kvoruma u Vijeću naroda. Budući da nikada neće biti kvoruma, Vijeće naroda ne može odlučivati pravosnažno, pa stoga ni cijela Skupština ne može djelovati zakonito. Dakle, ništa ne može biti učinjeno protivno željama paljanskih Srba.

46. Svi drugi propisi ne mijenjaju situaciju. Budući da paljanski Srbi imaju pravo da spriječe kvorum, onda nikakav posao ne može biti obavljen protivno njihovim željama.

47. Još jednom, glasujući kao blok, delegati ili članovi iz Republike Srpske mogu efektivno spriječiti da bilo kakav posao bude obavljen na zasjedanju Skupštine, ako je suprotan njihovim željama.

48. Paragraf 4. Ovlaštenja. Primjetimo da Skupština nema nadležnost da vrsi mobilizaciju, prikuplja i određuje porez ili skuplja prihode. Skupština može samo "odlučivati o izvorima i iznosima prihoda za (svoje) djelovanje...". Drugim riječima, Skupština nema nezavisan izvor prihoda. Zbog toga će biti potpuno beznačajna. To će biti vrlo slično prvom članu Konfederacije ovdje u Americi koji nije uspio upravo iz ovog razloga. Bio je zamijenjen Ustavom Sjedinjenih Američkih Država koji daje Federalnom kongresu pravo da skuplja novac pomoću oporezivanja, obaveznih davanja, carina itd. Bez prava da skuplja porez, ova Skupština neće imati nikakve stvarne vlasti.

49. Predsjedništvo. Odjeljak 2(d) efektivno daje paljanskim Srbima pravo veta nad odlukama Predsjedništva. Drugim riječima, Predsjedništvo neće biti u stanju da uradi bilo sta protivno njihovim željama. Ono naprosto neće biti u stanju da radi.

50. Stoga će Serbi sa Pala biti u stanju da spriječe Predsjedništvo u provođenju spoljne politike BiH. Prema tome, cak i limitirana ovlast će biti sputavana od strane Srba s Pala.

5. Zasjedajući Komitet

51. Ova provizija daje bošnjačkom članu Predsjedništva kontrolu nad Bosanskom Armijom. Hrvatski član Predsjedništva ima kontrolu nad HVO-om, a srpski član Predsjedništva ima kontrolu nad Srpskom Armijom. Ne izgleda da će uopšte biti neke zajedničke komande ili glavnog štaba ove tri armije. Stoga, Srpska Armija će ostati upravo onakva kakva je sada. U tom slučaju, to će omesti garancije koje su na papiru date izbjeglicama i raseljenim osobama da će se vratiti svojim kućama. Zašto bi se Bošnjak ili Hrvat želio vratiti svojoj kuci koja se nalazi pod okupacijom Srpske Armije kojom komandiraju nasljednici Mladica i Karadžića? Ta izbjeglica bi trebala biti luda da na to pristane. Ostatak teksta u 5(a) je tako sročen da garantira de facto podjelu BiH. Zasjedajući Komitet za Vojna Pitanja ima jedino autoritet da "koordinira" a ne da komandira. Zato će tri armije (Bosanska Armija, HVO i Srpska Armija) ostati upravo onakve kakve su i sada.

Član VI – Ustavni Sud

54. Ova tzv. zaštita koja ovdje daje Ustavnom Sudu jurisdikciju (pravnu snagu) da odlučuje o "specijalnim odnosima" nije od neke pomoći. Ustavni Sud bi svakako dozvolio "specijalni paralelni odnos" između Republike Srpske i Republike Srbije, koji je identičan Ugovoru o Konfederaciji između Republike Hrvatske i Federacije BiH. Ali, krajnji rezultat takvog Ugovora o Konfederaciji između Republike Srpske i Republike Srbije biće jednak de facto, ali ne i de jure, prisajedinjenju Republike Srpske Republici Srbiji. Drugim riječima, imaćete de facto, ali ne i de jure, Veliku Srbiju koja bi u sebi uključivala i 49% teritorija RBiH.

55. Isto tako je jasno da Ustavni Sud nema autoriteta (punomoći) da intervenira onda kada Srbi sa Pala odluče da izostanu sa nekog sastanka onda kada odluče da spriječe postojanje kvoruma na zasjedanju Doma Naroda ("House of Peoples"). Stoga, nema načina na koji bi Ustavni Sud primorao Dom Naroda, a prema tome i Parlament BiH da funkcionira i djeluje protiv zelja Srba sa Pala.

Član VVII – Centralna Banka

56. Ova točka kaže da će o odgovornosti/dužnosti Centralne banke "biti odlučivano na Parlamentu BiH". Ali, posto Srbi sa Pala imaju mogućnost da stave veto na djelatnosti Skupštine, ova Centralna Banka neće nikada imati prilike da nešto efikasno odradi. To je jasno još više kada se pročita naredna rečenica, koja jasno kaže da Centralna Banka ne može u toku šest godina "davati kredit na taj način da štampa novac/monetu". I može dobiti dozvolu da to učini jedino onda kad joj

Skupština to odobri, sto se neće nikada dogoditi, jer Srbi sa Pala imaju mogućnost da stave na to veto (tj. da to spriječe svojom jednostranom odlukom). Stoga će Centralna Banka postojati samo kao ime, ali ne i kao stvarnost.

Član VIII – Financije

U osnovi, Skupština neće imati efikasnog autoriteta da skuplja porez, ako to Srbi sa Pala ne dozvole. Slično tomu, Srbi sa Pala mogu jednostavno odbiti da daju jednu trećinu poreza Skupštini. Činjenica da Skupština mora zavisiti od Federacije i Republike Srpske da bi skupila porez, jeste fatalna slabost ove odluke. Da napomenem, ovo je slično Američkim Paragrafima o Konfederaciji po kojima je Centralna Vlada morala da zavisi od pojedinih država da joj daju poreski prilog – sto se nikada nije dogodilo – pa su te "Paragrafe" zamijenili Američkim Ustavom.

Clan XII -- Stupanje (ovog Ustava) na snagu

58. "Ovaj Ustav će stupiti na snagu nakon potpisivanja Opšteg Okvirnog Sporazuma (General Framework Agrement) kao ustavni akt koji će nadopuniti i nadjačati Ustav Republike Bosne i Hercegovine."

Ova procedura je očigledno protu-ustavna prema trenutno važećem (međunarodno priznatom 1992.) Ustavu Republike Bosne i Hercegovine. Doista, ovaj novi Ustav ne treba čak ni da se podnese Skupštini Republike Bosne i Hercegovine na glasanje odnosno na odobrenje. Po svim namjerama i ciljevima, ovaj novi Ustav stupa na snagu odmah, po svim svojim članovima, i to bez odobrenja Skupštine Republike Bosne i Hercegovine. Drugim riječima, po onome što piše u ovom novom Ustavu, Republika Bosna i Hercegovina, njena Skupština, i sve njene institucije su u osnovi potpuno uništene na dan 22. Novembra, 1995. Zato su odmah u Članu I odbacili ime "Republika Bosna i Hercegovina".

Anex II -- Prelazni sporazumi

1. Zajednička prelazna komisija

Pimjetite da su "Strane" uspostavile Zajedničku prelaznu komisiju da primjene Ustav Bosne i Hercegovine. Ali, "Strane" su ustvari Republika Bosna i Hercegovina, Republika Hrvatska, i Federalna Republika Jugoslavija. Zašto bi

Hrvatska i krnja Jugoslavija imale ikakvu moć odlučivanja o implementaciji (primjeni) Ustava za Bosnu i Hercegovinu ?

4. Uredi

60. Iz ovog teksta se može protumačiti da se dozvoljava nastavak rada "vladinim uredima, institucijama i ostalim tijelima Bosne i Hercegovine" da funkcioniraju "prema primjenljivim zakonima" dok ne budu zamijenjene. Primijetite, međutim, da ovi uredi i ove institucije ne rade vise po Ustavu Republike Bosne i Hercegovine. Također, nije jasno da će ova prelazna shema biti primjenljiva na Skupštinu Republike Bosne i Hercegovine. Naslov "uredi" ne indicira na to da je Skupština u to uključena.

Anex 5 – Sporazum o arbitraži

61. U osnovi, ovaj Sporazum zahtjeva arbitražu između Federacije BiH i Republike Srpske. Republika Bosna i Hercegovina nema ništa s time. Prema tome, Federacija BiH i Republika Srpska se tretiraju kao da su de facto neovisne države.

Anex 6 – Sporazum o ljudskim pravima

62. Član I tretira Federaciju BiH i Republiku Srpsku kao da su de facto neovisne države sa obavezama prema međunarodnim ugovorima o ljudskim pravima.

63. Član III (2): "Plate i troškovi Komisije i njenih zaposlenih će zajednički odrediti strane, a plaćati će ih Bosna i Hercegovina". Drugim riječima, Srbi sa Pala imaju snagu veta nad radom Komisije za ljudska prava. Stoga doista ozbiljno sumnjam da će ta Komisija za ljudska prava biti ikada i formirana. Što više, jasno je da plate i troškove neće plaćati Federacija BiH i Republika Srpska, nego se kaže "da će ih plaćati Bosna i Hercegovina" – koja ne može sakupljati porez. Da su doista ozbiljno namjeravali da stvore tu Komisiju, tražili bi da troškove plate Federacija BiH i Republika Srpska.

64. Zato ovaj cijeli Anex o Primjeni Ljudskih Prava i Organi (za primjenu) izgleda solidno na papiru. Ali, kada se vidi da nije ništa obezbjedjeno da se sve to efikasno financira, onda doista sumnjam da će bilo kada to efikasno i osmisljeno da proradi.

131

Anex 7 -- Sporazum o izbjeglicama i raseljenim osobama

65. Član I. Ovaj član ne kaže ništa o tome ko će biti zadužen da plati nadoknadu štete izbjeglicama za "imovinu koja im ne može biti nadoknađena".

Komisija za izbjeglice i raseljene osobe

66. "2. Plate i troškovi Komisije i njenih zaposlenih će zajednički određivati Strane i od njih biti jednako plaćane." Evo, ovdje se traži da Federacija i Republika Srpska plate troškove, a ne "Bosna i Hercegovina" -- kao sto se traži za Komisiju o ljudskim pravima. Ali, ove pojedinosti "moraju odrediti Strane (Parties)". Drugim riječima, Srbi sa Pala su dobili pravo veta nad uspostavljanjem i radom Komisije. Zato veoma ozbiljno sumnjam da će ta Komisija biti u stanju bilo kada da efikasno proradi.

67. Član XII (2) – Komisija ima ovlasti da uruči "pravednu kompenzaciju, kako je Komisija utvrdi". Ali, nema efektivnog mehanizma da se ta kompenzacija plati. Na primjer, nema uslova da Federacija, a posebno Republika Srpska isplati takvu kompenzaciju. Ako bi ova provizija imala bilo kakvo primjenljivo značenje, jasno je da bi Republika Srpska trebala platiti "pravednu kompenzaciju" za svu imovinu koju je uništila.

68. Paragraf 6. Ovdje spomenute kompenzacione dionice (bonds) ne znace ništa. Niko ovdje nije obavezan da ispostuje ove kompenzacione dionice.

69. Član XIV -- Imovinski fond. Još jednom, nema ustanovljenog doprinosa kapitalu koji bi trebao imati ovaj Fond. Stoga ozbiljno sumnjam da će se od toga bilo sto ostvariti, a da i ne govorimo o tzv. kompenzacionim dionicama.

70. Ustvari, ovaj fond će zavisiti od doprinosa međunarodne zajednice.

Anex 8 – Sporazum o Komisiji za zaštitu nacionalnih spomenika

71. Član III "Plate i troškovi Komisije i njenih zaposlenih zajednički će odrediti Entiteti koji će ih ujedno i ravnomjerno snositi."

Drugim riječima, još jednom Srbi sa Pala imaju mogućnost stavljanja veta na rad Komisije. Stoga se može zaključiti da je u rukama Srba sa Pala da li će se ta Komisija ikada i uspostaviti, a kamo li uspješno raditi.

72. Sadržaj ove tačke se može protumačiti kao "crni humor": Republika Srpska se obavezuje da zaštiti nacionalne spomenike, i to nakon sto je učinila sve sto je mogla da ih uništi sirom Bosne. Ovaj Anex ugovora je vrhunac licemjerstva i apsurdnosti.

Anex 9 – Sporazum o Uspostavi javnih korporacija (preduzeća) Bosne i Hercegovine

73. U Preambuli možete primijetiti da se Republika Bosna i Hercegovina vise i ne spominje. Pod novim režimom, Republika Bosna i Hercegovina nestaje. Stoga se Federacija i Republika Srpska tretiraju kao da su neovisne države.

74. Clan II (5) "30 dana nakon sto ovaj Dogovor stupi na snagu, Strane će se dogovoriti o svotama novca koje će dati Saobraćajnom preduzeću, za njegov početni budžet ..."

Drugim riječima, ponovno Srbi sa Pala imaju pravo veta (tj. ovisi o njihovoj volji) na rad ovog Saobraćajnog preduzeća, sto može da znaci da to preduzeće neće nikada niti proraditi. Ovo Preduzeće je samo prazno slovo na papiru.

75. Član II – Druga javna preduzeća (korporacije). Ovaj član predstavlja vrhunac cinizma. Ovaj član kaže da je jedino javno preduzeće ovo gore pomenuto Saobraćajno preduzeće – koje postoji samo na papiru. Nema cak niti obaveze da se osnuju bilo kakva druga javna preduzeća koja se u svim državama bave npr. Elektroprivredom, vodovodima, PTT saobraćajem, komunalijama, radio i ostalim vezama, itd. Osnivanje ovih javnih preduzeća mogu spriječiti Srbi sa Pala svojim pravom veta, tj. ako im je volja da to spriječe onda to mogu i učiniti. Zato se može zaključiti da se javna preduzeća vjerovatno nikada neće niti uspostaviti.

Anex 10 – Sporazum o Civilnoj primjeni Mirovnog ugovora

Član V -- Vrhovni autoritet za tumačenje dogovora. "Visoki Predstavnik je vrhovni autoritet na terenu; on će tumačiti ovaj Dogovor po pitanjima civilnog djela implementacije mirovnog dogovora."

Drugim riječima, dato je Visokom Predstavniku puno pravo da upravlja Bosnom i Hercegovinom kako mu je volja -- po svim pitanjima (osim vojnih). IFOR će imati ovlasti da radi sto god želi po vojnim pitanjima. Zato niti Federacija BiH niti upravno tijelo za "Bosnu i Hercegovinu" neće imati nikakve suverene kontrole ili autoriteta. Predsjednik, Predsjedništvo, Vlada i Skupština će biti samo lutke na koncu koje neće imati nikakve neovisnosti od NATO-a.

Anex 11 – Sporazum o Internacionalnim (Međunarodnim) policijskim jedinicama u BiH

77. Po ovom Aneksu izgleda da će Ujedinjene Nacije ustvari preuzeti nadzorničko pravo nad unutrašnjim stvarima policijskog tipa, tj. sprovodiće zakon u zemlji. Stoga je jasno da će Bosanska Vlada izgubiti kontrolu i nad ovim osnovnim elementom državnog suvereniteta.

Sporazum o provođenju Opšteg okvirnog ugovora za Mir u Bosni [Agreement on Initialing the General Framework Agreement for Peace in Bosnia]

Pismo Mate Granića Klausu Kinkelu od 21. Novembra, 1995:

78. Primijetite kako u ovom pismu Republika Bosna i Hercegovina ne postoji. U ime Hrvatske, Granić ne uvažava "suverenitet, teritorijalni integritet i političku neovisnost" Republike Bosne i Hercegovine. Isti stav Granić zauzima i u druga dva pisma koje je napisao.

Pismo Milutinovića Kinkelu, 21. Novembar 1995.

79. Primijetite da Savezna Republika Jugoslavija ne uvažava "suverenitet, teritorijalni integritet i političku neovisnost" Republike Bosne i Hercegovine.

81. Komentar o pismu kojega je Granić uputio Boutrosu Ghaliju 21. Novembra, 1995: Ozbiljno sumnjam da će se Republika Hrvatska pridržavati obaveze iz ovog pisma da "striktno spriječi upad svojih vojnih snaga u BiH i odustati od toga da u BiH drži bilo kakve vojne snage koje su pod njenom komandom". Prekršaj ove obaveze od strane Republike Hrvatske bi značio prekršaj Daytonskog sporazuma – pa bi na osnovu toga Republika Bosna i Hercegovina mogla da odbaci Daytonski sporazum. Ovaj isti argument se odnosi i na drugo Granićevo pismo.

82. Komentar o pismu kojega je Milutinović poslao Boutrosu Ghaliju 21. Novembra, 1995: Ozbiljno sumnjam da će "Savezna Republika Jugoslavija striktno spriječiti upad svojih vojnih snaga u BiH i odustati od toga da u BiH drži bilo kakve vojne snage koje su pod njenom komandom". Vjerovatno će Jugoslavija prekršiti ovo obećanje, što će biti prekršaj Daytonskog Sporazuma – što bi opravdalo

odustajanje Republike Bosne i Hercegovine od Daytonskog Sporazuma. Isto važi i za ostala Milutinovićeva pisma.

83. Komentar o pismu kojeg je Izetbegović uputio Christopheru, 21. novembra 1995. Primjetimo iz Izetbegovićevog pisma da Republika Bosna i Hercegovina više ne postoji.

84. Komentar o pismu kojeg je Milošević uputio Christopheru, 21. novembra 1995. Primjetimo da se Milošević ne obavezuje da izgradi mjere za poboljšanje međusobnog povjerenja između Savezne Republike Jugoslavije i Republike Bosne i Hercegovine.

85. Primjetimo da se uspostavljanje zvaničnih diplomatskih odnosa ne traži u ovom Sporazumu. Ta uspostava bi zahtijevala razmjenu Ambasadora između SR Jugoslavije i Republike Bosne i Hercegovine. Ustvari, kada se pažljivo pogleda, vidi se da ovaj Daytonski sporazum niti ne zahtjeva razmjenu Ambasadora između SR Jugoslavije i "Bosne i Hercegovine". Dakle, drugim riječima, Milošević nije priznao cak niti ovu novu tvorevinu koju Daytonski sporazum naziva "Bosna i Hercegovina", a kamo li Republiku Bosnu i Hercegovinu. Doista, ne postoji niti jedan jedini dobar razlog da to Milošević učini, jer će Republika Bosna i Hercegovina odmah nakon potpisivanja ovog Sporazuma prestati pravno da postoji, a ova nova tvorevina, "Bosna i Hercegovina" neće funkcionirati kao jedna država. Prema tome, zašto bi Milošević priznao i jednu od te dvije tvorevine ? Milošević je dobio ono sto je želio – a to sadrži i pola Bosne i Hercegovine (49%).

Rezolucija 1021 (1995) Savjeta Bezbjednosti Ujedinjenih Nacija

86. Primjetimo kako se u drugoj preambuli nigdje ne spominje potreba da se očuva teritorijalni integritet i politička neovisnost Republike Bosne i Hercegovine.

87. Primjetimo također kako se u trećoj preambuli oslovljava "Savezna Republika Jugoslavija" umjesto "Savezna Republika Jugoslavija (Srbija i Crna Gora)".

88. Terminologija ove dvije gore navedene preambule/paragrafa predstavlja značajnu pobjedu krnje Jugoslavije. Drugim riječima, Republika Bosna i Hercegovina nestaje, a Savezna Republika Jugoslavija postaje pravni nasljednik bivše Jugoslavije (SFRJ).

89. Primjetimo da paragraf 1(b) kaže da će embargo na dostavu teške artiljerije, municije, vojnih aviona, helikoptera "biti nastavljen dok ne stupi na snagu sporazum o kontroli naoružanja – spomenut u Aneksu 1b …". Drugim riječima,

dostava teškog naoružanja Bosanskoj Vladi će biti zabranjena do unedogled. Prema tome, embargo na naoružanje će se nastaviti sprovoditi protiv Bosanske Vlade u nedogled. Prema tome, Bosanska Armija ne može nabavljati teško naoružanje koje joj je potrebna da brani Narod i Zemlju.

90. Pod-paragraf "c" je tako bremenit uslovima da sumnjam da će se ikada skinuti embargo na teško naoružanje Bosanske Armije. Pod-paragraf je potpuno bezvezan. Po ovoj rezoluciji, embargo na teško oružje protiv Bosanske Vlade, biće produžen do unedogled. Nema nikakve obaveze koja daje datum kada će se taj embargo skinuti.

91. Rezolucija 1022 (1995) Savjeta Bezbjednosti UN: Primjetimo da u drugom preambularnom paragrafu nema tradicionalnog pomena o tome da se mora sačuvati teritorijalni integritet i politička neovisnost Republike Bosne i Hercegovine. Taj pomen obaveze očuvanja teritorijalnog integriteta i političke neovisnosti Republike Bosne i Hercegovine (koji je bio prisutan u prijašnjim Rezolucijama) sasvim je iščezao.

93. Primjetimo u četvrtom preambularnom paragrafu, da se vise ne spominje "Savezna Republika Jugoslavija (Srbija i Crna Gora), nego jednostavno "Savezna Republika Jugoslavija". Drugim riječima, Savezna Republika Jugoslavija se tretira kao pravni nasljednik bivše Jugoslavije (SFRJ), usprkos tome sto je Skupština Ujedinjenih Nacija to rezolucijama i djelom odbacila.

94. Još jednom, sve ove promjene u terminologiji, predstavljaju pobjede za Miloševića. Drugim riječima, Milošević je dobio sto je tražio od Savjeta Bezbjednosti isto kao sto je dobio u Daytonu.

95. Pod paragrafom 1, ekonomske sankcije protiv krnje Jugoslavije se "odmah ukidaju ...". Dakle, dok imamo slučaj da se embargo na teško naoružanje Bosanskoj Vladi i dalje sprovodi, dok se krnjoj Jugoslaviji ukidaju ekonomske sankcije (paragrafi 2-5). Drugim riječima, Milošević dobija sve sto želi, a Bosanci ne dobijaju ništa, nego samo neka obećanja, sto je prljavi posao Savjeta Bezbjednosti.

96. Provizije da se i dalje nastavi sa sankcijama protiv Bosanskih Srba ne znače ništa, jer sva prinuda je išla preko Miloševića i Srbije – a ta prinuda je ukinuta.

97. Paragraf 5 Rezolucije oslobađa zaleđena sredstva koja Srbija ima po cijelom svijetu, da bi ih Milošević pokupio.

Zaključak

98. Gore navedeni komentari govore sami za sebe i ne traže da ih dalje objašnjavam. Na Vama je da odlučite gdje nakon ovoga, da li da prihvatite Daytonski sporazum ili da ga odbijete. U slučaju da odlučite da odbijete Daytonski sporazum, ja sam potpuno spreman da se vratim na Međunarodni Sud, da bi zatražio od Suda zvanični nalog da se spriječi cijepanje Republike Bosne i Hercegovine i da se skine embargo na teško oružje koji je nametnut protiv Bosanske Armije – embargo koji će se još neko vrijeme nastaviti. Ja o ovome ne mogu odlučiti u Vaše ime. Vaša budućnost je u pitanju. To je Vaša Država. To je Vaša Sudbina. Vaša će djeca i unuci morati da snose konsekvence Vaše odluke.

Neka je Bog s Vama, Vaš prijatelj,
Francis A. Boyle Profesor Međunarodnog Prava

See *http://instituteforgenocide.org/?p=8926*

15

POST-DAYTONSKI IZBORI

15.1. Peticija protiv izbora u Bosni i Hercegovini

Boston, 19. maj 1996.

Bosanski kongres, SAD je ko-sponzorirao slijedeću peticiju bosanskih izbjeglica protiv izbora koji su se tada trebali održati u skladu s pravilima Daytonskog sporazuma.

Mi, građani Republike Bosne i Hercegovine, koji smo iz naše zemlje protjerani silom u SAD i koji razumijemo važnost današnjih događaja za budućnost naše domovine, šaljemo predstavnicima vlasti Bosne i Hercegovine i cijelom svijetu sljedeću:

PETICIJU

Što se tiče najave pravila za izbor vladajućih zvaničnika od strane Privremenog izbornog odbora Organizacije za europsku sigurnost i suradnju (OSCE), prvo u gradu Mostaru, a ubrzo nakon toga u cijeloj Bosni i Hercegovini, mi oštro zahtijevamo da se izbori odgode dok se sve bosanske izbjeglice ne vrate u njihove domove. Ako izbori budu održani onako kako to planira privremeni izborni odbor OSCE-a i njegov čelnik g. Robert Frowick, znamo da bi rezultat toga bio uništenje Republike Bosne i Hercegovine kao neovisne države, a izbjeglicama, koje su bile žrtve genocida i etničkog čišćenja, nikad neće biti dozvoljen povratak kućama.

Uvidjevši prethodni učinak vaše vlade i vašu spremnost da se pod navodnim pritiscima savijate, opravdano smo zabrinuti za vaše buduće akcije. Niko, a pogotovo najviši zvaničnici Bosne i Hercegovine, nemaju pravo poduzimati radnje koje će dovesti do uništenja naše domovine, a vaš prisatanak na ovakve izbore značio bi kapitulaciju naše zemlje.

Žrtve smo genocida koji su počinili neprijatelji naše zemlje, a rane nanesene nama još su svježe i nikada neće zacijeliti u potpunosti. Zbog rana nanesenih nama i u čast onih Bosanaca koji su umrli za našu domovinu, inzistiramo na tome da ne održite izbore u Mostaru i drugim dijelovima zemlje dok nam ne dozvole da se vratimo u naše kuće.

Izbjeglice iz Bosne i Hercegovine, raseljene u 127 država širom svijeta, preživljavaju još noćne more klanja i genocida koji je izvršen nad njima ovim najnovijim oblikom fašizma. Vaše učešće na izborima prije nego što se izbjeglice vrate svojim kućama svrstalo bi vas u istu klasu sa onima koji su počinili genocid nad našim narodom, budući da biste tako vi učestvovali u ubijanju naše domovine. Ne budite učesnici genocida nad vlastitim narodom i državom. Ne pridružujte se našim ubicama!

Ako vi, najviši nosioci vlasti, odlučite da ne slušate naš glas, nadamo se da će to učiniti naša braća i sestre kod kuće, kao i svi patrioti jedinstvene Bosne i Hercegovine. Bojkotiranjem ovih izbora pokazaćemo tvorcima Daytonskog sporazuma, koji je nemoralan i napravljen po željama naših neprijatelji, da smo narod s dostojanstvom i da smo svjesni projekta protiv nas.

DA NAM DUGO ŽIVI NEZAVISNA REPUBLIKA BOSNA I HERCEGOVINA

Potpisnici su izostavljeni.

Dugi spisak pristalica Peticije se svojevremeno mogao pogledati na tadašnjoj web stranici Bosanskog kongresa.

15.2. Prepiska između evropskih zvaničnika (OSCE) i bosanskih izbjeglica

Predsjednik OSCE-a gosp. **Flavio Cotti** kontaktirao je Komitet izbjeglica Bosne i Hercegovine, organizaciju koju su formirale izbjeglice okupljene oko zahtjeva definiranih u "Peticiji izbjeglica iz Bostona. Gospodin **Flavio Cotti,** predsjedavajući OSCE-a, je bio zabrinut jer su bosanske izbjeglice tom pozivom na bojkot izbora u toj peticiji poslali poruku cijelome svijetu da oni ne priznaju takve izbore. On dobro zna koliko je važno da to sve bude upakovano u legalnu proceduru, da ne bi ostala nikakva mogućnost naknadnih žalbi i nemira. On moli Forum izbjeglica BiH da ne bojkotuju predstojeće izbore. Njegov glavni argument je da "većina među bosanskim političarima na vlasti jasno žele da se održe izbori u zakazano vrijeme ". **Mr. Cotti** dakle identifikuje želje BiH vlasti sa željama bošnjačkog naroda. To je upravo suština rata protiv BiH, identifikovanje Bošnjaka sa njihovim izdajničkim i korumpiranim rukovodstvom. Mr. Cotti je treći predstavnik tzv. Međunarodne zajednice koji pritiješnjen javnim mnijenjem povlači ključni argument, a to je: **"OSCE čini upravo ono što želi legalne BiH vlasti."** Sjetimo se da su ranije **Lord Owen i Warren Christopher** također otkrili tajnu kako je moguće da se dijeli međunarodno priznata država, što je po međunarodnom pravu nedozvoljeno. Naime, dozvoljeno je ako to želi i sama Bosna i Hercegovina, tj. njena legalna vlast. Iz **Cottijevog** pisma se vidi da nema ni govora o pritiscima iz "svijeta" na Bosnu i Hercegovinu, žrtvu agresije, da učini nešto suprotno međunarodnom pravu, da potpiše svoju podjelu.

Slijedi prepiska Foruma izbjeglica s OSCE-om.

FEDERAL DEPARTMENT OF FOREIGN AFFAIRS TELEFAX

Addressee:	Committee of Bosnian Refugees in Boston
	att. Mr. Muhamed Borogovac
	Boston, U.S.A.
Addressee's fax:	001 810/828 30 69
Ref./initials:	p.B.73.-H.O.-MAH/CIA
Date:	6.09.96
Sender:	POLITICAL DIVISION 1
	Federal Department of Foreign Affairs
	CH-3003 Berne, SWITZERLAND
Sender's fax:	011 41/31 324 95 55
Sender's phone number	
(M. Maurer):	011 41/31 322 31 98
	Berne, 4 September 1996
	Committee of Bosnian Refugee in Boston
	att. Mr. Muhamed Borogovac
	Boston, USA

Poštovani gospodine,

ja potpuno razumijem vašu veliku brigu u vezi sa sadašnjim razvojem događaja u Bosni i Hercegovini. Sigurno ste i vi svjesni da sam ja uvijek kao Predsjednik u OSCE-u ukazivao na negativne tokove koji se događaju u vašoj domovini. Nedavno, 14. avgusta i Genevi ja sam izrazio moju duboku zabrinutost o situaciji u Bosni i Hercegovini prilikom moga sastanka s državnim sekretarom Sjedinjenih

Država gosp. **Warrenom Christopherom** i trojicom predsjednika **Izetbegovićem, Tuđmanom i Miloševićem.** Zato sam jasno kazao da sloboda kretanja još nije osigurana, samo mjesec dana do izbora. Osim toga naveo sam da je povratak izbjeglica u njihova mjesta uvijek bio sprječavan i da se ne nazire kraj stvaranja etnički očišćenih oblasti. Odluka Privremene izborne komisije od 27. avgusta da se ne održe opštinski izbori, zbog manipuliranja registracije birača izbjeglica, ima stoga moju punu podršku.

Uprkos moje ne baš pozitivne ocjene razvoja događaja u Bosni i Hercegovini, ja vjerujem da nema alternative održavanju svih ostalih izbora. Kada sam 25. juna, kao predsjednik, odlučio da se izbori održe 14. septembra 1996. ja sam bio vođen sa sljedeća dva glavna razloga: prvi je bio JEDNOGLASJE (naglasio M.B.) koje sam uočio između država učesnica pregovora u Firenci koji su održani sredinom prošlog juna, a drugi faktor je bio utisak kojeg sam stekao tokom mojih pet posjeta Bosni da je većina ljudi u vlasti izrazila jasnu želju da se izbori održe u zakazano vrijeme.

Ja se nadam podršci te većine koja je *izrazila* podršku slobodnim izborima u Bosni. Samo s izabranim predstavnicima mogu zajedničke vlasti omogućiti da Daytonski sporazum počne da funkcioniše. Prema mom mišljenju ohrabrujuća činjenica je da se je registrovalo 600,000 bosanskih izbjeglica, što pokazuje njihovu želju da uzmu učešća u budućnosti svoje zemlje. Čineći oko trećine glasačkog tijela bosanske izbjeglice u inostranstvu mogu imati značajan uticaj na rezultat izbora. Potrebno je da radimo zajedno i da sarađujemo da bi vašu domovinu izvukli iz vrtloga mržnje i nasilja. Stoga bih apelovao na vas da učestvujete na izborima i date šansu mirovnom procesu u Bosni i Hercegovini.

Iskreno vaš

THE HEAD OF THE FEDERAL
DEPARTMENT OF FOREIGN AFFAIRS
Flavio Cotti
Federal Councillor

Naš odgovor Cottiju
Committee of Bosnian Refugees
Boston, MA, USA

To: Mr. Flavio Cotti
        The Head of the Federal Department of the Foreign Affairs Switzerland

September 7, 1996

Poštovani gosp. **Cotti,**

hvala vam veoma mnogo na vašem faksu od 6. septembra 1996. Prema vašoj nadležnosti kao predsjednika OSCE-a vi ste potpuno odgovorni za odluku da održite izbore 14. septembra 1996. Čak i iz vašeg pisma jasno je da ne postoji ni minimum uslova da bi izbori u Bosni i Hercegovini bili slobodni, kako se zahtijeva u Povelji Ujedinjenih nacija i Daytonskom sporazumu. Vi ne možete bazirati svoje odluke na "nadama" i "odanosti uključenih vlasti slobodnim i poštenim izborima", kako vi kažete u vašem pismu. Vaša odluka se mora bazirati na Povelji UN, Daytonskom sporazumu i situaciji na terenu. Činjenica da su bosanske vlasti izrazile želju da se izbori održe ne čini te izbore slobodnim, poštenim i ispravnim. Povelja Ujedinjenih naroda i Daytonski sporazum su pravni dokumenti i vaša odluka bi trebala biti donesena samo u skladu s tim zakonskim dokumentima, a ne na osnovu želje upetljanih političara. Činjenica da je 600,000 bosanskih izbjeglica registrovano u glasačke spiskove daleko od njihovih domova, ne čini te izbore slobodnim, poštenim i regularnim. Činjenica je da je bosanskim izbjeglicama osporeno njihovo pravo da glasaju u svojim gradovima, i to čini pomenute izbore potpuno neregularnim.

Molimo vas da donesete ispravnu odluku. Odgodite izbore dok se izbjeglicama ne da šansa da se vrate svojim kućama i uzmu učešće na izborima u svojim mjestima. Ako to ne učinite Forum izbjeglica BiH će tražiti od bosanskog naroda da bojkotuje izbore. Bosanski narod neće nikada priznati rezultate ovih izbora.

COMITET BOSANSKIH IZBJEGLICA

Dr. Muhamed Borogovac
Dr. Vahid Sendijarević,
Dr. Zlatko Sijerčić,
Stjepan Balog,
Bororgovac Musadik,
Sven Rustempašić,
Jasminko Bešo,

Ajša Fazlić,
Osman Kerić,
Bedrudin Gušić,
Nihada Kadić,
Almin Muratagić,
Armin Karabegović,

CC: Bosnian Refugees and Bosnian People
       AH American Congressmen and Senators
       News Media News Groups on Internet

Poslije ovoga našega pisma ponovo nam se javio gosp. **Cotti** jednim kratkim pismom u kojem nam objašnjava kome se možemo žaliti. Mi smo postupili po tome uputstvu i poslali našu žalbu predsjedniku Privremene komisije za izbore, gospodinu **Robertu Frowicku,** i predsjedniku Komisije za nadgledanje izbora, gospodinu **Edvan Thijnu.**

Šalje: Committee of Bosnian Refugees
          Boston, USA
          Fax #: (313) 828-3069
Datum: September 12, 1996

Prima: Mr. Raymund Kunz
         Ambassador
         Head of the OSCE Coordination Unit
         Federal Department of Foreign Affairs
         3003 Berne, Switzerland
         Fax #: 011 41 31 324 1289
         Tel.: 011 41 31 322-3023
         Ukupan broj strana: 5

Poštovani gosp. Raymund Kunz,

Molimo vas da primite kopije pisama koje su adresirana od strane Komiteta bosanskih izbjeglica za predsjedniku Privremene izborne komisije, ambasadora Robert-a Frowick-a i za predsjednika Grupe za nadgledanje izbora, g. Ed van Thijn'a. Molim vas da predate pisma njima dvojici i državnom Kancelaru Flaviu Cotti.

143

DR. MUHAMED BOROGOVAC

Srdačno vaši,
Za COMITET BOSANASKIH IZBJEGLICA
Dr. Vahid Sendijarević

Re: Regularnost izbora u Bosni i Hercegovini
Poštovani gosp. **Frowick,**

Mnogobrojne su činjenice koje potvrđuju da izbori u Republici Bosni i Hercegovini zakazani za 14. septembar 1996. ne mogu biti slobodni, pošteni i regularni. Slijedi lista nekih neregularnosti koje direktno pogađaju izbjeglice, koje mi predstavljamo, kao i cijeli bosanski narod.

1. Izbjeglicama, koji su žrtve genocida i etničkog čišćenja, je uskraćeno pravo da glasaju u svojim mjestima.
2. Izbjeglicama je uskraćeno pravo da učestvuju u predizbornoj kampanji u svojim mjestima. Činjenica je da su bili prisiljeni da ostanu stotine i hiljade kilometara od mjesta gdje se izborni proces provodi.
3. Većina izbjeglica su primorani da ostanu u stranim državama u potpunoj informativnoj izolaciji budući da većina od njih nije u stanju shvatiti ni TV vijesti koje se emitiraju na stranom jeziku.
4. Praktično svim izbjeglicama izvan Bosne i Hercegovine je uskraćeno pravo da budu predlagani i birani što je u suprotnosti sa osnovnim principima slobodnih i poštenih izbora.
5. Preko 300,000 Bosanca je ubijeno i 2,000,000 istjerano iz njihovih domova da bi se promijenila etnička struktura Republike Bosne i Hercegovine. Metod kojim se izbori provode je direktna legalizacija genocida i etničkog čišćenja.
6. Izbori za lokalne opštinske vlasti su odgođeni jer ni minimum uslova za slobodne, poštene i regularne izbore nije zadovoljen. Kako to da će se održati izbori za državne vlasti, ako nisu ispunjeni pomenuti uslovi za lokalne izbore.

Očekujemo da ćete vi kao predsjednik Privremene izborne komisije proglasiti izbore koji će se održati 14. septembra 1996. godine neregularnim. Ako to ne učinite vi ćete samo doprinijeti nepravdi koja je već učinjena bosanskom narodu. Bosanske izbjeglice ne prihvataju objašnjenje da su "izbori regularni u balkanskom stilu", što je diskriminirajuća izjava. Bosanske izbjeglice ne priznaju rezultate izbora koji nisu slobodni, pošteni i regularni. Oni ne prihvataju tretman kao ljudi manje vrijednosti.

Činjenica da su bosanske vlasti *izrazili* želju da da se održe izbori ne čini te izbore slobodnim, poštenim i regularnim. Povelja Ujedinjenih nacija i Daytonski sporazum su pravni dokumenti i vaša odluka bi trebala biti bazirana na ova dva dokumenta, a ne na željama upetljanih političara, od kojih su neki počinili zločine protiv čovječanstva.

Molimo vas da donesete pravednu i ispravnu odluku i proglasite izbore neregularnim.

Srdačno vaš,
Za Forum bosanskih izbjeglica

Dr. Vahid Sendijarević
Tel.: (810) 828-3193 (home), Fax: (810) 828-3069 (home)
Tel.: (313) 993-2162 (office), Fax: (313) 993-1409 (office)

CC: Federal Councillor Flavio Cotti,
the Chairman-in-Office of the O.S.C.E.,
Mr. Edvan Thijn,
Chairman of the Election Monitoring Group
Bosnian refugees and people
Bosnian government
Ali American Congressmen and Senators
News Media
News Groups on Internet

16

Papa Ivana Pavla II u posjeti Bosni i Hercegovini

Boston, april 10.1997.

Cijelom svijetu, a posebno prijateljima Bosne i Hercegovine, je poznato da je papa **Ivan Pavle II.** tokom cijeloga rata u BiH bio uz Republiku Bosnu i Hercegovinu. Osim što je Vatikan priznao Republiku Bosnu i Hercegovinu kao suverenu državu, u nekoliko kritičnih momenata za opstanak Bosne i Hercegovine Papa je pružao najdragocjeniju pomoć Republici Bosni i Hercegovini, političku pomoć. Izdvojimo samo da je u trenutcima kada se vodio rat između HVO-a i Armije BiH, Vatikan donio odluku da i Bosna i Hercegovina ima svoga kardinala. To je bila velika podrška jedinstvu bosanske nacije i jasan znak bosansko-hercegovačkim katolicima da je njihova prijestonica u Sarajevu, a ne u Zagrebu. Ovaj Papa se snažno protivi politici podjele Bosne i Hercegovine koju su oduvijek provodili i koju i sada provode i **Tuđman** i HVO. I dolazak Pape u Sarajevo je trebao da bude demonstracija podrške suverenitetu Bosne i Hercegovine i još jedan šamar **Tuđmanovoj** politici prema Bosni i Hercegovini.

Međutim, neprijatelji Bosne i Hercegovine, koji su se infiltrirali na vlast i u državne organe i u Islamsku zajednicu Bosne i Hercegovine, koriste dolazak Pape u Sarajevo da nanesu nove udarce državnosti Bosne i Hercegovine. Himna Bosne i Hercegovine se neće svirati na dočeku Pape. Neće biti ni počasne čete Armije BiH. Najgore od svega je to što predstavnici Islamske vjerske zajednice neće ni dočekati Papu. Zašto?!

146

Svi znamo da je vodstvo Islamske vjerske zajednice samo produžena ruka **Alije Izetbetgovića** i da je **Alija Izetbegović** nelegalno otjerao legalno izabranog Reisa-ul-Ulemu **H. Jakuba ef. Selimoskog** da bi postavio **Mustafu ef. Cerića** na to mjesto. Svi znamo da **Izetbegovićeva** vlast kao i Islamska vjerska zajednica nisu imali nikakvih problema da sjede na nebrojenim pregovorima sa ljudima koji su počinili genocid nad Bošnjacima. **Alija Izetbegović** nije prekidao pregovore sa ratnim zločincima ni onda kada mu je ubijen predsjednik Vlade **dr. Hakija Turajlić.** Zašto ta vlast, koja nije pokazala ni trunke dostojanstva kada su u pitanju naši neprijatelji, sada bojkotuje Papu? Odgovor je sljedeći: **Alija Izetbegović** je neprijatelj Bosne i Hercegovine i montiran je na čelo naše domovine da bi je uništio. On i njegova kamarila bojkotuju Papu zato što je Papa prijatelj jedinstvene Bosne i Hercegovine, dakle opasnost za njihovo djelo uništenje Republike Bosne i Hercegovine.

Čin bojkota Pape od strane "muslimanskih" prvaka Bosne i Hercegovine pokazuje dokle je **Alija Izetbegović,** koji se inače u mladosti deklarirao kao etnički Srbin, spreman ići da bi uništio bosanskohercegovačke Muslimane. Vatikan mjeri vrijeme vijekovima i ovakva uvreda će za buduće vijekove stvoriti odioznost katolika u cijelom svijetu prema Bošnjacima-Muslimanima. Tako nešto nam je mogao smisliti samo čovjek koji nam želi potpuni nestanak. Pri tome je za sebe **Izetbegović** rezervisao ulogu demokrate koji će dočekati Papu. Kako biva, Bh Muslimani su primitivci koji bez ikakva razloga bojkotuju Papu, a **Izetbegović** je jedini među njima tolerantan i demokrata sa kojim se može razgovarati.

Bosanskohercegovački Muslimani su u velikom broju postali svjesni koje uistinu **Alija Izetbeogović** kada je on stavio svoje potpise na podjelu Republike Bosne i Hercegovine u trenutcima kada je Armije BiH uspješno oslobađala našu domovinu. Nesreća je što je vlast **Alije Izetbegovića** dobro organizovana grupa ljudi koju podržavaju svi moćni neprijatelji Bosne i Hercegovine, te je veoma stabilna. Zato bosanskohercegovački patrioti koriste ovu priliku da obavijeste papu **Ivana Pavla II.** i Vatikan da uvreda nanesena Svetoj Stolici NIJE DJELO NAS, BOSANSKOHERCEGOVAČKIH MUSLIMANA, nego naših neprijatelja koji su se veoma vještom policijskom intervencijom infiltrirali u vlasti Bosne i Hercegovine.

MI, BOSANSKI KONGRES POZDRAVLJAMO PAPU IVANA PAVLA II. I ŽELIMO MU SVU SREĆU. MOLIMO GA DA NASTAVI DAVATI PODRŠKU BOSNI I HERCEGOVINI I TIME OTEŽA POSAO NAŠIM I NJEGOVIM NEPRIJATELJIMA. MI NAJOŠTRIJE OSUĐUJEMO ISPAD IZETBEGOVIĆEVIH PLAĆENIKA I SRPSKIH AGENATA KOJI SU UZELI APSOLUTNU VLAST U NAŠOJ DOMOVINI.

Predsjedništvo Bosanskog kongresa

17

Tužba Daytona Ustavnom sudu Republike BiH

USTAVNOM SUDU REPUBLIKE BOSNE I HERCEGOVINE
SARAJEVO
Omladinska br. 9

TUŽITELJ: Forum izbjeglica BiH
P.O. Box 45422
Somerville, MA 02145
Tel: (617) 783-8796, (810) 828-3193
Fax: (810) 828-3069

TUŽBA

Radi utvrđivanja ništavnim tzv. Općega okvirnog sporazuma za mir u BiH od 14. 12.1995. godine, jer vodi raspadu države, Republike Bosne i Hercegovine.

1.

Dana 14. decembra (prosinca) 1995. godine sklopljen je u Parizu Opći okvirni sporazum za mir u BiH, poznat pod imenom Daytonski sporazum. Tim sporazumom BiH je podijeljena na dva tzv. entiteta: Federaciju BiH i Republiku Srpsku /Anex 2.1. Ti entiteti mogu izravno stupati u međunarodno pravne odnose sa drugim državama /Anex 4./, pa čak i u takve državnopravne odnose, kao što je konfederacija. Državljani BiH mogu imati dvojno državljanstvo. Ovlasti BiH su samo simbolične, a stvarno sva vlast, pa i vojna, je u djelokrugu entiteta.

Granica između entiteta povučena je tako, da područja tzv. Republike Srpske sačinjavaju pretežno baš oni dijelovi BiH, u kojima su Bošnjaci i Hrvati imali izrazitu apsolutnu većinu i u kojim su bili većinski vlasnici zemljišta.

Opći okvirni sporazum za mir u BiH u ime Republike BiH potpisao je gospodin Alija Izetbegović u svojstvu predsjednika Predsjedništva BiH, a kasnije ga je potvrdila tobožnja Skupština BiH. Time se htjelo dati privid zakonitosti Općeg okvirnog sporazuma za mir u BiH i njegove obvezatnosti za narode BiH.

DOKAZ: 1. Opći okvirni sporazum za mir u BiH,
             2. Nacionalna struktura R.BiH po regijama, općinama i naseljima.

2.

Opći okvirni sporazum za mir u BiH od 14. prosinca (decembra) 1995. godine je međunarodni ugovor i po hijerarhiji pravnih propisa ima položaj zakona i mora biti u skladu sa Ustavom Republike BiH. MEĐUTIM, NJIME SU POČINJENE BITNE POVREDE TOGA USTAVA.

Prema članku 3. Ustava BiH zajamčena je ravnopravnost svih naroda na području cijele Bosne i Hercegovine. Međutim, Republika Srpska postaje matični entitet srpskoga naroda, u kojem su Srbi konstitutivni narod, pa su time Bošnjaci i Hrvati u neravnopravnom položaju u odnosu na njih. Stoga je Opći okvirni sporazum za mir u BiH suprotan članu 3. Ustava Republike BiH.

Prema članu 5. Ustava Republike BiH, teritorij, odnosno granice BiH i njenih općina mogu se mijenjati samo odlukom Skupštine BiH, ali samo u skladu S IZRAŽENOM VOLJOM STANOVNIŠTVA ODGOVARAJUĆEG PODRUČJA I OPĆIM INTERESIMA REPUBLIKE. Općim okvirnim sporazumom za mir u BiH, ona je podijeljena na dvije države po zakonodavnoj, izvršnoj i sudskoj vlasti, kao i po ustroju vojske i policije, a narod se NA REFERENDUMU ODRŽANOM 1. OŽUJKA (MARTA) 1992. godine dvotrećinskom većinom izjasnio za CJELOVITU, JEDINSTVENU I NEDJELJIVU BOSNU I HERCEGOVINU KAO DRŽAVU. Ni Bošnjaci u Podrinju, a niti Hrvati i Bošnjaci u Bosanskoj Posavini, iako su baš oni u oba ta dijela BiH apsolutna većina stanovništva, NIKADA NISU IZRAZILI VOLJU, DA UĐU U SASTAV REPUBLIKE SRPSKE. Šta više, i jedni i drugi svojom divovskom borbom odlučno su izrazili volju da ne uđu u sastav Republike Srpske. Osim toga gosp. Krešimir Zubak, kao legitimni predstavnik hrvatskoga naroda, odbio je potpisati taj tzv. Daytonski sporazum. Stoga je Opći okvirni sporazum za mir u BiH u protivnosti s izraženom voljom apsolutne većine stanovništva Podrinja i Bosanske Posavine i cijele BiH.

On je suprotan općim interesima Republike BiH, pa predstavlja najgrublju povredu člana 5. Ustava Republike BiH.

Prema članu 352. Ustava Republike BiH, Predsjedništvo BiH bira se na četiri godine. Jednako tako se prema članu 144. Ustava Republike BiH na četiri godine bira njezina Skupština. Istekom četiri godine od dana izbora jednome i drugome tijelu prestaju sve ovlasti, da bilo šta čine u ime Republike BiH, te da je bilo čime obvežu. Međutim, gospodin Alija Izetbegović je potpisao Opći okvirni sporazum za mir u BiH, tzv. Daytonski sporazum, a Skupština Republike BiH ga potvrdila nakon što im je istekao mandat.

Posebno ističemo da su poslanici i vjerovatno i neki članovi Predsjedništva BiH bili u zabludi prilikom usvajanja Općeg okvirnog sporazuma za mir u BiH, jer nisu bili upoznati sa svim posljedicama toga povijesnoga Dokumenta, izmjene Ustava Republike BiH prema kojemu je BiH bila međunarodno priznata država pošto im je uskraćena informacija iz Memoranduma prof. dr. Francisa Boylea upućena Skupštini BiH 24. ožujka 1994. i 11. rujna 1995. godine.

DOKAZ: Molimo da se pribavi Zapisnik sa sjednice Predsjedništva BiH i Zapisnik sa sjednice Skupštine Republike BiH, iz kojih će se vidjeti da nije vođena rasprava o Memorandumu prof. dr. Francisa Boylea, stručnjaka za međunarodno pravo i službenog savjetnika navedenih organa BiH, mada je Memorandum prof. Boylea bio na vrijeme dostavljen do službenih organa Bosne i Hercegovine.

Dakle, Opći okvirni sporazum za mir u BiH od 14. prosinca 1995. godine nisu ni potpisali ni potvrdili ovlašteni predstavnici Republike BiH. Stoga je taj Opći sporazum suprotan članu 144. i članu 352. Ustava Republike BiH.

Dioba Bosne i Hercegovine na entitete predstavlja ozakonjenje agresije na suverenu i međunarodno priznatu Republiku BiH i legalizaciju genocida nad bošnjačkim i hrvatskim narodom. Stoga je Opći okvirni sporazum za mir u Bosni i Hercegovini od 14. prosinca 1995. godine najgrublja povreda međunarodnog prava.

DOKAZ: Ovo je neprijeporno, jer raspad države BiH je očigledan.

3.

Budući da je Opći okvirni sporazum za mir u BiH od 14. prosinca 1995. godine u izravnoj suprotnosti s Ustavom Republike BiH, na osnovu kojega je Republika BiH međunarodno priznata u avnojskim granicama, i predstavlja najgrublju povredu člana 3., člana 5., člana 144. i člana 352. toga Ustava, kao i međunarodnog prava u cijelosti predlažemo, da se u smislu člana 398. Ustava Republike BiH pokrene postupak za ocjenjivanje ustavnosti Općeg okvirnog sporazuma za mir u BiH i da se donese ova

PRESUDA

Utvrđuje se, da je Opći okvirni sporazum za mir u Bosni i Hercegovini od 14. prosinca 1995. godine suprotan međunarodnom pravu i članu 3., članu 5., članu 144., i članu 352. Ustava Republike BiH, pa je prema tome ništavan i bez obaveze za Republiku Bosnu i Hercegovinu.

Dana 15. 5. 1997.

PRILOG: Fotokopija Memoranduma prof. dr. Francisa Boylea, upućena Skupštini Republike BiH.

TUŽITELJ: Forum izbjeglica BiH kojega zastupa Izvršni odbor u sastavu:
Prof. dr. Vahid Sendijarević s.r.
Docent. Dr. Muhamed Borogovac s.r.
Sven Rustempašić, dipl. ing. el. s.r.
Osman Kerić, dipl. oecc s.r.
Ajša Fazlić, dipl. prof. s.r.
Mr. Kenan Saračević, dipl. ing. s.r.
Asmir Skakić s.r.

Istu ovakvu tužbu je nezavisno predala i Stranka prava 1861 BiH.

Epilog

Kako su završile ove Tužbe Bosanskog kongresa i HSP-a ? Ustavni sud Republike Bosne i Hercegovine nije uzeo u razmatranje ovu Tužbu dok nije konstituiran Ustavni sud Daytonske Bosne i Hercegovine (23. maja 1995.) Čim smo to saznali mi iz Bosanskog kongresa (Forum izbjeglica je bio jedna sekcija Bosanskog kongresa) smo zahtijevali da se o našoj Tužbi odlučuje prema Ustavu Republike Bosne i Hercegovine i oduzeli smo pravo Ustavnom sudu Daytonske Bosne i Hercegovine da odlučuje o našoj Tužbi. Naime, ne može se o inkriminiranom Daytonskom Ustavu odlučivati po principima samog tog Daytonskog ustava. Mi smo tužili Daytonski sporazum da nije u skladu sa Ustavom Republike BiH i o našoj tužbi se moralo raspravljati po pravilima Ustava Republike BiH.

BiH stranka prava 1861. je nastavila s procesom i, kao što smo i očekivali, dobili su sljedeći odgovor, citiram:

"**Ustavni sud, nije nadležan da ocjenjuje ustavnost Općeg okvirnog sporazuma za mir u BiH u odnosu na Ustav Republike Bosne i Hercegovine jer je ovaj sud ustanovljen prema Ustavu Bosne i Hercegovine s isključivim zadatkom da podržava ovaj Ustav.**"

Dakle, **Izetbegovićeve** vlasti su promijenili pravila u Ustavnom sudu (konstituirali Daytonski ustavni sud) tj. učinili da inkriminirani Daytonski ustav odlučuje sam o sebi. Ta neregularnost je još jedna činjenica koja konstituiranje Daytonske BiH čini nezakonitim i otvara mogućnost borbe za reviziju Daytona.

Zahvalnica: Ovu tužbu je napisao zagrebački advokat Ivan Gabelica, koji je ujedno i zastupnik u hrvatskom Saboru i protivnik podjele Republike Bosne i Hercegovine. Ovom prilikom se zahvaljujemo Gosp. Gabelici za uložen trud i prijateljstvo prema Bosni i Hercegovini. Zahvaljujemo se i dr. Dženani Efendić-Semiz, prof. na Filozofskom fakultetu u Sarajevu, koja je angažirala gosp. Gabelicu da u ime Bosanskog kongresa podigne tužbu pred Ustavnim sudom Republike Bosne i Hercegovine.

18

O Tužbi protiv Jugoslavije za genocid u Bosni i Hercegovini

23. jula 1997, srbijanska vlada uložila je svoj kontra-memorijal na Međunarodnom sudu pravde u Hagu kao reakciju na memorijal kojeg je već uložila Vlada Republike Bosne i Hercegovine u martu 1993 i na osnovu kojega predstoji sudski proces Bosne protiv Jugoslavije za genocid izvršen nad bosanskim narodom. Najbolji opis šta slijedi poslije srbijanskog memorijala je dat u slijedećem pismu prof. Francisa Boylea poslanom bosanskim patriotima.

Šalje: Francis A. Boyle-a
Law Building
504 E. Pennsylvania Ave.
Champaign, Ill. 61820
Phone: 217-333-7954
Fax: 217-244-1478
Email: FBOYLE@LAW.UIUC.EDU
Prima: "Muhamed Borogovac"<azra@tiac.net>

Dragi prijatelji:

Bosanski sedmični časopis „Most" je slobodan da objavi ovo moje objašnjenje ako žele. Također, spreman sam odgovoriti na njihova pitanja preko telefona.

Iskreno,
Francis Boyle.

Sljedeći korak u tužbi Bosne na Svjetskom sudu protiv Srbije za genocid

Dragi prijatelji:

Mnogi od vas su me zamolili da vam objasnim na jednostavan način šta će biti sljedeća faza u razvoju tužbe Bosne i Hercegovine protiv Srbije za nanošenje genocida protiv naroda i Republike Bosne i Hercegovine.

Srbija je blagovremeno uložila svoj kontra-memorijal na Svjetskom sudu 1997. Naredna faza u tom postupku definisana je članovima 45 i 54 pravilnika o proceduri na Međunarodnom (Internacionalnom) sudu pravde.

Član 45 predviđa sljedeće:

Član 45

1. U procesu koji je započeo, usmena izlaganja će se odvijati slijedećim redom: prvo ide Memorijal tužitelja, zatim Kontra-memorijal od strane optuženog.
2. Sud može odobriti ili usmjeriti da se strane dogovore, ako za to obje strane izraze želju, ali ako bilo koja strana zahtijeva nastavak procesa, onda će sud odlučiti da se usmena izlaganja nastave.

Srbija je pokušala odugovlačiti, odlagati, razvlačiti te sudske postupke što je duže moguće u nadi i očekivanju da bi bosanska vlada mogla biti prisiljena da odustane od te tužbe, jer Srbija dobro zna da će Bosna na kraju dobiti Tužbu za genocid. Stoga, pretpostavljam da će Srbija zatražiti od Svjetskog suda da naredi Bosni da podnese odgovor na svoj kontra-memorijal. Naravno, Bosna se mora oštro usprotiviti i zahtijevati da i o ovome Svjetski sud što prije počne saslušavanja i suđenje. Kao što sam uporno objašnjavao Svjetskom sudu o ovom slučaju: vrijeme je od suštinskog značaja za narod i Republiku Bosnu i Hercegovinu!

Pod pretpostavkom da će Svjetski sud odbaciti zahtjev Srbije za daljnja odlaganja u ovom predmetu, onda član 54 pravila suda vodi ka slijedećoj fazi postupka.

Član 54

1. Po okončanju pisanog postupka, slučaj je spreman za saslušanje. Datum za otvaranje usmenih dijelova postupka bit će određen od strane suda, a sud će također odlučiti ako bi se pojavila potreba za odlaganje usmenih izlaganja.
2. Kod odlučivanja da li da odredi datum početka postupka, ili da odgodi početak usmenih procedura, Sud će uzeti u obzir prioritet koji određuje član

74 pravilnika, kao i bilo koje druge posebne okolnosti, uključujući i hitnost određenog slučaja.

Kada Sud ne zasjeda, predsjednik suda ima ovlaštenja da donosi odluke uime suda.

Primijetit ćete da taj član 54, paragraf 2, izričito omogućava da Svjetski sud kod određivanja datuma za usmeni postupak u ovom predmetu može "uzeti u obzir... bilo koje druge posebne okolnosti, uključujući i hitnost određenog slučaja." Bosanska vlada mora vrlo jasno sudu predočiti i "posebne okolnosti" i "hitnost" ovog slučaja o genocidu protiv naroda i Republike Bosne i Hercegovine, te zahtijevati da bude zakazano ročište čim prije je moguće. Ovo je prva i jedina Tužba predana na Međunarodni sud pravde na osnovu Konvencije o genocidu od 1948. Svjetski sud mora postupati što je brže moguće, kako bi saslušao i slijedeći stupanj optužnice Bosne i Hercegovine u Tužbi za genocid protiv Srbije.

Veoma je važno da je Bosna je već pobijedila na dva ročišta na Svjetskom sudu te da se Svjetski sud proglasio nadležnim u ovome procesu. Tada je Sud izdao dva naređenja, citiramo u originalu na Engleskom: „World Court's Order of 8. April 1993 and World Court's Order of 13 September 1993", kako se vidi iz deklaracije pokojnog sudije Tarassov-a prikačene prvom naređenju, i iz njegovog izdvojenog mišljenja, prikačenog na drugo naređenje. Drugim riječima, pod vodstvom Slobodana Milošević, Srbija je odista počinila genocid protiv naroda i Republike Bosne i Hercegovine, i direktno i indirektno pomoću svoga surogata, vojske bosanskih Srba pod komandom dvije osobe već optužene za internacionalne zločine u Bosni: Radovana Karadžića i Ratka Mladića. Ipak, skoro četiri godine, međunarodna zajednica propušta da zaustavi ovaj genocid, suprotno njenoj svečanoj obavezi po članu 1. konvencije o genocidu koja je nastala "u cilju sprječavanja genocida", dok se ovaj tekući genocid protiv bosanskog naroda tako nečasno odvija u Republici Bosni i Hercegovini.

Bosanski narod i Vlada moraju stajati kao jedan i učiniti sve da bude apsolutno jasno velikim silama svijeta, a posebno o Sjedinjenim Državama i Evropi, da ni pod kojim uslovima neće povući tužbu protiv Srbije za genocid u Bosni. Ova tužba na Svjetskom sudu je jedina pravda koju će bosanski narod ikada dobiti od bilo koga po ovom ili bilo kom drugom pitanju!

Ako se ta tužba povuče, onda će Srbija i njene pristalice širom svijeta, zajedno s Sjedinjenim Državama, Ujedinjenim nacijama, Evropskom unijom i njenim državama članicama, biti u mogućnosti da pišu historiju tvrdeći da se genocid nikad nije ni desio protiv naroda i Republike Bosne i Hercegovine. Svi važni činioci i međunarodne institucije će onda smatrati da je razlog zašto je Bosna odbacila svoju tužbu za genocid protiv Srbije zato što se Bosna bojala da ne izgubi svoju tužbu na Svjetskom sudu. Na taj način, će velike sile, zajedno s Ujedinjenim nacijama i Evropskom unijom moći opravdati njihovo odbijanje da spriječe tekući genocid protiv naroda i Republike Bosne i Hercegovine skoro četiri godine, usprkos očiglednim odredbama Konvencije o genocidu od 1948. godine, i Povelje Ujedinjenih nacija iz 1945, te dva naređenja Svjetskog suda, od 8. aprila 1993. i od 13. septembra 1993.

Bosna je već praktično izvojevala pobjedu u ovoj tužbi na Svjetskom sudu. Sve što Bosna sada mora da uradi je da vodi ovu tužbu do krajnjeg i uspješnog zaključka. Neizbježno je da će Svjetski sud definitivno presuditi da su Srbija i njen surogat, oružane snage bosanskih Srba, počinili genocid protiv naroda i Republike Bosne i Hercegovine. Tada će tvrdnje bosanskog naroda o genocidu biti dostupne cijelom svijetu da vidi i da istina bude zapisana u historiju svijeta. Nakon svega što su pretrpjeli i postigli, Bosanci duguju sebi i svojoj djeci i djeci svoje djece, kao i svim drugim narodima svijeta i njihovoj djeci i djeci njihove djece, da procesuiramo ovu tužbu do njenog uspješnog zaključka. Sačuvajmo tužbu Bosne i Svjetske tužbe protiv Srbije po svaku cijenu!

Borba patriota RBiH za očuvanje Tužbe za genocid

U post-Daytonskom periodu vodi se stalna borba bosanskohercegovačkih patriota da se sačuva Tužba Bosne i Hercegovine protiv Jugoslavije za genocid. U toj borbi patriotima veliku podršku i pomoć pruža **prof. Francis Boyle**, čovjek koji je podnio tu Tužbu za genocid Bosne i Hercegovine protiv Jugoslavije Međunarodnom sudu pravde još 20. marta 1993. godine dok je bio advokat Bosne i Hercegovine na Internacionalnom sudu pravde.

Slijedi kratak pregled događaja vezanih za pokušaje izdaje te Tužbe.

Na dan 9. juna 1997. Bosanski kongres saznaje da Izetbegovićevi ljudi pokušavaju zakulisno da povuku Tužbu za genocid. Stvar je isplivala na površinu kada je dr. Muhamed Filipović, u svojstvu Izetbegovićevog izaslanika, otputovao u Beograd da bi trampio Tužbu za uspostavljanje diplomatskih odnosa s Jugoslavijom. Tada istog dana posredstvom svoga "Online glasnika" Bosanski kongres poručuje Bosancima:

"Ne smije se dogoditi da sami Bosanci, svojim povlačenjem Tužbe za genocid poruče svijetu da se genocid nije ni dogodio. Zamislite kolika bi to bila izdaja naše domovine i naroda da sada mi sami kažemo da se masakri nedužnih Bošnjaka u Bijeljini, Zvorniku, Brčkom, Vlasenici, Višegradu, Foči, Prijedoru, Kozarcu, Rogatici, Srebrenici, Žepi, Sarajevu, Tuzli itd. nisu nikada dogodili. Oni naši predstavnici koji bi povukli Tužbu za genocid bi dali za pravo našim ubicama koji kažu da smo mi sami sebe bombardovali i na Markalama i u Tuzli da bi navukli intervenciju Svijeta.

U ljeto 1999. u proglasu Bosanskog kongresa piše:

"Prvi korak ka uništenju Tužbe za genocid učinio je **Izetbegović** kada je otpustio tvorca Tužbe profesora **Francisa Boylea**. Slijedili su i drugi **Izetbegovićevi** pokušaji uništenja Tužbe. U njima je njegova taktika bila da se uveliča značaj uspostavljanja diplomatskih odnosa sa SRJ, da bi onda Tužbu trampio za te odnose. Pretposljednji pokušaj u tom pravcu izveden preko **Muhameda Filipovića** u decembru 1998. kada je po drugi put izjavio u štampi da bi "BiH trebala povući Tužbu radi dobrosusjedskih odnosa s Jugoslavijom." Najnoviji pokušaj uništenja Tužbe je koordinirana akcija **Radišića, Izetbegovića i Šaćirbegovića** iz juna 1999. koja još traje (u januaru 2000). Sjetimo se, **Radišić** je naimenovao co-agenta iz Republike Srpske na Međunarodnom sudu pravde u Haagu. Nažalost, **Izetbegović i Šaćirbegović** koordinirano nastupaju s **Radišićem**. Naime, **Šaćirbegović** je mogao jednostavno zaustaviti **Radišića**, a nije. Šaćirbegović je kao jedini advokat BiH na Međunarodnom sudu pravde u Haagu mogao samo poslati zvanični dopis da je **Radišićevo** naimenovanje co-agenta nevažeće. Što se tiče **Izetbegovića** on je mogao zaustaviti svaku diskusiju o Tužbi u Predsjedništvu BiH koristeći pravo veta, tj. uskraćujući saglasnost **Radišiću** da se otvori pitanje Tužbe. **Izetbegović** tu jednostavnu stvar nije učinio, te je tročlano predsjedništvo raspravljalo o Tužbi. Time je **Radišić** dobio priliku, da on stavi veto na nastavak procesa protiv Jugoslavije. Ubrzo je i Skupština Republike Srpske zasjedala i podržala **Radišićev** veto. Trenutno je stanje Tužbe BiH za genocid protiv Jugoslavije potpuno neizvjesno."

Neko će se upitati: "Ako je **Izetbegoviću** stalo da uništi Tužbu za genocid, zašto je onda već nije uništio?!" Odgovor je sljedeći: Nije mogao, jer bi tada svakome bilo jasno da je izdajnik. Bosanski patrioti zajedno sa Prof. Boyleom su pratili **Izetbegovića** u stopu kada je Tužba u pitanju i objašnjavali narodu svaki njegov potez. Tako smo mu vezali ruke da uništi Tužbu.

Da bi dočarao čitaocu kako je to izgledalo prenosim pisma prof. **Boyle-a** kojima on reaguje na tadašnje vijesti o stanju Tužbe. Prof. **Boyle** je bio taj koji bi proniknuo u **Izetbegovićeve, Filipovićeve i Šaćirbegovićeve** igre oko Tužbe, a mi smo njegova upozorenja distribuirali narodu.

Slijede pomenuta saopštenja prof. Boylea u originalu na Engleskom, kako ih je on distribuirao na mailing liste američkih pravnika:

From: "Boyle, Francis" <FBOYLE@LAW.UIUC.EDU>
To: '"bosnet-chat@bosnet.org'" <bosnet-chat@bosnet.org>
Cc: '"JUSTWATCH-L@LISTSERV.ACSU.BUFFALO.EDU'"
          <JUSTWATCH-L@LISTSERV.ACSU.BUFFALO.EDU>,
          "TWATCH-L@LISTSERV.ACSU.BUFFALO.EDU'"
          <TWATCH-L@LISTSERV.ACSU.BUFFALO.EDU>
Subject: SAVE BOSNIA'S WORLD COURT LAWSUIT!
Date: Thu, 1 Jul 1999 09:39:42 -0500
Importance: high

Liberation, ("Oslobođenje") Bosnian national daily from Sarajevo, 30 Jun 99 wrote:

RADIŠIĆ GAVE UP WITHDRAWAL OF CHARGE

Presidency member, Živko Radišić, has given up his request regarding the withdrawal of the charge that BH submitted in 1993 to the International Court of the Hague against the FRY. The charge was submitted due to violations of the Convention about preventing and punishing the crime of genocide. At Tuesday's session of the BH Presidency, it was agreed that the charge that former Republic of BH submitted to the Hague Court is not disputed but it is concluded that everything that has been done regarding that process since the Dayton Agreement was signed will be analyzed. BH Presidency appointed a working group that consists of legal advisors of BH Presidency members. This group is supposed to present the results of the analysis by next Wednesday. **Mirza Hajric, Alija Izetbegović's advisor,** confirmed the conclusion that the charge from 1993 is legally valid and a possibility of its annulment is excluded. "The working group will analyze if BH Presidency member Zivko Radišić has legally appointed co-agent Svetozar Miletic and if the materials that were submitted to the court in 1998 are just a step in the legal procedure or a supplement to the charge. The BH Presidency members concluded that there are disputed matters concerning that. However, the charge from 1993 is not disputed. It is legally valid," said Hajric.

My Dear Fellow Bosnians:

What this story really means is that there still exists an extremely serious threat to Bosnia's World Court Lawsuit for genocide against the rump Yugoslavia. Otherwise, the Bosnian Presidency would not be studying it. I would encourage you all to make it very clear to President Radišić, President Jelavić, President Izetbegović, his Legal Advisor Kasim Trnka, and Muhamed Saćirbey that we will not tolerate the termination of this lawsuit. In this regard, while I was lecturing in Bosnia at the request of the Mothers of Srebrenica Organization, on Wednesday January 13,1999 President Izetbegović publised/ promised us all that Bosnia will "never" drop our World Court lawsuit. We have until Wednesday, July 7, 1999 to organize against the termination of this lawsuit. Here let all loyal and patriotic Bosnians remember that this date will be the fourth anniversary of the commencement of the massacre and genocide at Srebrenica. It would be a gross insult to the memory of those murdered at Srebrenica for President Radišić, President Jelavic, President Izetbegović, Kasim Trnka and Muhamed Sacirbey to terminale our World Court lawsuit for genocide upon this sacred anniversary.

Yours very truly, Francis A. Boyle
Professor of International Law
Citizen of the Republic of Bosnia and Herzegovina
Counsel for the Mothers of Srebrenica Organization

Slijedi upozorenje prof. Boylea koje je objavilo "Oslobođenje" od 1. jula 1999. godine u kojem profesor tvrdi da je Šaćirbegović mogao veoma lako sačuvati Tužbu BiH za genocid da je htio ispravno postupiti. Boyle kaže: "Šaćirbegović je bio naimenovan za "agenta", a ne za "co-agenta" i bio je imenovan za "ambasadora", a ne za "co-ambasadora" na Svjetskom sudu pravde u Haagu još 1993. godine. To upozorenje prof. Boylea objavljeno i u "Oslobođenju" i u"Online Glasniku Bosanskog kongresa" objavljujem u originalu na Engleskom kao izuzetno važan dokument.

Dear Bosnian Friends:

According to this account, it appears that the issue of the so-called "Co-Agents" is still "disputable" as far as the Bosnian Presidency is concerned. For reasons I explained in my previous post, Stopping Treason by Radišić, Saćirbej was appointed the Agent, not "Co-Agent" in 1993, as well as being appointed Bosnia's Ambassador, not "Co-Ambassador," to the World Court. So this last sentence makes no sense. Of course we are dealing with technical legal issues being discussed in Bosnian on a television spot report, then translated into English and summarized. But until we receive further clarification, I think we have to assume that there still exists a very serious threat to our World Court lawsuit. Otherwise, these reports would not be appearing in the most prominent Bosnian news media. Perhaps someone might be preparing the way for the termination of the World Court lawsuit.

Francis A. Boyle
Professor of International Law
Citizen of the Republic of Bosnia and Herzegovina

Epilog

Internacionalni sud pravde (Svjetski sud), je 26. februara, 2007. presudio, u svojoj zakonski obavezujućoj presudi po Predmetu Bosne i Hercegovine protiv Srbije i Crne Gore da je „Srbija kriva po Konvenciji o spriječavanju i kažnjavanju zločina genocida, kada se radi o genocidu koji se desio u Srebrenici u julu 1995., jer je po toj konvenciji imala obavezu da spriječi taj genocid". Sud je presudio da su genocid u Srebrenici počinili Vlada i institucije Republike Srpske i konkretno vojska (VRS) i policija (MUP) Republike Srpske, a da je Srbija imala obavezu da spriječi taj genocid, a nije ga spriječila.

19

DEKLARACIJA REPUBLIKE
BOSNE I HERCEGOVINE

Slijedi dokument kojega su bosanske žrtve genocida objavile nakon presude Internacionalnog suda pravde 2007. po tužbi Republike Bosne i Hercegovine protiv Srbije za genocid u BiH, kako ga je prenijelo ugledno društvo Henry Jacson. Taj je dokument najbolji sažetak o onome što je urađeno u Bosni, po pitanju legaliteta Daytonskog Ustava.

http://henryjacksonsociety.org/2010/10/29/the-declaration-of-the-republic-of-bosnia-herzegovina/ .

29. Oktobar 2010
Henry Jackson Society:

SAŽETAK:

1. Međunarodni (Internacionalni) sud pravde presudio je da je entitet bosanskih Srba "Republika Srpska" kriva za genocid i da je Srbija kriva za to što nije spriječila taj genocid i kaznila pojedince, počinitelje genocida. I Međunarodni krivični sud za bivšu Jugoslaviju je u više navrata osudio komandante Vojske RS za genocid.
2. Ove presude pružaju pravni osnov za ukidanje režima uspostavljenog Daytonskim sporazumom 1995. godine, koji je nelegitimno proistekao iz ovog genocida.
3. Podržavati daytonski režim znači priznati presedan, po kojem bi se legitimni ustavni poredak mogao svrgnuti agresijom i genocidom.

4. Međunarodna zajednica trebala bi sarađivati sa građanima Bosne i Hercegovine na vraćanju legitimnog ustavnog poretka Republike Bosne i Hercegovine.

Polazeći od pravosnažne presude Internacionalnog suda pravde (ICJ) od 26. februara 2007. godine u slučaju Bosna i Hercegovina protiv Srbije i Crne Gore, Mi, građani Bosne i Hercegovine, odlučni da se borimo protiv diskriminacije po bilo kojoj osnovi, za vladavinu prava i pravdu za žrtve agresije i genocida, poštivajući Konvenciju o sprečavanju i kažnjavanju zločina genocida, poštivajući Evropsku Povelju o lokalnoj samoupravi, poštivajući Povelju Ujedinjenih Nacija, odlučni da putem ove Deklaracije implementiramo pravosnažne presude Internacionalnog krivičnog suda za bivšu Jugoslaviju (ICTY) i pravosnažne presude Internacionalnog suda pravde (ICJ) od 26. februara 2007. godine u slučaju Bosna i Hercegovina protiv Srbije i Crne Gore, na dan 24. septembra 2010. godine, usvajamo

Deklaraciju o Republici Bosni i Hercegovini

Internacionalni sud pravde je 26. februara 2007. godine svojom pravosnažnom presudom u slučaju Bosna i Hercegovina protiv Srbije i Crne Gore presudio: *„Da je Srbija prekršila obavezu da spriječi genocid na što je bila obavezna na osnovu Konvencije o sprečavanju i kažnjavanju zločina genocida, koji se odnosi na genocid počinjen u Srebrenici u julu 1995. godine."* Sud je utvrdio da su genocid počinile vlasti i institucije „Republike Srpske", posebno Vojska (VRS) i Policija (MUP) „Republike Srpske" i da je Srbija imala obavezu da spriječi genocid. Podnošenje tužbe za genocid 1993. godine prethodi svim naknadnim ustavnim i pravnim aranžmanima za državu Bosnu i Hercegovinu. Presuda Internacionalnog suda pravde je nadređena svim ustavnim aranžmanima koji se danas nude žrtvama agresije i genocida uključujući i Aneks IV Dejtonskog sporazuma.

Stoga, Mi, građani Bosne i Hercegovine, žrtve agresije i genocida, pozivajući se na pravosnažnu presudu Internacionalnog suda pravde i zakonito pravo na *RESTITUTIO IN INTEGRUM (vraćanje u originalno stanje)* utemeljeno na imperativnim normama Internacionalnog prava *JUS COGENS*, usvajamo Deklaraciju kojom proglašavamo da poštujemo isključivo ustav Republike Bosne i Hercegovine i da ćemo se boriti za povrat institucija Republike Bosne i Hercegovine, onakvih kakve su bile prije agresije i genocida i proglašavamo nevažećim Daytonski ustav i institucije kreirane Daytonskim ustavom.

Ustav Republike Bosne i Hercegovine je jedini pravni dokument na osnovu kojeg je priznata nezavisnost Bosne i Hercegovine. Ustav Republike Bosne i Hercegovine je ukinuo komunizam i obezbjedio održavanje slobodnih višepartijskih izbora u Bosni i Hercegovini u 1990. godini i obezbjedio je održavanje slobodnog referenduma za nezavisnost u 1992. godini. Pod ovim ustavom, Republika Bosna i Hercegovina je postala članica UN-a. Ustav Republike Bosne i Hercegovine obezbjeđuje da je svaki građanin suveren na cijeloj teritoriji Bosne i Hercegovine bez obzira na etničku i vjersku pripadnost.

Član 154. Ustava Republike Bosne i Hercegovine: *"Neprikosnoveno je i neotuđivo pravo i dužnost građana, naroda Bosne i Hercegovine i pripadnika drugih naroda koji u njoj žive da štite i brane slobodu, nezavisnost, suverenitet, teritorijalni integritet i cjelokupnost i Ustavom utvrđeno uređenje Republike".*

Član 155. Ustava Republike Bosne I Hercegovine: *"Niko nema pravo da prizna ili potpiše kapitulaciju, niti da prihvati ili prizna okupaciju Republike Bosne i Hercegovine ili pojedinog njenog dijela. Niko nema pravo da spriječi građane Republike Bosne i Hercegovine da se bore protiv neprijatelja koji je napao Republiku. Takvi akti su protuustavni i kažnjavaju se kao izdaja Republike. Izdaja Republike je najteži zločin prema narodu i kažnjava se kao teško krivično djelo".*

Internacionalna zajednica je prihvatila volju građana Bosne i Hercegovine izraženu referendumom od 1. marta 1992. godine priznanjem Republike Bosne i Hercegovine kao suverene države.

Ostatak Jugoslavije (Srbija i Crna Gora) i Jugoslovenska narodna armija (JNA) pokrenuli su rat i izvršili agresiju u 1992. godini protiv Republike Bosne i Hercegovine sa ciljem stvaranja etnički ciste Velike Srbije sto je dovelo do ubijanja, genocida i stradanja nevidjenog u Evropi poslije Drugog svjetskog rata. Pravosnažnim Rezolucijama broj 752 i 757 od 1992. godine, Savjet bezbjednosti Ujedinjenih nacija je usvojio ekonomske sankcije i političku izolaciju Srbije i Crne Gore kao kaznu za agresiju na Republiku Bosnu i Hercegovinu.

U privremenim mjerama Internacionalnog suda pravde od 13. septembra 1993. godine, *"Sud je ubilježio da, od vremena Naredbe* [Srbiji i Crnoj Gori] *od 8. aprila 1993. godine, i pored vise rezolucija Savjeta bezbjednosti Ujedinjenih nacija, "stanovništvo Bosne i Hercegovine je izloženo strasnom stradanju i gubitku života koje šokira savjest čovječanstva i u flagrantnoj je suprotnosti sa zakonom morala"."*

Nakon agresije i genocida, ustav Republike Bosne i Hercegovine je nelegalno (putem genocida) suspendiran i ilegalno zamijenjen Daytonskim ustavom. Ne postoje pravne odredbe u internacionalnom pravu niti građanskom pravu koje se mogu koristiti kao osnova da se agresijom i genocidom promijeni ustav i politički sistem suverene države. Građanima Bosne i Hercegovine su oduzeta njihova prava agresijom i genocidom. Nasa je obaveza da državi Bosni i Hercegovini vratimo ustavni, pravni i teritorijalni status kakav je Bosna i Hercegovina imala prije agresije i genocida.

Cilj agresije i genocida protiv građana Republike Bosne i Hercegovine je bio stvaranje etnički ciste Velike Srbije na račun teritorije Republike Bosne i Hercegovine. Zakonitost i pravda u slučaju Bosne i Hercegovine će biti ostvareni samo nakon sto će izvršiocima agresije i genocida biti oduzeto ono sto su ostvarili kao svoj cilj. Na osnovu Internacionalnog prava i građanskog prava, sve sto je stečeno na ilegalan način ne može biti priznato kao legalno.

Daytonski sporazum potpisan u Parizu u decembru 1995. je nagradio agresiju i genocid sa prisilnom, ilegalnom i nepravednom podjelom Republike Bosne i Hercegovine na dva "entiteta": "Federaciju Bosne i Hercegovine" i "Republiku Srpsku", namećući nepravedan i samo-paralizirajući ustavni sistem koji je rezultirao neefikasnim strukturama vlasti.

Agresijom i genocidom je žrtva, država Republika Bosna i Hercegovina, prisiljena na Daytonski sporazum i Daytonski ustav. Na osnovu Konvencije o sprečavanju i kažnjavanju zločina genocida, ništa ne može opravdati podčinjavanje građana Bosne i Hercegovine jurisdikciji ustavnog, pravnog i političkog uređenja Daytonske Bosne i Hercegovine.

Na osnovu Povelje UN-a, Ujedinjene Nacije su bile obavezne da zaštite svoju članicu, Republiku Bosnu i Hercegovinu, od agresije i genocida, a ne da nagrade izvršioce agresije i genocida sa teritorijom države žrtve.

Daytonski ustav Bosne i Hercegovine (Aneks IV Daytonskog sporazuma) je nametnut agresijom i genocidom, i nije prošao legalnu proceduru propisanu za usvajanje amandmana na Ustav Republike Bosne i Hercegovine. I zato mi nikada nećemo priznati Daytonski ustav niti bilo kakve izmjene tog ustava ili novi ustav koji bi mogao biti usvojen na institucijama Daytonske Bosne i Hercegovine.

Ako ne bude ukinut, Daytonski ustav može postati PRAVNI I POLITICKI PRESEDAN da ustav suverene države može biti promijenjen sa agresijom iz vana, i gore od toga sa agresijom i genocidom. Daytonski ustav je rezultat agresije i genocida i graditi budućnost Bosne i Hercegovine na osnovu Daytonskog ustava je isto sto i podržavati genocid. Daytonski ustav je nastavak agresije i genocida protiv građana Bosne i Hercegovine drugim sredstvima.

Daytonskim ustavom, vlast nad žrtvama agresije i genocida u Bosni i Hercegovini je nezakonito stavljena u ruke onih koji su izvršili genocid i onih koji su kolaborirali sa izvršiocima genocida. Građani države Bosne i Hercegovine imaju legalno pravo da ne prihvate sadašnju situaciju jer bi to podrazumijevalo da same žrtve agresije i genocida legalizuju agresiju i genocid.

Bilo kakav pritisak ili pokušaj navikavanja žrtve da prihvati stanje uspostavljeno genocidom je čin genocida.

Trenutno stanje u državi Bosni i Hercegovini nije ništa drugo, nego ilegalni nastavak onoga sto je započeto sa agresijom u 1992. da se legalizuje agresija i genocid, koji su sada potvrđeni Odlukom Internacionalnog suda pravde.

Ova Deklaracija poništava ilegalni Daytonski ustav Bosne i Hercegovine, koji kada ne bi bio ukinut mogao bi postati PRAVNI I POLITICKI PRESEDAN da se ustav suverene države može mijenjati sa stranom agresijom i gore od toga sa agresijom i genocidom.

Ovom Deklaracijom se proglašava da su oba entiteta "Federacija Bosne i Hercegovine" i "Republika Srpska" nelegalna i nelegitimna, jer su rezultat agresije, genocida i ilegalnog, nelegitimnog Daytonskog ustava.

Sa ovom Deklaracijom, pozivaju se građani države Bosne i Hercegovine da se bore svim legalnim sredstvima da uspostave Republiku Bosnu i Hercegovinu, da nose zastave i da koriste simbole Republike Bosne i Hercegovine.

Bilo koja promjena u Ustavu može biti usvojena isključivo na osnovu procedure određene Ustavom Republike Bosne i Hercegovine i pravnih osnova nadređenih građanskom zakonodavstvu kao što su Povelja UN-a i pridružene joj konvencije, ali nikada odlukom paralelnih, dogovornih, ratnih i ostalih *ad hoc* institucija i pojedinaca koje nemaju na to legalno pravo.

Sa ciljem ostvarivanja svojih prava, a na osnovu neosporivih normi Internacionalnog prava (*JUS COGENS*), građani države Bosne i Hercegovine ne trebaju saglasnost institucija koje su osuđene za agresiju i genocid niti od drugih institucija čiji mandat potiče na osnovu bilo kojeg sporazuma na bazi genocida, uključujući i Daytonski sporazum.

Mi stavljamo svoje potpise kao fizički dokaz naše vjere u pravo našeg naroda da samostalno donosi odluke o svojoj budućnosti uvažavajući zakon i suverenitet slobodnog građanina.

Ibran Mustafić
Predsjednik Upravnog odbora Udruženja građana "Majke Srebrenice i Podrinja"
Potočari - Srebrenica, Bosna i Hercegovina

Profesor Francis A. Boyle
Generalni Zastupnik Republike Bosne i Hercegovina sa punim ovlaštenjima na Internacionalnom sudu pravde (1993-1994)
Champaign, Illinois, SAD

Zineta Mujić
Predsjednik Udruženja građana "Majke Srebrenice i Podrinja"
Fojhari - Srebrenica, Bosna i Hercegovina

Ivana Mostarac
Predsjednik "Dječiji Pokret Mira, Ljubavi i Prijateljstva"
Sarajevo, Bosna i Hercegovina

Fahrudin Alić
Bikodže - Lukavac, Bosna i Hercegovina

Almir Omerović
Modrica, Bosna i Hercegovina

Vahid Sendijarević
Nacionalni kongres Republike Bosne i Hercegovine
Tuzla, Bosna i Hercegovina

Muhamed Borogovac
Nacionalni kongres Republike Bosne i Hercegovine
Tuzla, Bosna i Hercegovina

Kraj. - The End.

Kratki životopis

Dr. Muhamed Borogovac rođen je 1951. godine u Beogradu. Do svoje 26 godine živio je uglavnom u Sarajevu. Na Sarajevskom univerzitetu završio je studij matematike sa fizikom, i zaposlio u Željezari Ilijaš. Sa 26 godina odlazi na odsluženje vojnog roka u Jugoslovenskoj armiji, a odmah potom seli u Mostar sa ženom i djetetom, gdje se zapošljava kao asistent na novootvorenom Građevinskom fakultetu. U Mostaru je radio 9 godina. U tih 9 godina završava magistarski rad i doktorski rad iz oblasti Funkcionalne analize na Univerzitetu u Sarajevu. U Tuzlu se doselio 1987. i zaposlio kao docent na matematičkim predmetima Fakulteta elektrotehnike i mašinstva. Tu je obavljao razne funkcije, uključujući i funkciju Prodekana za nastavu. Za vrijeme srpske agresije na Hrvatsku shvatio je da slijedi agresija na Bosnu i Hercegovinu. Tada pristupa Patriotskoj lizi pri Stranci Demokratske Akcije, sa ciljem da pomogne organiziranju odbrane od agresije. Ubrzo je u stranci izabran na funkciju predsjednika Komisije za odnose sa javnošću (glasnogovornik). Uporedo sa tom funkcijom izabran je u Političko predsjedništvo Patriotske lige Tuzle, koje je imalo za cilj da organizira odbranu Tuzle i sjeveroistočne Bosne. Kada su počele stizati desetine hiljada izbjeglica iz sjeveroistočne Bosne, shvatio je da bi oni mogli biti udarna snaga odbrane Bosne i Hercegovine, budući da su bili motivirani za borbu i povratak u svoje gradove u istočnoj Bosni. Tada se povezao sa Zvorničanima i postao član Armije Republike BiH, kao novinar u "Ratnoj tribini", glasilu branitelja Zvornika. Čim je Armija RBiH uspjela organizirati izbjeglice u moćnu, dobro motiviranu vojsku i čim je ta vojska počela munjevitom brzinom oslobađati Bosnu i Hercegovinu, počele su i spletke **Alije Izetbegovića** protiv Bosne i Hercegovine i Armije Republike BiH. Od tada je u svakom broju "Ratne tibine" dr. Borogovac pisao po 3-4 članka objašnjavajući na razne načine štetnost pregovora s Karadžićem i Bobanom i štetnost pojedinih sporazuma kojima se zaustavlja Armiju BiH u oslobađanju Bosne i Hercegovine. Bosnu i Hercegovinu napušta u martu 1993, kada dolazi u

Hrvatsku u posjet obitelji u izbjeglištvu. Ubrzo je počeo rat između Armije RBiH i HVO-a pa se nije više mogao vratiti u Tuzlu. U Hrvatskoj nije bilo budućnosti za njega jer se eksponirao kao kritičar Tuđmanove politike saradnje sa Srbima. Tražio je i dobio dozvolu da imigrira u USA. U Bostonu je predavao matematiku na Emerson College-u, Suffolk University, Northeastern University kao honorarni predavač. Od augusta 1998. radi kao matematičar u bostonskoj osiguravajućoj kompaniji (associate actuary). Još jedno radno vrijeme volontira kao jedan od rukovodilaca Bosanskog kongresa USA.

Literatura i Reference

Alibabić, Munir. "Bosna u kandžama KOS-a" (Bosnia in the claws of the Serbian Intelligence Service), Behar, Sarajevo, 1996.

Bisić, Mustafa i Kreho, Senad, *Obuka za genocid,* , Nacionalna i univerzitetska biblioteka BiH, Sarajevo 1995.

Bosanski kongres web site: *http://republic-bosnia-herzegovina.com/*

Boyle, Francis. *Analysis of the General Framework Agreement for Peace in Bosnia and Herzegovina,* Arhiva Skupštine Republike Bosne i Hercegovine, spetembar 1995. See also "Dayton Agreement," *http://instituteforgenocide.org/?p=8926*

Boyle, Francis. "The Bosnian People Charge Genocide: Proceedings at the International Court of Justice Concerning Bosnia V. Serbia on the Prevention and Punishment of the Crime of Genocide, Paperback – July, 1996.

Congress of the USA. *http://thomas.loc.gov/bss/d104query.html*

Djilas, Milovan and Gaće, Nadežda. "Bosniak Adil Zulfikarpašić." Bosniaken Institut, Zurich, 1995.

Gutman, Roy. "Witness of Genocide", MacMillan Publishing Company (NY), September 20th, 1993.

Hodžić, Šefko, *Bosanski ratnici,* Nacionalna i univerzitetska biblioteka BiH, Sarajevo 1998.

Halilović, Sefer. "Lukava Strategija" (Devious Strategy), Maršal d.o.o. PJ "Matica Sandžaka", Sarajevo 1997.

Izetbegović, Alija. "Islamic Declaration", Srpska rec (Serbian Word), Belgrade 1973

Komisija za prikupljanje činjenica o ratnim zločinima Tuzli, *Ratni zločini na tuzlanskom okrugu,* Nacionalna i univerzitetska biblioteka BiH, Sarajevo 1996.

Perry M. Rogers, *Aspects of Western Civilization,* Prentice Hali, New Jersey

Šarčević, Edin, *Ustav i politika,* VKBI, Sarajevo 1997.

Silber, Laura and Allan Little. "Yugoslavia: Death of a Nation." TV Books, Inc, Distributed by Penguin USA.

Snowe, Olympia. "Bosnia and Herzegovina Self-defense Act Of 1995," Senate Session, Jul19, 1995, U.S. Senator, [R] Maine, United States, https://www.c-span.org/video/?66260-1/senate-session&start=12244

The Henry Jackson Society, Deklaracija Republike Bosne i Hercegovine http://henryjacksonsociety.org/2010/10/29/the-declaration-of-the-republic-of-bosnia-herzegovina/

Walker, Stephen & Harris, Marshall: Dayton Not a peace Plan: http://www.barnsdle.demon.co.uk/bosnia/dayton.html

Donia, Robert J. & Fine, John V.A., *Bosnia & Herzegovina - A tradition Betrayed,*

CPSIA information can be obtained
at www.ICGtesting.com
Printed in the USA
LVHW111015301219
642041LV00004B/471/P